2판

유아논리 · 논술교육

성영화 이원석 공저

YANGSEOWON
양서원

논리 · 논술교육을 배우고자 하는 사람을 상상해 보자. 이 사람은 곰곰이 자신이 왜 이 교육을 받고자 하는지를 생각해 본다. 무엇인가를 배우고자 하는 욕구는 크게 두 가지로 구분할 수 있다. 하나는 자의에 의한 것이고 다른 하나는 다의에 의한 것이다. 논리 · 논술교육은 대부분 후자의 경우일 것이다. 다시 말해, 논리 · 논술교육은 필요에 의해 어쩔 도리 없이 배워야 하는 학문일 것이다. 이 사람의 표정이 밝지 않은 것은 더 부연하지 않아도 된다.

논리 · 논술교육이라는 단어가 의미하는 바는 재미 또는 유희와 거리가 있다. 그렇기 때문에 사람들은 논리 · 논술교육을 딱딱하고, 어려우며, 재미없다고 생각한다. 더욱이 유아의 발달과 흥미를 고려하여 교육을 실시해야 한다고 강조하는 유아교육에서는 '유아들에게 논리 · 논술교육을 왜 해야 하는지', '어떻게 해야 하는지'에 대해 의문을 갖게 한다. 이러한 의문과는 별개로 유아교육기관에서는 유아를 교육 대상으로 하여 유아의 발달을 고려한 논리 · 논술교육을 사회적 요구에 의해 실시하고 있다. 우리는 이러한 현실적 질문 부재에 대해 의문을 제기하면서 유아교육 내에서 참된 논리 · 논술교육의 방향성을 찾고자 한다.

1장에서는 유아기 논리 · 논술교육과 관련한 의문에 따라 해답을 찾아가는 첫 단추로 우리 사회의 흐름 속에서 자리 잡고 있는 논리 · 논술교육을 들여다본다. 전반적인 사회 흐름 속에 나타난 논리 · 논술교육의 양상을 살펴본 후 논리와 논술의 의미를 소개한다. 이 과정에서 논리 · 논술교육과 우리 사회의 연결 고리를 찾으며, 논리와 논술교육의 필요성에 대해서 스스로 정립할 수 있길 기대해 본다.

1 논리·논술교육과 우리 사회

우리 사회는 논리 · 논술교육에 대해 꾸준히 관심을 가져왔다. 교육이 그 시대를 살아가고 또 미래를 살아갈 사람들의 요구를 반영해 왔다면, 논리 · 논술교육은 논리적으로 말하고 글을 쓰며 문제를 해결하고 싶은 사람들로부터 지속적인 관심을 받아왔다.

사회와의 관련성을 짚어 보았습니다. 2장 논리 · 논술교육과 사고력에서는 논리 · 논술교육을 통해 함양되어야 하는 논리적, 비판적, 추론적 그리고 창의적 사고에 대한 이론들을 소개하였습니다.

제2부의 시작이 되는 3장은 유아교사를 위한 논리 · 논술교육의 기초를 통해 교사의 관점에서 논리 · 논술교육을 들여다보고, 4장에서 유아교사를 위한 논리 · 논술교육 지침을 안내하여 교사들의 사고력 함양을 돕는 방법들을 소개하였습니다. 5장과 6장에서는 논술문과 가정통신문 쓰기를 시도하며 논리적 글쓰기를 연습해 볼 수 있도록 구성하였습니다.

제3부는 7장 유아를 위한 논리 · 논술교육의 기초를 바탕으로 8장 유아를 위한 논리 · 논술교육 지침을 제시하였습니다. 9장부터 13장까지는 유아논리 · 논술교육을 실천할 수 있는 구체적인 방법으로 이야기 나누기, 토의하기, 창의적 사고기법, 인쇄물활용교육, 놀이에 대해 안내하였습니다. 이러한 내용구성을 통해 새로운 교수방법이 아니라 기존의 교육방법에서 더욱 확장된 유아논리 · 논술교육을 고민해 볼 수 있도록 하였습니다.

본 저서는 **글을 쓰다!** 라는 구성을 포함하고 있습니다. 총 56가지의 문제 상황에서 제시된 **글을 쓰다!** 는 독자로 하여금 자신의 생각을 짧거나 긴 글로 표현해 볼 수 있도록 하였습니다. 이는 논리적 사고력이나 창의적 사고력은 끊임없는 생각하기의 과정이 되어야 한다는 저자들의 생각을 담았습니다. 글을 쓸 기회가 많지 않았던 독자들이 문제를 해결하는 과정에서 조금이나마 글 쓰는 즐거움을 느낄 수 있길 기대해 봅니다.

저자들의 고민과 생각이 유아논리 · 논술교육에 관심 갖는 다수의 이들에게 도움이 되길 바랍니다. 마지막으로 본 저서가 출판될 수 있도록 지원해 준 양서원 출판사분들께도 고마움을 전합니다.

2020년 2월, 유아논리 · 논술교육 저서 집필을 마무리한 지도 5년이 훌쩍 넘어갑니다. 그동안 유아교육도 커다란 변화를 맞았습니다. 이에 본 저서를 개정하기 위한 과정이 시작되고 마무리되었습니다. 이 저서가 유아논리 · 논술교육에 관심을 가지는 모든 이들에게 조금 더 도움 되기를 바라봅니다.

2026년 2월 어느 날

저자 일동

목차

목차

PART 1

논리 · 논술교육

유아논리 · 논술교육에 대한 관심은 그 교육의 필요성을 찾고, 기본 개념을 이해하는 데서 비롯된다. 이에 제1부에서는 유아논리 · 논술교육 관련 지식을 습득하는 데 필요한 가장 기초적이며 핵심적인 내용들을 소개한다.

본 내용들을 살펴보며, 유아논리 · 논술교육을 실천하는 교육자가 되고자 노력하는 스스로에게 배움의 동기를 부여하는 계기가 되길 바란다.

CHAPTER

1

논리 · 논술교육의 기초

논리 · 논술교육을 배우고자 하는 사람을 상상해 보자. 이 사람은 곰곰이 자신이 왜 이 교육을 받고자 하는지를 생각해 본다. 무엇인가를 배우고자 하는 욕구는 크게 두 가지로 구분할 수 있다. 하나는 자의에 의한 것이고 다른 하나는 타의에 의한 것이다. 논리 · 논술교육은 대부분 후자의 경우일 것이다. 다시 말해, 논리 · 논술교육은 필요에 의해 어쩔 도리 없이 배워야 하는 학문일 것이다. 이 사람의 표정이 밝지 않은 것은 더 부연하지 않아도 된다.

논리 · 논술교육이라는 단어가 의미하는 바는 재미 또는 유희와 거리가 있다. 그렇기 때문에 사람들은 논리 · 논술교육을 딱딱하고, 어려우며, 재미없다고 생각한다. 더욱이 유아의 발달과 흥미를 고려하여 교육을 실시해야 한다고 강조하는 유아교육에서는 '유아들에게 논리 · 논술교육을 왜 해야 하는지', '어떻게 해야 하는지'에 대해 의문을 갖게 한다. 이러한 의문과는 별개로 유아교육기관에서는 유아를 교육 대상으로 하여 유아의 발달을 고려한 논리 · 논술교육을 사회적 요구에 의해 실시하고 있다. 우리는 이러한 현실적 질문 부재에 대해 의문을 제기하면서 유아교육 내에서 참된 논리 · 논술교육의 방향성을 찾고자 한다.

1장에서는 유아기 논리 · 논술교육과 관련한 의문에 따라 해답을 찾아가는 첫 단추로 우리 사회의 흐름 속에서 자리 잡고 있는 논리 · 논술교육을 들여다본다. 전반적인 사회 흐름 속에 나타난 논리 · 논술교육의 양상을 살펴본 후 논리와 논술의 의미를 소개한다. 이 과정에서 논리 · 논술교육과 우리 사회의 연결 고리를 찾으며, 논리와 논술교육의 필요성에 대해서 스스로 정립할 수 있길 기대해 본다.

1 논리 · 논술교육과 우리 사회

우리 사회는 논리 · 논술교육에 대해 꾸준히 관심을 가져왔다. 교육이 그 시대를 살아가고 또 미래를 살아갈 사람들의 요구를 반영해 왔다면, 논리 · 논술교육은 논리적으로 말하고 글을 쓰며 문제를 해결하고 싶은 사람들로부터 지속적인 관심을 받아왔다.

꼭 논리 · 논술교육이라고 칭하지 않더라도 말하기와 글쓰기를 더 잘하기 위한 노력과 체계적인 교육은 사회 구성원들에 의해 꾸준히 요구되어 왔다.

그렇다면 현재 우리 사회에서의 논리 · 논술교육은 어떠한 양상으로 나타나고 있는지 살펴볼 필요가 있다. 다음 글을 쓰다! ❶ 을 통해, 우리 사회에서 실시하고 있는 논리 · 논술교육의 양상을 알아본다. 우선 논리 · 논술교육과 관련된 이슈들을 키워드로 검색하여 찾아본다. 그 중 가장 최신 뉴스를 찾아 그 내용을 읽어본다. 뉴스를 검색하여 살펴볼 때는 성인, 아동, 유아 등 특정 대상에 국한하지 않으며, 편안한 마음으로 논리 · 논술교육과 관련된 내용을 조사하여 정리해 보자.

글을 쓰다! ❶

※ 논리 · 논술교육과 관련한 사회적 양상은 어떨까? 관련 뉴스자료를 검색하여 찾아보자.

뉴스 제목	
뉴스 내용 요약	
뉴스 출처	

논리 · 논술교육과 관련하여 찾은 자료는 개개인에 따라 다를 것이다. 자료 검색을 위해 선택한 주제어에 따라서 찾은 결과가 달라지고, 흥미 및 관심사에 따라서 찾아서 정리한 내용이 달라진다. 검색하는 시기에 따라서도 발견한 결과는 달라지므로, 논리 · 논술교육과 관련한 다양한 주제들이 등장한다. 그럼에도 우리는 자료를 수집하는 과정에서 논리 · 논술교육과 관련된 다음의 내용들을 공통적으로 접하게 된다.

- 유아를 대상으로 하는 고액 논술학원
- 어린이의 논리적 사고를 기르는 코딩교육
- 고등학교 입학을 위한 면접에서의 논리적 사고 평가
- 대학교 입시를 위한 논술 고사
- 회사 입사를 위한 직무적성검사의 일환으로 실시된 논리적 사고력 평가

찾은 자료를 통해 우리가 확인할 수 있는 특이점은 논리 · 논술교육의 대상 및 목적에 나타난 광범위성에 있다. 예를 들어 부모의 자녀 학습에 대한 열정에 이끌려 일찍이 사교육을 받게 된 그 누군가에서부터 기업에서 요구하는 인재상을 맞추어야 했던 그 누군가까지 논리 · 논술교육의 대상이 되고 있다. 논리 · 논술교육은 특수한 목적을 지닌 특정 연령층을 대상으로 실시되는 교육이 아니라 모든 연령층을 대상으로 누구에게나 실시되는 교육이다. 각 연령층에 따라서 교육의 목적과 핵심 내용 또는 교수방법이 다르다 하더라도 논리 · 논술교육을 받는 대상의 폭은 매우 넓다.

논리 · 논술교육을 시작할 수 있는 시기로 유아기가 제시되고 있다는 점은 눈여겨보아야 한다. '유아기에 논리 · 논술교육을 실시할 수 있다.' 또는 '실시해야 한다.'는 사회적 인식은 크게 두 가지 생각에서 비롯되었다. 첫 번째는 우리나라의 하향식 교육에 있다. 하향식 교육에서는 고등교육기관의 교육방침을 변화시키면 이는 곧 중등과 초등교육기관의 교육방향뿐 아니라 유아교육에도 영향을 미치게 된다고 본다. 이러한 관점은 유아기의 교육을 이후에 이루어지는 교육의 준비기로 보고, 이후 교육을 대비하여 미리 유아기부터 교육을 시작해야 한다는 그 필요성에서 기인한다. 즉,

'교육 시기가 빠르면 빠를수록 교육적 효과는 더욱 클 것이다.'라는 사람들의 기대감이 작용했다고 볼 수 있다. 따라서 이 관점에서는 유아기부터 논리 · 논술교육을 실시하여 초등학교뿐 아니라 그 이후의 학습을 준비하려 한다. 두 번째는 유아의 발달 특징에 있다. 유아기는 논리적 사고의 기초 소양을 형성하고, 창의적인 사고를 발현하는 시기이다. 유아교육자들은 이 시기에 적합한 교육적 경험을 통해 유아들에게 사고하는 힘을 길러주어야 한다고 본다. 즉, 유아교사들은 도식을 형성하고, 표상하는 능력이 발달하며, 풍부한 상상력을 지닌 유아들의 발달 특성을 고려한 논리 · 논술교육을 실시하여 유아들의 사고력을 함양할 수 있도록 지원해야 한다. 어떠한 관점이 우위에 있다고 말하기는 어려우나, 논리 · 논술교육의 시작 시점은 다름 아닌 유아기이다.

이번에는 글을 쓰다! ❶ 의 자료를 다시 보며, 열린 마음으로 찾은 자료를 공유해 본다. 이후 논리 · 논술교육과 관련된 자료의 공통점과 차이점을 찾아보고 글을 쓰다! ❷ 에 제시된 벤다이어그램을 완성해 보자. 벤다이어그램을 완성하는 과정을 통해, 논리 · 논술교육이 추구하는 방향과 교육이 갖는 한계에 대한 생각들을 끌어낼 수 있을 것이다.

글을 쓰다! ❷

※ 각자 찾은 앞선 자료를 공유하며 공통점과 차이점을 찾아 벤다이어그램에 적어보자.

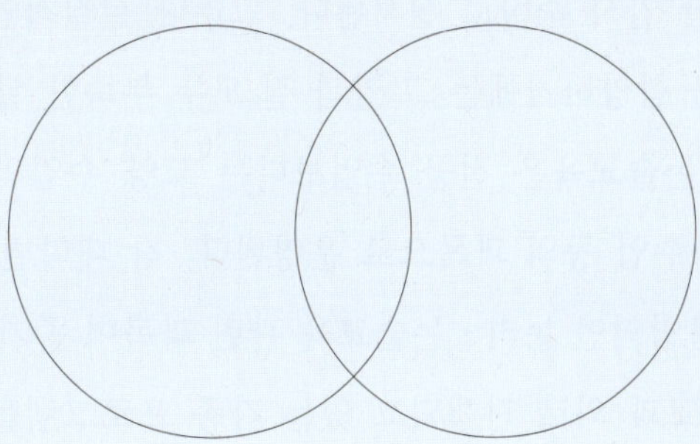

공통점과 차이점은 명확하게 드러나는 경우도 있고 그렇지 않을 수도 있다. 우리가 찾은 공통점은 교육 대상에서 나타났을 수도 있다. 차이점은 교육을 실시하는 장소에 따라 달라졌을 수도 있다. 사실 우리 사회에서 논리 · 논술교육은 유아부터 성인까지 다양한 사람을 대상으로 한다. 대상이 다양하다 보니, 교육을 실시하는 방법과 장소도 다양하다.

구체적으로 교육을 받는 대상에 따라서 논리 · 논술은 다양하게 나타난다. 유아의 경우 논리 · 논술교육은 누리과정 속에서 다른 교과영역과 통합적으로 실시되고 있다. 물론 논리 · 논술교육뿐 아니라 유아교육의 모든 교과는 상호영향을 미치므로 통합적인 접근이 가능하다. 누리과정의 의사소통영역을 통해 듣기, 말하기, 읽기, 쓰기라는 언어활동의 교육내용을 확인할 수 있고, 자연탐구영역을 통해 수학활동 및 과학활동을 실행할 수 있는 교육내용을 마련하고 있다. 그러나 논리 · 논술교육은 특정 교과영역에 집중되어 있지 않다. 각 교육영역과 통합하여 논리적으로 사고하고 창의적으로 생각하는 교육요소를 유아교사의 선택에 의해 부여하고 있을 뿐이다.

초등학생에게 실시되는 논리 · 논술교육은 교육과정 내 · 외로 살펴볼 수 있다. 초등학교 교육과정은 유치원 누리과정과 그 교육내용이 연계될 필요가 있다. 그러므로 초등학교 교육과정 내 논리 · 논술교육은 유아교육에서처럼 국어, 수학 등 교육과정 속에서 자연스럽게 경험할 수 있도록 실시된다. 반면 교육과정 외로 실시되는 논리 · 논술교육은 독서논술과 같은 학교 방과 후 프로그램을 통해 이루어진다.

중 · 고등학생을 위한 논리 · 논술교육은 학교 소모임인 독서토론 활동으로 진행되거나 사교육을 통한 입시 준비로 실시된다. 그러나 실질적인 논리적 사고와 창의적 사고를 위한 소양을 함양하기에는 그 양과 질 모두 부족한 실정이다.

대학생의 논리 · 논술교육은 전공 수업보다는 교양 수업의 일환으로 논리적 글쓰기, 스피치와 토론 수업 등의 과목으로 운영된다. 각 대학별로 교양 대학을 확대 개편하면서 기초 학문영역인 논리 · 논술교육 관련 과목이 증가하고 있는 추세이다. 또한 각 대학에서는 교과 외로 진행되고 있는 각종 프로그램을 운영하며 사고력 함양 교육을 실시하려는 움직임을 보이고 있다.

이처럼 대상에 따라 논리 · 논술교육의 방향은 다양하다. 그러나 논리적, 비판적, 창의적 사고력 향상을 통한 말하기 및 글쓰기를 추구한다는 목적은 동일하다. 그동안 교육 분야에서는 1980년대 말부터 탐구과정, 학습과 사고를 중시하기 시작하면서 유아기부터 대학 교육과정까지 비판적 사고를 함양하는 교육에 대해 관심을 가져왔다(이명숙, 2008). 현 시대에서 사람들은 더욱 다양한 문제 상황을 마주하고, 이를 해결하기 위한 방안을 마련하기 위해 논리적으로 사고해야 한다. 사고력 함양 교육이 더욱 중요해졌다.

연령에 따른 논리 · 논술교육은 교사가 선택하는 교수모형에 따라 달라진다. 논리 · 논술교육의 교수모형은 논리 · 논술교육과 관련된 교과목을 명시하여 직접적으로 교육하는 모형과 기존의 교과영역에 사고력을 추가하여 교육하는 모형으로 분류할 수 있다. 대학에서는 논리적 글쓰기, 사고와 표현 등의 논리 · 논술교육과 관련된 교과목을 명시적으로 제시하여 교육하고 있으므로 전자의 교수모형에 해당한다. 이러한 모형의 선택은 학습자를 대상으로 사고력 함양을 위한 직접적인 교수가 필요함을 보여준다. 동시에 대학교 입시라는 우리나라 교육 여건을 고려할 때, 대학 이전의 교육과정이 학습자들의 논리적 · 창의적 사고력의 함양을 통한 문제해결능력을 충분히 길러주지 못하고 있음을 보여준다. 후자의 교수모형은 유아교육기관과 초등학교에서의 교육적 상황에서 찾을 수 있다. 이러한 교육기관에서는 국어나 수 등의 교과영역에서 사고력을 함양할 수 있도록 교육한다. 이는 자연스러운 교육적 상황에서 논리 · 논술교육을 추구하는 방법이다.

논리 · 논술교육을 실시하는 장소도 다양하다. 대부분의 논리 · 논술교육은 학교를 중심으로 교육과정 내에서 실시하고 있다. 뿐만 아니라 논리 · 논술교육의 중요성에 대한 인식의 증가로 학교 이외의 장소에서도 논리 · 논술교육을 실시하고 있다. 이는 지역사회 내 도서관에서 운영하는 논리 · 논술 관련 프로그램이 대표적이다. 이와 더불어 사교육 기관도 스피치, 토론, 의사소통, 글쓰기와 같은 이름으로 논리 · 논술교육을 실시하고 있다. 사교육 기관에서는 입시 위주의 논술교육이나 취업을 위한 스피치 훈련으로 논리 · 논술교육을 실시한다. 이처럼 이름만 다를 뿐, 학습자의 논리적 사고력과 글쓰기 능력을 함양하기 위한 유사한 목적으로 다양한 장소에서 논리 · 논술교육을 실시하고 있다.

앞서 논의한 바와 같이 논리 · 논술의 중요성을 강조하면서 논리 · 논술교육에 대한 수요도 증가하였다. 사정이 이렇다 보니 논리 · 논술교육을 실시하는 교육자에 대한 관심도 함께 증가하였다. 우선 학교 교육과정에서는 논리 · 논술교육에 관심 있는 교사들이 주축이 되어 교육을 실시하고 있다. 이후 사회적으로 보다 전문성을 지닌 사람들이 논리 · 논술교육을 지도하기 바라면서 관련 직업 분야도 발전하였다. 이에 따라 민간 기업에서 발행하는 관련 자격증도 생겨났다. 논리나 논술과 관련된 교육을 통해 기초 소양을 갖춘 이들에게 그 자격을 부여하여 인정해 주고 있는 실정이다. 글을 쓰다! ❸ 에서는 논리 · 논술과 관련한 이러한 자격증을 찾아 적어보자. 적을 때는 가장 먼저 자신이 알고 있는 자격증부터 생각해 본다. 그 다음은 한국직업능력개발원 민간자격정보서비스 및 통합 포털 검색 사이트를 이용하여 관련 자격증을 검색하여 글을 쓰다! ❸ 을 완성해 보자. 관련 자격증은 논리, 논술, 사고, 창의를 주제어로 하여 검색하면 조금 더 쉽게 문제에 접근하여 해답을 찾아갈 수 있을 것이다.

글을 쓰다! ❸

※ 논리 · 논술 관련 자격증을 적어보자.

글을 쓰다! ❸ 에서는 다양한 종류의 논리 · 논술 관련 자격증을 찾아보았다. 국가공인자격증이 아니라는 점을 감안하더라도, 논리 · 논술교육과 관련한 다양한 이름을 가진 자격증이 발견된다. 이처럼 자격증의 다양화는 그만큼 우리 사회에서 논리 · 논술교육에 대한 관심의 증가를 보여준다.

앞서 우리는 사회 곳곳에서 볼 수 있는 논리 · 논술교육의 현 양상에 대해 짚어보았다. 이러한 양상들을 정리하며, 우리 사회에서 논리 · 논술교육이 중요성을 갖게 된 이유를 생각해 본다.

첫째, 전 세계는 정보의 홍수 속에 살아가고 있으며, 사람들에게 정보를 수집하고 분석하여, 선택하고 적용하며 평가할 수 있는 능력을 요구한다. 하루 동안 정말 많은 정보가 쏟아진다. 불과 몇 시간 전의 정보는 사라지고, 생각지 못한 새로운 정보가 제공된다. 많은 정보들 속에서 우리는 자신에게 필요한 올바른 정보에 집중할 수 있는 능력을 요구받는다. 제때, 제대로 된 정보를 선택하고 적용할 수 없을 때, 우리는 더 많은 시간과 에너지를 소요하게 된다. 또한 습득한 정보들의 활용은 우리 삶의 모습을 변화시킨다. 따라서 이러한 정보를 다룰 수 있는 능력을 기르기 위해서는 논리적으로 사고할 수 있어야 한다.

둘째, 우리 사회는 다양한 문제 상황에 직면해 있으며, 이를 해결할 수 있는 능력을 지닌 사람을 요구한다. 우리 사회는 매우 빠르게 변화하고 있다. 우리는 현재의 상황에 온전히 적응하기 전에, 이미 미래를 향해 나아가고 있다. 그러다 보니 생각하지 못한 다양한 문제 상황을 맞이하게 된다. 주어진 문제 상황은 변화를 통해 하나씩 해결해 가야 한다. 효율적으로 문제를 해결하기 위해서는 실현 가능한 다양한 아이디어를 산출하고 아이디어를 비교하고 분석하며 가장 적합한 해결책을 찾아야 한다. 이처럼 문제해결을 위해서는 종합적으로 사고하는 힘을 필요로 한다. 따라서 사람들은 비판적으로 문제를 분석하며, 창의적으로 문제해결방법을 찾을 수 있어야 한다. 뿐만 아니라 실현 가능성 있으면서도 가장 적절한 해결방법을 선택할 수 있는 판단력이 요구된다. 시대가 요구하는 인재상으로 이 시대를 살아가는 사람들이 논리 · 논술교육을 통해 사고하는 힘을 기를 수 있도록 지원해야 한다.

셋째, 우리 사회는 다양한 사람들로 구성되어 타인과 원만히 소통할 수 있는 사람을 필요로 한다. 정보화, 세계화, 그리고 다문화 시대를 살아가는 우리에게 다양한 개성을 지닌 사람들과 의사소통할 기회는 증가한다. 의사소통은 둘 이상의 사람이 서로 언어적 · 비언어적인 어떤 것을 주고받는 양방향적인 관계이다. 원만한 의사소통을 위해서는 귀 기울여 듣고, 논리적으로 말하며, 글을 쓰는 능력을 갖추어야 한다. 특히, 다른 생각을 지닌 상대방을 설득해야 할 때 논리적인 표현은 더욱 중요해진다. 문명화된 오늘날 물리력은 설득의 수단으로 부적절하기 때문이다. 누군가에게 자신의 생각이 옳음을 증명하기 위해서는 논리적인 설명이 필요하다. 하지만 그동안 지식을 그대로 수용만 하고, 논리적으로 사고하거나 비판적으로 생각할 기회가 많지 않았던 사람들에게 상대방을 설득하기란 결코 쉽지 않다. 사람들과의 원만한 의사소통을 통해 갈등을 줄이고, 상호 존중할 수 있는 사회적 분위기를 조성하기 위해서 우리는 논리 · 논술과 이를 위한 교육에 관심을 가져야 한다.

물론 시대가 변하면서 논리 · 논술교육의 필요성에 대한 사회적 인식이나 사회 구성원들이 바라는 교육의 방향은 달라질 수 있다. 그러나 많은 정보 속에서 살아가야 하는 앞으로의 시대는 논리적으로 사고하고, 말을 하며, 글을 쓰기가 보다 중요한 역할을 담당하게 될 것이다.

2 논리

논리의 개념은 한마디로 설명하기 어렵다. 보통의 경우 논리는 참된 앎을 위해 생각하는 법칙과 형식의 과정으로 본다. 그러나 논리가 가지고 있는 개념의 확실성에 비해, 논리라는 용어 그 자체는 추상적으로 다가와 우리는 논리를 이해하는 데 어려움을 겪는다. 논리 · 논술교육을 위해서는 논리에 대한 어렴풋한 생각을 개념화하는 과정을 통해 그 개념을 정리할 필요가 있다. 논리가 무엇인가에 대한 스스로의 생각을 찾아가기 위해 두 가지 방법으로 접근해 본다. 첫 번째 방법은 논리적인 사람의 특성을 찾아보는 데 있다. 글을 쓰다! ❹ 는 논리적인 사람의 특성을 찾아가며 논리에 대해 이해할 수 있도록 돕는다. 글을 쓰다! ❹ 를 적는 과정에서는 생각나는 대로 논리적인 사람의 특성을 마음껏 적어본다. 본인 스스로가 논리적인 사람이라고 생각한다면, 그 특성을 함께 기술해 본다. 표현된 단어는 비슷한 내용끼리 범주화해도 좋다. 유사한 범주끼리 묶는 과정은 논리적인 사람의 모습을 조금 더 엿볼 수 있게 할 것이다.

글을 쓰다! ❹

※ 논리적인 사람의 특성을 찾아보자.

위의 글을 쓰다! ❹ 를 통해 우리는 다음과 같은 결과를 얻을 수 있다. 우리는 방향성이 뚜렷한 사람, 치밀하게 말하는 사람, 명확하게 설명하는 사람, 때로는 시시콜콜 따지듯 다른 사람의 생각에 반박하는 사람을 논리적이라고 생각한다. 반면 방향성과 무관하게 이야기하는 사람이나 두루뭉술하게 말하는 사람, 사실에 근거하기보다는 감정에 치우쳐 말하는 사람, 하려는 이야기가 불명확한 사람을 비논리적이라고 생각한다. 물론 둘의 경계에 대한 판단은 개인차가 있으나, 우리는 충분한 근거를 가지고 절차적으로 말과 글을 사용하는 사람을 더 논리적이라고 생각한다. 이런 사람들은 빈틈없이 조리 있게 말과 글을 잘 사용하는 경우가 많다.

논리를 개념화하는 두 번째 방법은 논리와 관련된 단어들을 찾아보는 데 있다. 관련된 단어가 쉽게 떠오르지 않는다면, 우리가 알고 있는 동요를 활용한다. 〈'리'자로 끝나는 말은〉이라는 동요를 개사하여, '논'자로 시작하는 말을 찾아본다. 보통 논증, 논술, 논쟁, 논평과 같은 단어들을 찾을 수 있다. 이제는 이 단어들의 개념을 들여다보며 논리가 가지고 있는 의미를 생각해 본다.

- 논거(論據): 『사물의 이치를 헤아림 + 근거』로 주장을 뒷받침해 주는 근거를 의미한다.
- 논술(論述): 『사물의 이치를 헤아림 + 서술』로 어떤 주제에 대한 자신의 생각을 이치에 맞게 쓴 글을 의미한다.
- 논쟁(論爭): 『사물의 이치를 헤아림 + 다툼』으로 사건이나 주제에 대해 서로 다른 생각을 가진 사람들이 따져 말하기를 의미한다.
- 논점(論點): 『사물의 이치를 헤아림 + 쟁점』으로 논쟁에서 핵심이 되는 문제점을 의미한다.
- 논증(論證): 『사물의 이치를 헤아림 + 증명』으로 옳고 그름의 판단을 분명히 나타내기 위해 증명하는 과정을 의미한다.
- 논평(論評): 『사물의 이치를 헤아림 + 비평』으로 사건이나 주제에 대해 쓴 글에 관해 비평한다를 의미한다.

이제 논리와 관련하여 가장 많이 언급된 단어를 생각해 본다. 아마도 '조리 있다'일 것이다. 논리는 한자로 論(말할 논), 理(다스릴, 이치 리)로 '말의 이치를 따진다'는 의미를 갖고 있다. 여기서 '말'이란 단순히 발성하여 소리내기, 목소리만 크게 내기와 달리 생각을 소리로 표현한다를 의미한다. 다시 말해 말은 조리, 도리, 이론 등을 따져 생각하기를 의미한다. 정리해 보면, 논리는 조리나 이치에 맞게 사고하고 언어로 표현하는 과정을 말한다. 논리적으로 사고하기 위해서는 현재 진행되고 있는 상황뿐 아니라, 이전과 이후의 맥락을 동시에 고려하여 생각할 수 있는 종합적 능력을 필요로 한다.

3 논술

논술의 개념은 주어진 주제에 대해서 두 가지 방향으로 글을 써보며 생각해 본다. 첫 번째 방향은 자유롭게 글쓰기이다. 글을 쓰다! ❺ 에서는 '국어 실력이 좋을수록 논술 실력도 우수하다.'라는 주제에 대해서 자신의 생각을 자유롭게 적어보자. 생각이 흐르는 대로 글을 적어보자.

글을 쓰다! ❺

※ '국어 실력이 좋을수록 논술 실력도 우수하다.'에 대한 자신의 생각을 적어보자.

작성한 글을 쓰다! ❺ 를 다시 읽어본다. 읽는 과정에서 주제에 대한 자신의 생각을 살펴본다. 또 글을 천천히 읽으며 생각의 오류를 살펴본다.

두 번째 방향은 논리적으로 글쓰기이다. '국어 실력이 좋을수록 논술 실력도 우수하다.'는 주제에 대한 자신의 생각을 다음 글을 쓰다! ❻ 에 논리적으로 서술해 보자. 글을 쓸 때는 먼저 주어진 주제에 대한 자신의 입장을 한 문장으로 적어본다. 이후 그 주장에 대한 근거를 두 가지 기술해 본다.

글을 쓰다! ❻

※ '국어 실력이 좋을수록 논술 실력도 우수하다.'에 대한 자신의 생각을 논리적으로 적어보자.

이제 완성된 두 글을 소리 내어 읽어본다. 두 글이 주는 느낌이 사뭇 다를 것이다. 한 번 더 글을 읽어본다. 다시 글을 읽을 때는 두 글을 비교하면서 읽어본다. 동일한 주제에 대해 한 사람이 쓴 글이지만 다른 생각의 절차와 문장의 흐름을 확인할 수 있을 것이다.

'논리적으로 서술하세요.'라는 말을 듣거나 읽는 순간, 우리들은 주제에 대해 더 깊이 있게 생각하려고 애쓴다. 이후 글의 개요를 작성하거나, 글의 흐름을 머릿속으로 그리며 체계적으로 자신의 생각을 정리한다. 이러한 체계성은 자유롭게 글을 쓸 때와는 다른 논리적 글쓰기에서 나타나는 양상이다. 이러한 양상은 논리라는 단어가 갖는 힘이며, 누군가에게는 부담으로 작용한다.

논술은 어떤 주제 및 문제에 대해서 자신의 생각, 의견, 주장을 이치에 맞게 논리

다룰 수 있는 교육 분야가 바로 논리 · 논술교육이다.

논리 · 논술교육은 사람들이 마주하는 삶의 과정에서 여러 가지 문제에 대해 조금 더 깊고 넓게 그리고 다양한 관점에서 생각하도록 사고력 함양을 돕는 교육이다. 사고력은 논리 · 논술교육의 중요한 요소로, 교수실제에서 중요한 교육목표로 다루어진다.

물론 연령이나 발달 시기에 따라서 강조하거나 교육내용으로 다룰 수 있는 사고력은 다를 수 있다. 예를 들어, 유아교육에서는 논리적인 사고보다는 창의적인 사고에 대해 관심을 가져야 한다고 주장하기도 한다. 그러나 문제해결을 위한 창의적 사고는 문제에 대한 논리적인 인식에서부터 시작되므로 각각의 사고력은 뗄 수 없는 관계에 있다. 그러므로 각 사고력에 대한 종합적인 이해가 필요하다.

이에 본 2장에서는 논리 · 논술교육을 실천하기 전에 알아야 하는 사고에 대해 살펴본다. 구체적으로 논리적 사고, 비판적 사고, 추론적 사고, 창의적 사고에 대해 다루며 각 사고의 개념과 구성 요인을 살펴본다. 각 사고의 관계성에 대한 이해는 이러한 기초적 개념들을 통해 이루어질 것이다.

또한 각 사고에 대한 이해는 깊이 있는 지식을 요구한다. 각각에 대한 개념과 구성요소에 대해 학자마다 관점이 다르기 때문에 각각의 내용을 충분히 다루기 위해서는 많은 시간이 필요하다. 이에 따라 본 2장은 유아논리 · 논술을 이해하는 데 기초가 될 수 있는 내용들을 중심으로 간략히 구성하였음을 밝힌다. 각 사고에 대해 습득한 지식을 바탕으로 또 다른 궁금증이 발생한다면 스스로가 찾아보며 그 궁금증을 해결해 나가길 바란다. 더불어 생각하는 힘의 중요성에 대해서 느끼며, 습관적인 문제해결에서 벗어나 종합적이고 반성적으로 사고할 수 있는 힘을 함양할 수 있길 기대해본다.

1 논리적 사고

논리적 사고(論理的 思考)란 이치에 맞게 자신의 생각을 이끌어 가는 과정이나 원리를 말한다. 이치에 맞다는 앞뒤 상황을 모두 고려하여 판단해 보았을 때 생각이 딱 들어맞는다는 의미이다. 생각이 그 사람의 말과 행동을 결정하는 데 영향을 미친다고 볼 때, 논리적 사고는 어떤 한 개인이 언행을 하기에 앞서 주어진 상황을 조목조목 헤아려 생각해 본다는 의미를 내포한다.

사람들은 삶 속에서 다양한 문제에 직면하며 문제해결을 위한 방법들을 모색한다. 앞뒤 상황을 따져 논리적으로 사고하며 최선의 해결책을 찾는 것이다. 논리적 사고는 사람들의 일상과 매우 밀접하게 관련되어 있으므로 평소 논리적으로 사고할 수 있는 힘을 기르는 교육이 필요하다.

논리적 사고를 함양하기 위해서는 논리적 사고의 구성요소를 알고 실제 교육을 통해 실천하는 기회가 필요하다. 박찬옥과 그의 동료들(2013)에 따르면, 논리적 사고는 크게 논리적 사고 능력과 논리적 성향으로 범주화되며 세분화하여 살펴볼 때, 논리적 사고 능력은 명료성, 적절성, 연관성, 효용성, 공정성, 연역적 추론, 귀납적 추론을 포함하고, 논리적 성향은 진실 지향성, 신중성, 개방성, 호기심, 인내심, 자기규제성으로 구성된다.

논리적 사고 함양 교육의 시작 시기에 대한 관점은 다양하다. 다음 **글을 쓰다! ❼** 은 논리적 사고 및 그 교육 시기를 생각해 보도록 돕는다. 제시된 그림을 잘 보고, 주어진 문제를 해결해 보자.

글을 쓰다! ❼

※ 더 많은 모양을 찾고 그 이유를 적어보자.

1번

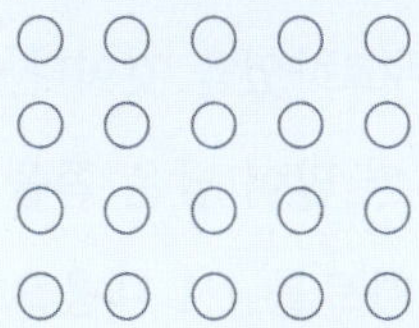

2번

(   )이 더 많다.

왜냐하면 (

) 때문이다.

만약, 유아라면 이 문제에 어떻게 답할까? 우리가 5세 유아라고 생각하고 문제에 접근해 보자. 유아는 자신의 생각을 온전히 글로 쓰는 데 어려움이 있으므로 두 명이 함께 글을 쓰다! ❽ 을 해보자. 한 명은 유아교사가 되고, 또 다른 한 명은 유아가 되어 상호작용을 해도 좋다.

글을 쓰다! ❽

※ 더 많은 모양을 찾고 그 이유를 적어보자.

1번

2번

(   )이 더 많다.

왜냐하면 (

) 때문이다.

본 문제에 대한 답은 정해져 있으며 확실하다. 그러나 이 문제를 해결해야 하는 대상에 따라 반응은 달라진다. 우리는 본 문제 해결을 위한 접근방법을 생각한다. 가장 먼저 동그라미와 하트의 수를 각각 세어보는 방법을 선택한다. 우리는 1에서 3으로 건너뛰면서 수 세기를 하거나 4에서 다시 3으로 거꾸로 수 세기를 하지 않고 1부터 하나씩 증가하도록 정확히 수를 센 후 그 결과를 비교하였을 것이다. 누군가는 동그라미와 하트를 5개씩 묶은 후, 남은 수를 비교하여 더 많이 남은 쪽을 선택해 보았을 수 있다. 또 다른 방법으로 어떤 이는 동그라미와 하트를 1:1 대응으로 하나씩 지우면서 남아 있는 쪽을 찾아보았을 수 있다. 본 문제는 몇 개인가를 찾기보다 더 많은 쪽을 찾는 문제이기 때문에 수를 세지 않고도 우리는 다양한 해결방법을 찾게 된다. 어떤 방법을 활용했든 우리는 동그라미가 더 많다고 답하고 그 이유도 타당하게 설명한다.

그러나 유아들은 다른 양상을 보인다. 유아에게 문제를 던진 후, 그 대답을 기다려 본다. 이후 우리는 동그라미가 더 많다고 말하는 유아와 하트가 더 많다고 응답하는 유아의 이야기를 듣게 된다. 이러한 유아들의 대답에 대해서는 이유를 꼭 들어야 한다. 왜냐하면 유아는 상황에 따라서 대답을 다르게 할 수 있기 때문이다. 이러한 상황을 고려하여 그렇게 생각한 이유를 유아들에게 물어본다. 이유를 논리적으로 설명할 때, 우리는 그 유아가 논리적으로 사고한다고 본다. 동그라미가 많다고 말하는 유아 중 수 개념에 대한 인식이 발달한 유아는 수 세기 및 1:1 대응을 통해서 답을 찾을 것이다. 그러나 "그냥이요."라고 대답하는 유아도 있다. 즉, 이 유아는 문제를 정확히 파악하여 해결하는 데 어려움을 겪는 것이다. 하트가 많다고 응답한 유아에게도 그렇게 생각한 이유를 질문해 본다. "그냥이요."라고 대답하는 유아가 있는가 하면, "하트는 더 크게(넓게) 있어서 많아요."라고 말하는 유아도 있다. 후자의 경우 유아는 논리적으로 이유를 설명하지 못하고 있으며, 동시에 직관적으로 사고하고 있음을 확인할 수 있다.

논리적 사고는 직관적 사고와 대응되는 개념으로 이해하기도 한다. 피아제(Piaget)에 따르면, 발달적으로 전조작기에 해당하는 유아기는 직관적 사고를 하는 시기이다. 유아는 눈앞에 있는 대로 또는 보이는 대로 믿는다. 유아기를 지나 학령기에 접어든 아동은 구체물을 활용한 논리적 사고가 가능해지며 이후 청소년기에 들어간 아동은 추상적이며, 논리적으로 사고할 수 있다. 이러한 이유에서 유아교사들은 이후 발달 과정에서 자연스럽게 논리적으로 사고할 수 있는 힘을 가지게 될 유아들에게 유아기부터 논리적 사고를 기르는 교육을 실시해야 할 필요성을 생각해 보게 된다.

그러나 유아교사들의 시각을 조금 달리하여 생각해 보면, 유아교사들은 유아의 논리적 사고 함양을 위한 교육이 가능하며 그 필요성을 깨닫게 된다. 조선희(2009)는 유아의 논리적 사고를 주장과 그 주장에 대한 이유나 근거를 제시하는 것이라고 보았다. 이 개념에 따라 유아교사들은 유아들에게 자신의 관심사나 흥미에 맞는 질문을 던져보고 그 이유를 함께 물어봐야 한다. 유아교사들은 유아들에게 '놀잇감이 더 많이 있었으면 좋겠는지' 물어보고 그 이유를 들어볼 필요가 있다. 또 유아교사들은 유아에게 '하늘에서 눈이 내렸으면 좋겠는지' 물어보고 그 이유도 들어야 한다. 유아들은 자신의 생각을 말하고 그에 대한 이유를 충분히 설명할 것이다. 즉, 유아들은 논리적 사고가 어렵더라도 논리적으로 사고하고자 하는 생각하는 힘을 갖고 있다.

유아기는 사물과 사건을 깊이 있게 탐구하며 문제를 해결할 수 있는 기초가 형성되는 시기로 논리적 사고를 할 수 있는 잠재력을 지니고 있다. 사물에 대한 호기심이 확대되고, 주의집중 시간이 길어지는 유아기는 이러한 논리적 성향을 기르는 데도 매우 중요한 시기이다. 유아들은 일상생활 속에서 '왜?'라고 질문하며 지식을 확장해 가고 알고 있는 지식을 바탕으로 사물을 비교 · 분류하며 때로는 상황에 맞게 추론하고 예측한다. 유아기는 정답을 받아들이는 교육이 아니라 자신의 생각을 표현하며 스스로 학습할 수 있는 시기이기에 유아기부터 논리적 사고를 함양할 수 있는 교육을 실시해야 한다.

2 비판적 사고

비판적 사고에 대한 관심은 소크라테스의 문답법에서 시작되었다고 볼 수 있으며 이후 비판적 사고의 아버지라 불리는 존 듀이(John Dewey)의 반성적 사고를 통해 체계적으로 연구되었다(최훈, 2008; 한상기, 2007). 비판적 사고는 삶 속에서 문제 및 문제 해결에 대한 자신과 다른 사람의 생각이나 주장이 오류를 범하지 않는지 합리적이고 논리적으로 평가하는 사고의 과정을 말한다. 비판적 사고력이 타당한 기준들을 적절히 사용하여 사물을 평가한다는 점은 논리적 사고와 다른 점으로 인식된다(허경철 외, 1990).

사람들에게 "제 의견을 잘 듣고 비판적으로 생각하여 이야기해 주세요."라고 말해 보자. 얼마 지나지 않아 사람들은 자신이 알고 있는 지식을 바탕으로 자신의 생각을 이야기한다. 때로는 그 이야기가 비판적인 것이 아닌 '비난'에 그치는 경우가 있다. 그러나 비판적으로 사고하기는 비난하기와 다르다. 비난은 다른 사람의 결점에 대해서 무조건 나쁘게 이야기하거나 헐뜯는 경우로 그 누구의 공감을 얻기 어렵다. 반면 비판적 사고를 통해서는 다른 사람의 생각이 나와 다를 경우, 그 생각에 대해 조목조목 이야기 나누며 서로가 다름에 대해서 충분히 이해하고 이를 통해 상대방을 설득할 수 있다. 따라서 비판적 사고를 하기 위해서는 비난에 비해 많은 노력과 시간이 필요하다.

비판적으로 사고하기 위해서는 주어진 정보, 문제, 그리고 상황에 대해서 세밀히 분석하고, 종합해야 한다. 너무 많은 정보가 쏟아지고 있는 현시대에서 자신에게 필요한 정확한 정보를 산출하기 위해서 비판적 사고가 필요하다. 또한 사람들은 문제에 대해 최대한 객관적으로 접근하고자 노력해야 한다. 자신이 알고 있는 지식이 전부가 아니며 때로는 참이 아닐 수 있다는 점을 염두에 두어야 한다. 그러나 사회와 문화 속에서 살아가는 사람들은 편견이나 감정으로부터 자유롭기 어렵다. 사람들은 비판적으로 사고하는 방법을 배우며 무비판적이고 자기중심적이며 자문화중심적으로 사고하는 습관을 버려야 한다(최훈, 2008).

비판적 사고는 비판적 사고 기능과 비판적 사고 성향으로 구성된다(김명숙, 2006). 비판적 사고 기능은 비판적 사고의 인지적 영역으로 비판적 사고를 가능하게 하는 구체적인 기능 및 전략을 의미한다(신수진, 강명숙, 2007). 김현경(2002)은 유아의 비판적 사고 기능은 서로 다른 관점을 인식하기(다른 사람의 입장과 이해관계를 고려하여 타인의 관점에 감정이입함), 생각을 검증하기(생각에 대한 이유, 증거를 표현함), 판단하여 이유를 말하기(자신과 타인의 행동에 대한 문제제기를 통한 가치판단을 평가하는 기회임), 결과를 예측하기(행동과 해결책의 결과를 탐색함), 타인에게 적용한 기준을 나에게 적용하기(자신의 생각과 행동의 비일관성을 인정하며, 타인에게 적용한 그대로 자신에게 적용함)로 구성된다고 보았다.

비판적 사고 성향은 비판적 사고의 정의적 특성으로 비판적으로 사고하려는 마음가짐이나 태도이다(신수진, 강명숙, 2007). 김명숙(2006)은 비판적 사고에 대한 가치관이나 동기, 태도, 그리고 사고습관을 포함하는 비판적 사고 성향이 진실에 대한 가치 지향, 사고의 신중성, 비판적 사고에 대한 동기, 근거 확인 및 합리적 정확성 추구, 사고의 개방성, 사고의 공정성과 독립성, 지적 호기심과 끈기, 사고의 자기규제성으로 구성되어 있다고 하였다. 이명숙(2008)은 비판적 사고 성향의 구성요소로 독립적 사고, 지적 감정이입, 지적 겸손, 용기통합, 끈기, 지적 호기심, 추리에 대한 신뢰, 지적 공손함, 지적 책임감을 제기하였다. 박선영(2017)은 유아의 비판적 사고 성향은 개방성(타인과 의견에 귀를 기울이며 타인과 자신에게 같은 기준을 적용하는 태도), 탐구성(다양한 주제에 호기심을 보이며 인내심과 자신감을 가지고 자신의 사고를 지속해 나가는 성향), 조직화 경향성(사고의 전 과정이 문제의 핵심에서 벗어나지 않도록 계획과 절차를 가지며 일관성을 유지하고자 하는 성향), 지적 정직성(자신이 아는 것과 모르는 것에 대하여 정직하게 표현하며, 외부조건에 흔들림 없이 결정을 내리는 성향), 근거 지향성(경험적이고 타당한 근거를 토대로 공정하게 결론을 도출하려는 성향), 건전한 회의성(모든 의견에 편견이 포함되었을 가능성을 민감하게 고려하여 진실을 추구하며, 건전한 회의를 제기하는 성향)으로 구성된다고 밝혔다. 이러한 비판적 사고 성향은 비판적 사고 기능이 일어날 수 있도록 추진하는 역할을 한다(김명숙, 2006; 박선영, 2017).

비판적 사고를 함양하는 교육은 사고력 교육방법과 동일한 비판적 사고를 독립적 교과로 보고 교육하는 일반론과 교육방법인 기존 교과 안에서 교육하는 특수론으로 실시되어 왔다(이명숙, 2010). 최훈(2008)은 비판적 사고 이론의 대표적 학자인 폴(Paul)과 시걸(Siegel)의 관점을 통해 비판적 사고는 기능과 같은 기술적인 측면뿐 아니라 비판적 사고 성향이 중요하다고 보았다. 어떠한 교육을 선택하든, 비판적 사고 기능과 사고 성향 두 가지 모두 추구할 수 있어야 한다(김명숙, 2006).

유아를 위한 비판적 사고 교육은 여러 가지 상황에 민감성을 기르고, 자신의 생각을 적응하고 변화하는 등의 자기수정적인 방식으로 규칙, 법, 관습 등의 준거를 사용하여 좋은 판단을 할 수 있도록 해야 한다(조선희, 전명남, 1998). 유아는 비판적 사고 교육을 통해 생각하고 또 생각하며 생각하기의 즐거움을 경험하고 올바로 사고하는 능력을 갖게 된다.

3 추론적 사고

추론적 사고는 논리적 사고와 비판적 사고를 이루는 기본요소로 알고 있는 근거를 바탕으로 주장 및 결론을 끌어내는 생각의 과정을 말한다. 자신의 생각과 동일한 생각을 가진 사람을 설득하기는 어렵지 않다. 하지만 자신과 다른 생각을 지닌 사람을 설득하기란 상당히 어려운 일이다. 오늘날 우리가 살고 있는 다원화 사회는 서로의 가치가 상충할 가능성이 높다. 게다가 자신이 추구하는 가치와 목적에 따라 자신의 주장을 굽히기도 쉽지 않다. 이는 타당한 설득의 과정이 있을 때 가능하다. 이와 같이 자신의 생각과 다른 사람을 설득하여 문제를 해결하기 위해서는 자신의 주장이나 생각이 옳음을 명확히 증명해야 한다. 이때 주장의 타당성을 높이는 추론적 사고는 더 많은 사람들의 생각을 변화시킨다. 추론적 사고가 명확히 이루어질 때, 다수의 사람들을 설득할 수 있다.

추론적 사고는 그 과정에 따라 연역적 추론과 귀납적 추론으로 구성된다. 연역적 추론은 대전제가 되는 주장이 참일 경우 결론도 반드시 참임을 보이는 방법으로, 일반적인 사례로부터 개별적인 결론을 끌어내는 추론방법이다. 연역적 추론의 대표적인 예는 삼단논법으로 아래에서 구체적으로 살펴본다.

표 · 2-1 연역적 추론

연역적 추론(삼단논법)	형식
모든 유아는 취학 전 아동이다. 민수는 유아이다. 따라서 민수는 취학 전 아동이다.	모든 A는 B이다. C는 A이다. 따라서 C는 B이다.

삼단논법은 참인 대전제를 시작으로 소전제와 결론으로 구성된다. 이는 예외 없이 모든 경우에 적용되는 대전제의 사례를 통해서 개별적인 결론을 이끈다.

올바른 연역적 추론을 위해서 고려해야 할 사항들이 있다. 먼저 다음에 제시된 글을 쓰다! ❾ 를 보며 연역적 추론의 적절성을 생각해 보자.

글을 쓰다! ❾

※ 주어진 글을 보며 연역적 추론의 적절성을 적어보자.

모든 12개월 된 영아는 걷는다.
영희는 걷는다.
따라서 영희는 12개월 된 영아이다.

올바른 연역적 추론인가?

글을 쓰다! ⑨ 에 제시된 글은 올바른 연역적 추론으로 보기 어렵다. 왜냐하면 표 2-1에서 제시한 형식에 어긋나기 때문이다. 따라서 '영희는 12개월 된 영아이다.'라는 결론도 받아들일 수 없다. 참된 연역적 추론은 타당성과 건전성의 요건을 충족해야 한다. 다음은 글을 쓰다! ⑩ 을 통해서 타당성과 건전성에 대해서 자세히 살펴보자.

글을 쓰다! ⑩

※ 주어진 문제를 해결하며 타당성과 건전성에 대해 생각해 보자.

	타당성	건전성
모든 12개월 된 영아는 걷는다.	모든 A는 B이다.	
영희는 걷는다.	C는 (　)이다.	
따라서 영희는 12개월 된 영아이다.	따라서 C는 (　)이다.	

타당성(Validity)은 단계에 따라 올바르게 추론을 해 나가야 한다는 의미이다. 앞선 글을 쓰다! ⑩ 에 제시된 예로 돌아가 보자. 이 예는 추론의 형식에 맞지 않다. 따라서 이 예는 연역적으로 타당하지 않다. 논리적인 글쓰기일수록 형식적 타당성이 중요하다. 타당성을 충족하지 못한다면 논리적 오류에 빠지게 된다.

건전성(soundness)은 참인 전제로부터 참인 결론이 도출될 때에만 확보된다. 어떤 편견, 주관적 가치 판단은 배제되어야 한다. '모든 12개월 된 영아는 걷는다.'라는 대전제는 참이 아니다. 12개월이 되어 걷는 영아도 있지만 10개월에 걷는 영아나 15개월이 되어야 걷는 영아도 있다. 이 경우 결론 역시 참이 될 수 없다. 따라서 본 예시는 타당성을 충족하더라도 건전성을 충족하지 못한다. 올바른 연역적 추론이 되기 위해서는 타당성과 건전성 두 가지 요건을 모두 충족해야 한다.

귀납적 추론은 전제적 이유가 참일 경우, 결론적 주장이 참일 가능성이 매우 높다는 것을 보이려는 방법이다. 귀납적 추론은 연역적 추론과 달리 결론적 주장이 거짓

일 수 있다는 점을 주의해야 한다. 귀납적 추론은 개별적인 사례로부터 일반적인 결론을 도출하는 추론방법으로 예를 통해서 귀납적 추론에 대해 살펴보자.

표 2-2 귀납적 추론

귀납적 추론	형식
A는 유치원 교사이고, 정교사 자격증이 있다. B는 유치원 교사이고, 정교사 자격증이 있다. C는 유치원 교사이고, 정교사 자격증이 있다. D는 유치원 교사이고, 정교사 자격증이 있다. 그러므로 아마도 모든 유치원 교사는 정교사 자격증이 있을 것이다.	A는 a이고, b이다. B는 a이고, b이다. C는 a이고, b이다. D는 a이고, b이다. **그러므로 모든 a는 b일 것이다.**

귀납적 추론은 결론이 참이 아닐 가능성을 고려하여 '~일 것이다'로 표현되는 반면 연역적 추론은 '~이다'로 표현한다. 이를 통해 두 가지 추론의 차이를 알 수 있다.

귀납적 추론이 성공하기 위해서는 결론적 주장을 지지하는 전제들이 주장을 강하게 지지하도록 구성해야 한다. 다음 글을 쓰다! ⑪ 을 통해서 지지의 강약에 대해 생각해 보자.

글을 쓰다! ⑪

※ 결론이 설득력이 있는지 생각한 후, 강한 귀납적 추론인지 적어보자.

1급 승급교육에 참여한 교사는 100명이다.
100명 중에서 무작위로 지명한 20명이 부모로부터 교권침해를 받았다고 한다.
그러므로 아마도 나머지 80명도 부모로부터 교권침해를 받았을 것이다.

강한 귀납적 추론인가?

위의 예는 강한 귀납적 추론이라고 보기 어렵다. 왜냐하면, 주장을 지지하는 전제가 약하기 때문이다. 이러한 귀납적 추론으로 결론적 주장도 약화되어 설득력이 떨어진다. 따라서 설득력이 높은 귀납적 추론을 위해서는 주장에 대한 전제가 주장을 강하게 지지해야 한다.

추론적 사고는 유아들의 일상생활 속에서 나타난다. 특히, 관찰이나 실험이 주요한 과정기술로 활용되는 과학활동에서 예측하는 과정과 함께 추론적 사고를 확인할 수 있다. 예측은 진행될 변화에 대해 미리 짐작하는 과정기술인 반면, 추론은 진행된 변화를 통해서 결론을 이끌어내는 과정기술이다. 예를 통해 살펴보자.

예

상황: 과학영역에서 자석을 가지고 놀이하는 민지

1: 예측하기

교사) 민지야, 여기에 여러 가지 물건과 자석이 있어. 어떤 물건이 자석에 붙을까?

민지) 클립이요.

교사) 왜 그렇게 생각하니?

민지) 이전에 이런 느낌이 나는 것이 붙는 것을 본 적이 있어요.

2: 추론하기

민지) 클립은 쇠로 되어 있고, 자석에 붙어요.

교사) 그렇구나. 다른 것도 한번 해볼까?

민지) 철가루는 쇠로 되어 있고, 자석에 붙어요.

교사) 그렇구나.

민지) 가위의 이 부분은 쇠로 되어 있고, 자석에 붙어요.
아! 쇠로 된 것은 모두 자석에 붙어요.

교사) 왜 그렇게 생각하니?

민지) 쇠로 되어 있는 클립, 철가루, 가위는 자석에 붙었는데, 플라스틱으로 되어 있는 자는 붙지 않았어요.

윤혜진과 유연옥(2014)은 유아들의 연역적 추론에 영향을 줄 수 있는 삼단논법내용에 주목하였다. 제시된 예를 보며, 유아들의 연역적 사고를 생각해 본다.

예

모든 날 수 있는 동물은 날개가 있다.

독수리는 날 수 있다.

독수리는 날개가 있을까?

이처럼 윤혜진과 유연옥(2014)은 유아들의 사전지식에 기초하여 친숙한 삼단논법내용을 제시할 경우 유아들이 연역적으로 사고할 수 있다고 하였다. 이는 '어떤 내용으로 접근하는가'에 따라서 유아들도 생각을 정리하며 결과를 도출할 수 있음을 보여준다.

앞서 살펴본 추론을 바탕으로 유아교사 및 유아와 관련한 동일한 주제를 선정하여 연역적 추론 및 귀납적 추론의 예를 작성해 보자. 글을 쓰다! ⑫ 를 작성하고 공유하며, 올바른 추론의 중요성에 대해서 생각해 보자.

글을 쓰다! ⑫

※ 유아 및 유아교사의 삶 속에서 볼 수 있는 추론의 예를 작성해 보자.

연역적 추론	귀납적 추론

유아들은 추론이라는 어려운 단어를 알지 못해도, 일상생활에서 마주한 문제들을 해결하는 과정에서 추론적 사고를 한다. 만약 유아가 추론적 사고하기를 즐기길 바란다면 유아교사는 사고력을 촉진하는 질문을 유아에게 해야 한다.

4 창의적 사고

창의성은 그 개념이나 내용에 대한 학자들의 합의를 이루기 어려워 창의력, 창조력과 같은 용어들과 비슷한 의미로 사용되어 왔다(김효진, 박성옥, 2008). 그러다 1950년 길포드(Guildford)가 미국 심리학회 회장 취임연설에서 창의성의 중요성에 대해 언급하면서 창의성에 대한 관심과 관련 연구가 증가하여, 창의성을 정의하려는 다양한 관점들이 제시되었다(성은현, 2004; 이송연, 안도희, 2015).

창의성은 한자로 創(비롯할 창, 만들 창), 意(생각할 의), 性(본성 성)으로 '새로운 것을 생각해 내는 본성 또는 특성'을 의미한다. 김유정, 강미선, 그리고 홍영식(2015)은 창의성을 인간이 어떤 사태에 직면하여 새로운 것을 생각해 내는 능력으로 보았다. 이윤영과 유영의(2018)는 이전에 없던 어떤 새롭고 독특한 것을 만드는 능력을 창의성이라고 하였다. 학자들은 다양한 관점으로 창의성을 보고 있으나, 창의성을 모든 인간에게 잠재된 보편적이며 개발 가능한 능력으로 보는 데 동의한다(김유정, 강미선, 홍영식, 2015; 신연미, 김춘일, 1999; 이경화, 2002).

창의성의 구성요소는 다양하다. 자신이 생각하는 창의적인 사람의 특징을 **글을 쓰다! ⑬**에 적어보며 창의성의 구성요소에 대해 생각해 보자.

글을 쓰다! ⑬

※ 창의적인 사람의 특징을 적어보자.

이제는 창의적인 사람의 특징을 분류해 보자. 그 특징을 분류하다 보면 창의성은 크게 두 가지로 구성될 수 있음을 파악할 수 있다. 창의성은 인지적 요인인 창의적 사고와 정의적 요인인 창의적 성향으로 구분한다(강승희, 황희숙, 2007; 김산용, 신원애, 류연의, 2016). 창의적 사고는 주어진 문제를 창의적으로 해결하기 위해서 사용되는 방법이나 기술적 측면을 말한다. 조연순(2001)은 창의적 사고를 다양한 관점에서 융통성 있게 사고하며 문제를 새롭고, 독창적 방식으로 다룬다는 의미이다. 이는 각각 유창성, 융통성, 상상력, 독창성으로 표현된다. 창의적 사고는 우리가 일상생활에서 항상 직면하는 삶의 문제를 해결하고자 할 때 가장 잘 발휘된다(김수향, 정대련, 2004). 창의적 성향은 창의적 인성, 창의적 성격, 창의적 태도 등과 비슷한 개념으로 사용되는 요인으로 창의적으로 사고하는 과정에서 개인에게 요구되는 성향이나 동기를 말한다. 창의적 성향은 개방성, 호기심, 과제집착력 등을 포함한다.

박인영, 손승민, 그리고 전경원(2019)은 창의성의 구성요소를 확장하여 인지적 요인, 정의적 요인, 환경적 요인으로 제시하였다. 구체적으로 인지적 요인은 확산적 사고(예: 상상력, 유창성, 융통성, 독창성, 정교성), 수렴적 사고(예: 분석적 사고, 비판적 사고), 그리고 지식(예: 관련 경험, 배경지식)으로 구성되고, 정의적 요인은 성향(예: 개방성, 민감성)과 동기(예: 호기심, 몰입)로 구성되며, 사회적 맥락으로 환경적 요인은 창의성의 발현에 영향을 미친다고 보았다(박인영 외, 2019).

창의성의 구성요소는 곧 창의성을 평가하는 도구의 방향을 결정하는 데 영향을 미친다. 창의적 사고를 중요시하는가 또는 창의적 성향을 평가하고자 하는가에 따라서 관련 검사 도구가 달라진다. 창의성 검사는 크게 창의적 인지 · 지각 검사, 창의적 성향 검사, 창의적 산물 검사로 나뉜다(최인수, 2000). 노영희, 김경철, 그리고 김호(2006)에 따르면 창의적 인지 · 지각 검사는 확산적 사고능력과 같은 창의적 사고기술을 측정하는 검사를 말하며, 창의적 성향 검사는 창의적 인성, 태도, 흥미 등을 평가하는 방법이고, 창의적 산물 검사는 제시된 과제의 결과물을 통해 평가하는 방법이다. 창의성 평가를 위해서는 창의적 인지 · 지각 검사나 창의적 성향 검사를 주로 활용한다.

유아의 창의적 사고와 창의적 성향은 서로 영향을 주고받는다(강승희, 황희숙, 2007). 이에 노영희와 그의 동료들(2006)은 유아 창의성의 인지적 요인과 정의적 요인으로 구성된 유아 창의성 평가 도구를 개발하였다. 구체적으로 인지적 요인은 유창성(문제해결을 위해서 많은 아이디어와 해결책을 찾음), 융통성(문제해결을 위해서 친숙한 것을 넘어 다양한 관점을 제시함), 독창성(문제해결을 위해서 독특하고 참신한 아이디어와 해결책을 찾음)과 같은 확산적 사고를 포함하며, 정의적 요인은 호기심(주변의 사물과 현상에 대해 의문과 관심을 가짐), 몰입과 인내(주어진 과제에 대해 오랜 시간 몰두하며 끝까지 과제를 해내려 함), 탈규범성(기존의 제도 및 규칙에 얽매이지 않으려 함), 독립성(다른 사람의 생각과 평가에 개의치 않으며 혼자서 과제를 해냄)으로 구성된다(노영희 외, 2006). 유아 창의성은 사고능력과 성향을 모두 평가하며 올바로 이해되어야 한다.

제시된 그림은 미래의 교통기관 그리기라는 문제를 해결하고자 만 5세 유아가 그린 그림이다. 그림을 보며 유아 창의성의 인지적 요인을 생각해 보자.

유아교사는 스스로에게 '나는 논리적인 사람인가' 또는 '나는 유아들에게 논리 · 논술교육을 잘 실천할 수 있는 유아교사인가?'라는 질문을 던져본다. 유아를 위한 논리 · 논술교육을 위해서는 유아교사 스스로 논리 · 논술교육에 대해 관심을 가지며 논리적으로 사고할 수 있는 힘을 길러야 한다. 제2부에서는 유아들에게 좋은 본보기가 되어야 하는 유아교사들을 위해서, 논리적 사고력을 함양할 수 있도록 돕는 방법을 소개한다.

CHAPTER

3

유아교사를 위한 논리·논술교육의 기초

3장을 시작하기에 앞서 제시된 세 가지 질문은 유아교사를 위한 논리 · 논술교육의 필요성에 대해 생각해 보게 한다. 유아교사는 각 질문을 읽고 스스로 답해 보자.

유아교사는 논리 · 논리교육에 대해 관심을 가져야 하는가?
유아교사는 논리 · 논리교육에 대한 전문 지식을 갖추어야 하는가?
유아교사는 논리 · 논리교육을 유아들에게 실시해야 하는가?

이 질문에 대한 답변은 아마도 '그렇다'일 것이다. 그렇게 대답한 이유에 대해 명쾌히 설명하지 못하더라도 유아교사는 논리 · 논술교육에 대해 관심을 갖고, 전문 지식을 습득하며 이를 유아교육 실제에 적용할 수 있어야 한다고 본다.

3장에서는 유아교사를 위한 논리 · 논술교육의 필요성과 유아를 위한 논리 · 논술교육을 실천하는 데 있어서 유아교사의 역할의 중요성을 생각해 본다. 유아교사를 위한 논리 · 논술교육의 기초를 통해, 유아교사는 논리적인 사고에 기반한 언어의 사용과 행동의 필요성을 느끼며, 생활 속에서 논리적으로 사고하려는 동기를 부여받게 될 것이다.

1 논리·논술교육과 유아교사

유아교사들에게 논리적으로 사고해야 할 필요성을 강조하여 이야기하기 위해서는 유아교사와 논리 · 논술교육의 관계성을 찾아야 한다. 둘 간의 관계성을 이해할 때 유아교사는 스스로 논리적으로 사고하려는 노력을 하게 된다. 예는 유아교육기관에서 나타나는 상황을 통해 논리 · 논술교육과 유아교사 간의 관련성을 찾는 데 도움을 준다.

예

1. ○○이의 부모님과 시간 약속을 정해 상담을 하고 싶은데 어떻게 해야 할까요? ○○이의 부모님은 유치원 행사에 참여하지 않습니다. 학기 초 오리엔테이션을 할 때는 ○○이의 동생을 돌봐줄 사람이 없다며 참석하지 않았고, 부모참여수업을 할 때는 아버지가 원하지 않아 참여하지 않았습니다. 특히 그날은 ○○이를 아예 유치원에 보내지 않았습니다. 부모님이 유치원과 소통하려는 모습을 보이지 않는데 저는 어떻게 부모님을 설득하여 상담을 진행할 수 있을까요? ○○이의 건강한 발달을 위해서는 빠른 시일 내에 상담을 해야 합니다.

2. 유치원 방학 중입니다. 저는 우리 반 유아들에게 엽서를 써서 각자의 집으로 보내야 합니다. 어떤 내용으로 엽서를 적어야 할까요? 방학 전에 받은 유아들의 주소는 매우 정확하지만, 엽서에 적어야 하는 내용은 뚜렷하지 않아 저는 고민입니다. 모든 유아에게 똑같은 내용을 적어 보내고 싶지는 않습니다. 어떻게 하면 우리 반에 있는 모든 유아가 기분 좋은 엽서를 받을 수 있을지 생각해 보게 됩니다.

제시된 두 가지 예는 유아교사의 고민을 나타낸다. 학부모와 상담을 꼭 해야 하는가와 같은 상담의 필요성이나 유아교사가 방학 중에 유아에게 엽서 보내기를 해야 하는가와 같은 유아교사의 방학 중 역할에 대한 찬성과 반대 입장을 떠나 유아교사들이 고민 중인 내용에 집중해 본다. 예 1의 유아교사는 부모를 설득하기 위해서 논리적으로 말을 해야 한다. 예 2의 유아교사는 방학이라는 상황에 맞게 글을 작성하여 유아들에게 보내야 한다. 각 상황에서 유아교사에게는 논리적 · 창의적 사고를 통한 언어적 표현이 필요하다.

제시된 예 1과 2는 유치원에서 발생할 수 있는 많은 상황 중 극히 부분적인 사례이다. 유치원에서 다양한 상황과 마주하게 되는 유아교사는 상황에 맞게 조금 더 논리적으로 사고하고 글을 쓸 수 있어야 한다. 가령 관찰한 유아들의 발달을 평가할 때 유아교사는 논리적으로 생각하며 평가내용을 기록해야 한다. 유아교사는 공격적 성향을 지닌 유아라고 평가내리기 전에 그동안의 유아에 관한 기록과 자료들을 앞뒤 따져 살펴보며 올바르게 평가해야 한다. 또한 유아교사는 교육활동에 대해 평가를 할 경우 활동 단계 하나하나를 돌이켜 생각해 보며 객관적인 평가를 해야 한다. 유아에 대한 그리고 유아교사의 교육활동에 대한 주관적인 평가는 다른 사람들에게 수용되기 어렵기 때문에 유아교사는 논리적으로 생각하며 누구나 공감할 수 있는 객관적인 평가를 해야 한다. 평가가 논리적으로 이루어질 때, 유아의 부모도 그리고 동료교사도 평가내용을 수용하며 앞으로의 교육이나 지원 방향을 검토할 수 있다.

이제는 글을 쓰다! ⑭ 에 제시된 체크리스트의 각 내용을 읽으며, 자신의 생각에 기초하여 예(①)와 아니오(②) 중 선택하여 표기해 보자. 이 과정에서 예에 응답한 유아교사는 논리 · 논술교육의 필요성을 스스로 느끼게 될 것이다. 선택 표기가 끝나고 난 유아교사는 결론에서 유아교사를 대상으로 한 논리 · 논술교육의 필요성을 정리하여 적어본다.

글을 쓰다! ⑭

※ 각 내용을 읽고, 표기한 후 유아교사의 논리 · 논술교육의 필요성을 적어보자.

내용	예	아니오
1. 유아의 질문에 교사는 논리적으로 설명하고자 노력해야 한다.	①	②
2. 유아의 발달을 평가하고자 할 때 교사는 객관적이어야 한다.	①	②
3. 유아의 창의성 함양을 위해서 교사는 노력해야 한다.	①	②
4. 교사는 유아의 발달을 고려한 논리교육방법을 찾아보아야 한다.	①	②
5. 교사가 만든 부모교육 자료는 논리적이어야 한다.	①	②
6. 두서없이 나누는 부모와의 대화 시, 교사는 이야기하고 싶은 핵심내용을 찾아야 한다.	①	②

내용	예	아니오
7. 교사는 동료교사와의 갈등 시, 실현 가능한 해결방법을 찾아야 한다.	①	②
8. 교사는 동료 장학 시, 개선되어야 할 사항에 대해 비난보다는 논리적인 표현으로 설득해야 한다.	①	②
9. 교사는 논리적 글을 통해 지역사회에 있는 다양한 인적 자원의 참여를 촉진해야 한다.	①	②
10. 교사는 논리 · 논술교육을 받아야 한다.	①	②

결론

앞선 글을 쓰다! ⑭ 를 완성한 유아교사는 체크한 문항을 다시 확인해 보자. 이 과정에서 유아교사는 각 내용에서 다른 사람과 함께 생각을 나누어 본다. 유아교사는 나와 다른 생각을 하는 누군가를 설득해야 하며, 설득의 과정에서 제안하는 자신의 주장과 주장에 대한 근거를 보게 될 것이다. 결과적으로 유아교사는 자연스럽게 논리적 사고의 필요성을 느끼게 된다.

글을 쓰다! ⑭ 의 체크리스트에 제시된 내용들은 유치원이라는 교육 상황에서 만나는 다양한 사람들과 원만한 관계를 형성하고, 유지하며, 확장해 가고자 노력하는 유아교사들에게 논리적이고 창의적인 사고와 글쓰기의 필요성을 보여준다. 따라서 논리 · 논술교육은 유아교사의 교직이라는 삶 곳곳에서 그 필요성을 볼 수 있으며, 들여다보면 볼수록 유아교육기관의 훨씬 더 많은 상황에서 논리적 사고와 논술의 필요성을 알게 된다.

2 유아교사를 위한 논리·논술교육의 의의

유아교사를 위한 논리 · 논술교육은 크게 두 방향의 흐름을 포함한다. 첫 번째 방향은 유아교사를 향한 논리 · 논술교육이며, 두 번째 방향은 유아교사를 통한 논리 · 논술교육이다.

유아교사를 향한 논리 · 논술교육은 마주하는 교직이라는 삶 속에서 논리적인 사람이 되고자 노력하는 개별적 존재인 교사로서 한 개인에 관한 교육이다. 이 방향에 따른 논리 · 논술교육은 민주시민으로서 살아가는 데 필요한 논리적 · 창의적 사고 능력을 함양할 수 있도록 유아교사를 지원해야 한다. 예를 들어, 유아교사는 미세먼지와 같은 사회적 문제에 대해 관심 갖고, 건강한 삶을 유지하기 위해 무엇을 실천해야 하는지 그 방법을 생각해 보아야 한다. 유치원에서도 마찬가지이다. 유아교사는 늘 해 오던 어린이날 행사를 대신해서 유아들을 위한 어린이날 행사를 계획하고 진행해야 한다. 이를 위해서 유아교사는 기존의 방식을 깬 창의적인 사고를 해야 한다. 이처럼 유아교사를 향한 논리 · 논술교육은 일상생활의 다양한 삶 속에서 스스로 논리적 · 창의적으로 사고하고 표현하는 데 관심을 갖고, 이를 실천할 수 있도록 유아교사를 교육하는 데 있다. 이는 유아교사의 삶 속에서 생각해 보아야 하는 여러 가지 문제 상황에 대해 논리적으로 사고하고 표현하는 능력을 함양하는 교직 논리 · 논술을 포함한다.

유아교사를 통한 논리 · 논술교육은 논리적이고 창의적인 사람으로 성장해야 하는 유아들을 돕는 교육자로서 유아교사에 관한 교육이다. 이 방향에 따른 논리 · 논술교육은 논리적 사고 및 창의적 사고를 할 수 있도록 유아들을 지원하는 유아교사를 교육하는 데 있다. 이를 위해 유아교사들은 어떤 목적을 갖고 유아논리 · 논술교육을 실천해야 하며, 목적을 달성하기 위한 내용과 이를 효율적으로 실천하는 교수방법, 교육 후 실시되는 평가에 대한 전반적인 지식과 기술에 대한 기초소양을 갖추어야 한다. 결국 유아교사를 통한 논리 · 논술교육은 유아들의 논리적 · 창의적 사고력 함양을 위해서 유아교사 스스로 모델이자, 지원자 또는 촉진자로서의 역할을 수행하도록 돕는 데 있다.

어떤 방향에 중점을 두는가에 따라서 유아교사를 위한 논리 · 논술교육의 흐름은 달라진다. 즉, 유아 논리 및 논술교육이라는 교과목의 목표, 내용, 방향이 달라진다. 여기서 유아교사를 향한 논리 · 논술교육이든, 유아교사를 통한 논리 · 논술교육이든 이들은 서로 밀접한 관련성을 지니며 별개로 생각할 수 없다는 데 그 중요성이 있다. 구체적으로 유아교사의 창의성은 유아의 창의성에 영향을 미치고(김호, 2008), 유아교사의 창의적인 교수행동이 높을수록 유아의 창의적 산물 수준이 향상된다(김호, 노영희, 2007). 평소 논리적이며 창의적으로 사고하고자 노력하는 유아교사의 행동이나 언어는 유아의 논리적 · 창의적 사고에 영향을 미치게 된다.

논리 · 논술교육의 방향을 어느 쪽으로 선정하든 유아교사는 논리 · 논술교육에서 매우 중요한 인적 자원임을 인식하고 논리 · 논술교육을 받아야 한다. 여기서는 유아교사라는 교직의 삶을 통해서 본 논리 · 논술교육의 필요성을 세 가지로 살펴본다.

첫째, 유아교사는 시대적 · 문화적 흐름을 반영하여 기존의 유아교육 이론과 실제를 비판적으로 고찰해 보아야 한다. 세계화와 정보통신기술의 발달로 현시대는 과거에 비해 급격히 변화하고 있다. 이러한 변화 속에서 과거의 이론이 재해석되어 수정되거나 새로운 개념이 등장한다.

그러나 유아교육에서 추구하는 주요한 이론적 틀이나 개념들은 오랜 시간 동서양을 막론하고 받아들여진 기존의 관점을 무비판적으로 받아들이고 있다. 오늘날에도 프로이트의 정신분석이론, 피아제의 인지발달이론 등 유아 발달을 설명하는 주요 이론들은 그대로 적용된다. 시대가 변화해도 그대로 수용될 수 있는 아주 좋은 이론적 개념이라고 하더라도 현시대를 살아가는 유아의 발달을 설명하기에 적절한지를 논리적으로 생각해 볼 필요가 있지만 유아교사들은 주로 이러한 이론을 받아들이는 데 관심을 갖는다.

유아교육과 관련된 이론이나 관점을 우리나라 유아들에게 적용할 때는 문화적 상황을 고려해야 한다. 유아교사는 유아교육이론을 그대로 수용하기보다는 올바른 이해를 바탕으로 '과연 현시대를 살아가는 우리나라 유아들에게 적용 가능한가?'에 대해서 고려해 보아야 한다. 왜냐하면 그 이론을 구성한 나라의 문화와 우리나라의 문화는 다르며 문화적 존재인 유아는 살아가는 환경의 영향을 받기 때문이다.

또한 외국에서 유아의 발달에 관한 개념이 소개되고 이를 검사할 수 있는 도구가 개발되었다고 생각해 보자. 유아교사는 그 검사 도구를 받아들여 우리나라 유아들에게 적용한 후 유아 발달을 평가한다. 이 과정에서 유아교사는 국외용 검사 도구를 한글로 번안하여 사용하였으므로 우리나라 유아들에게 사용하는 데 문제가 없을 것이라고 단정 지어 말하기 어렵다. 우리나라 유아들에게 외국에서 개발된 검사 도구를 사용하기 위해서는 유아들의 발달 특성과 문화적 배경을 고려하여 검사 도구를 타당화해야 한다. 타당화되지 않은 검사 도구를 사용하여 측정한 결과로 우리나라 유아들의 발달 특성을 해석하기는 무리이다. 더 나아가 동일 검사 도구를 활용한 다른 나라 유아들과 우리나라 유아들의 발달 특성을 비교 · 분석한다면 그 결과는 수용되기 어렵다.

유아교사는 유아교육 실제에 대해서 비판적으로 생각하며 유아교육에서 추구하고자 하는 유아 중심 교육의 적합성을 고민해 보아야 한다. 예를 들어, 나은숙과 양옥승(2007)은 유아 개인의 흥미와 요구에 따라 놀이를 선택하고 활동하는 자유선택활동을 고찰하며 그 의미 그대로 이루어지고 있는지에 대해 생각해 볼 필요성을 제기하였다. 자유선택활동은 유치원의 하루 일과 중에서 유아들 스스로 생각한 대로 놀이하고 활동할 수 있는 시간이다. 어떤 놀이를 할지, 누구와 놀이를 할지 이 모든 과정은 유아에 의해 결정된다. 그러나 자유선택활동시간을 들여다보면, 흥미영역에 따라 놀이할 수 있는 유아의 수는 제한적이다. 역할놀이를 하고 싶어도, 다른 유아들이 놀고 있어서 그 영역으로 들어갈 자리가 없다면 유아는 더 이상 그 놀이를 선택하고자 고집할 수 없다. 유아는 '역할놀이영역에서 5명 이상 놀 수 없다.'라는 교실 내 약속을 지켜야 한다. 이처럼 유아교사는 유아들의 놀이 선택이 보장되는지 또는 보장되지 않는다면 어떻게 할 것인지를 고민해 보아야 목적에 맞는 자유선택활동을 실시할 수 있다.

또한 자유선택활동시간은 유아교사가 준비해 놓은 놀잇감으로 놀이하는 시간으로 구성된다. 자유선택활동에서 놀이 및 교구를 선택하는 폭은 교실 내에 있는 놀잇감으로 제한된다. 유아교사가 제시한 놀잇감이 더 견고하고, 아름답기 때문에 유아 스스로 만든 놀잇감보다는 교사가 제시해 주는 놀잇감으로 놀이해야 적절하다고 말할지도 모른다. 그러나 다시 생각해 보면 유아가 만든 견고하지 않은 놀잇감은 그대로 버려지기보다 유아의 힘으로 수정하여 더 튼튼하게 만들어진다. 이 놀잇감은 유아의 놀이를 더욱 활성화한다. 이처럼 유아는 놀이 상황에서 스스로 문제를 발견하고 해결해간다. 스스로 만든 놀잇감을 그 어느 것보다 매력적이라고 생각하는 유아들을 위해 유아교사들은 '놀잇감을 꼭 교사가 제시해야 할까?'에 대해 고민해 볼 필요가 있다.

우리는 이러한 자유선택활동이 과연 유아들을 위한 놀이시간으로의 의미를 생각해 보아야 한다. 김희진(2017)은 놀이의 본질적 특성에서 볼 때, 유아교육기관에서 자유선택활동을 놀이로 보는 관점을 부적절하다고 언급한다. 그동안 유아들의 놀이가 가장 잘 실현되는 시간으로 여겨진 자유선택활동이 놀이가 아니라 교사 주도의 활동이 될 수 있음을 지적한 것이다. 그러므로 유아교사는 자유선택활동의 의미를 잘 살려 교육하고 있는가에 대해서 비판적으로 생각해 보아야 한다.

이제 유치원에서는 2019 개정 누리과정에 따라 유아가 주도하는 자유놀이를 실시하고 있다. 놀이 재개념화를 통해 유아 중심의 놀이를 실행하고자 노력하고 있다. 놀이 관찰자, 놀이 참여자, 놀이 환경 제공가로서의 교사 역할은 더욱 강조되고 있다.

유치원에서 실시되는 재롱잔치나 발표회도 마찬가지다. 재롱잔치 및 발표회는 유아들이 유치원을 다니면서 배운 내용을 마음껏 펼치는 시간으로 유치원과 가정 간의 소통을 촉진한다. 이러한 재롱잔치 및 발표회는 다양한 형태를 나타낸다. 유치원에서는 그동안 배운 동요 부르기나 율동 하기로 재롱잔치나 발표회를 실시한다. 그러나 유치원의 재롱잔치를 더 자세히 들여다보면, 동요뿐 아니라 유아들이 알지 못하는 다양한 장르의 노래도 들린다. 유아들에게 친숙하지 않은 노래와 율동으로 진행되는 재롱잔치가 유아들에게 주는 의미를 유아교사는 비판적으로 생각해 보아야 한다. 유아교육이라는 이름하에 그동안 관례적으로 해 왔기 때문에 꼭 해야 하기보다는 유치원에서 실시되고 있는 교육 실제에 대해 유아교사는 스스로 생각해 보아야 한다. 더 이상 재롱잔치의 필요성을 느끼지 못하는 유아교사는 그 이유를 논리적으로 설명하며 누군가를 설득해야 할 것이다. 그 설득이 논리적이지 못할 때 재롱잔치는 이전의 방식대로 진행될 것이다.

유아교육 실제에서 만나는 개별 유아를 바라보는 시각에 대해서도 생각해 보자. 유아가 바람직하지 않은 행동을 한다면, 그 유아는 어느 순간부터 문제아로 인식된다. 문제아라는 교사들의 인식은 예비교사양성과정에서 습득한 지식에 기초한다. 이와 관련하여 김근혜와 홍순옥(2015)은 유아교사들이 다양한 환경에서 기존에 알고 있는 고정화된 지식을 바탕으로 유아의 문제행동을 이해하는 데는 한계가 있다고 보고 교사교육에서는 비판적 사고를 하는 연구자로서의 교사를 양성하는 구체적인 모색을 해야 한다고 제안한다.

재롱잔치처럼 유아교육에서 늘상 해 왔기 때문에 당연히 해야 한다는 생각은 적절하지 않다. 자유놀이나 유아의 문제행동처럼 유아교육과 관련하여 일률적으로 정의내린 개념이기에 모든 상황에 적용할 수 없다. 상황 · 맥락적이어야 한다. 이러한 과정이 논리적일수록 새로운 교육의 방향을 정립하는 데 도움이 될 것이다.

둘째, 다양한 사람과 끊임없이 관계를 맺는 유아교사는 원만히 소통할 수 있는 능력을 갖추어야 한다. 유아교사는 개성을 지닌 유아들과 소통한다. 유아들의 놀이에 참여하며, 때로는 의견을 제안한다. 유아교사는 학부모와 관계를 맺는다. 유아의 발달을 촉진하기 위해서 가정과 연계해야 할 뿐 아니라 유아의 원만한 유치원 생활을 위해서 유아교사는 부모와 소통한다. 유아교사는 함께 생활하는 동료교사와도 관계를 맺는다. 동료교사들은 자신에게 주어진 각자의 역할을 수행하며, 서로 협력한다. 또한 유아교사는 지역사회 구성원들과도 관계를 형성한다. 예를 들어, 지역사회 연계 활동으로 치과를 방문한다면, 치과 의사와 언제 방문하여 무엇을 할지 또는 주의사항은 무엇인지 유아교사는 소통해야 한다. 다양한 관계에서 유아교사는 예기치 않은 문제를 접한다. 만나는 구성원이 다양하다 보니, 부딪히는 문제도 여러 가지이며 예측하기도 어렵다. 그럼에도 유아교사들은 만나는 다양한 사람들과 원만히 소통하

논리적으로 쓴 글과 그렇게 생각한 이유:

사례에서 논리적으로 글을 작성한 유아교사를 생각해 보자. 논리적으로 쓴 글을 찾기 위해서는 제시된 예를 반복적으로 읽으며, 글의 일관성이나 어휘 선택의 적절성을 생각해 보게 된다. 논리적으로 쓴 글은 읽는 사람들에게 글쓴이의 의도를 더 잘 이해하도록 도와 소통을 촉진한다.

유아교사가 논리적으로 글을 쓰거나 생각을 말할 때, 다음과 같은 장점이 있다.

첫째, 유아들은 유아교사를 모방하며, 논리적 사고력을 기른다.

둘째, 동료교사들은 유아교사와 유치원에서 발생된 문제를 원활히 해결하고, 제 역할을 수행하게 된다.

셋째, 부모들은 유아교사와 원활한 소통을 통해, 학부모로서 부모역할 적응에 도움을 받는다.

따라서 유아교사를 위한 논리 · 논술교육이 필요하다. 유아교사들은 자신의 논리적 사고력과 글쓰기에 대해 스스로 평가하며 한 걸음 더 나아가야 한다. 이에 4장에서는 유아교사를 위한 논리 · 논술교육 지침에 대해 소개한다. 각 지침은 논리 · 논술 교육에 대해 관심을 갖기 시작한 유아교사가 쉽게 접근할 수 있는 방법들이다. 그러나 유아교사는 이러한 방법에 접근하기까지 노력이 필요하다는 것을 잊지 않아야 한다.

1 첫 번째 지침: 많이 읽고 생각하기

유아교사의 사고력 향상을 위한 첫 번째 지침에 대해 이야기 나누기 전에, 먼저 평소 '나는 얼마나 자주 책을 읽는가?'에 대해 돌이켜 생각해 보자. 전공 도서, 만화책, 소설 등 책의 장르는 상관없다. 내용이 아주 긴 책이든, 짧은 책이든 상관없다. 재미있을 것 같아서, 꼭 읽고 싶어서, 과제를 해야 해서 등 책을 읽게 된 동기도 자의든, 타의든 상관없다. 5분을 읽었든, 1시간을 읽었든 읽은 시간도 상관없다. 전자책이든, 지면책이든 책이 출간된 형태도 상관없다. 일단 스스로 지난 1주일, 1달, 그리고 1년 동안 읽은 책의 양을 생각해 보자. 만약 스스로가 생각한 기준보다 독서량이 적었다면, 왜 책을 적게 읽었는지도 생각해 보자. 만약 다양한 책을 읽었다면, 왜 책을 많이 보게 되었는지 또는 어떤 종류의 책을 몇 시간 동안 읽었는지 독서 패턴을 파악해 보자. 독서로 접근하기 어렵다면, 문자를 얼마만큼 읽었는지 생각해 보자. 단순히 소리 내어 읽는지, 아니면 읽으며 그 의미를 파악하는지 돌이켜 보자. 이러한 생각은 첫 번째 지침을 이해하는 데 보탬이 될 것이다.

유아교사의 논리적 사고력 향상을 위한 첫 번째 지침은 많이 읽고 생각하기이다. 많이 읽고 생각하기는 다양한 종류의 책을 읽으며, 책의 주제 및 내용에 대해 머릿속으로 사고하는 단계이다.

유아교사는 언어, 과학, 수학, 사회, 미술, 음악 등 다양한 분야를 교육하는 사람이다. 모든 교과영역에서 전문가가 될 수는 없지만, 유아교사는 유아를 교육할 수 있을 만큼의 교과 지식을 갖고 있어야 한다. 이러한 맥락에서 유아교사는 만능인으로 비춰진다. 여러 분야에 대한 기초 지식을 갖고 있어야 하는 유아교사가 평소 책에 관심 갖고 책을 읽고 생각하기를 즐긴다면, 다양한 분야에 대한 지식을 습득하게 되어 유아를 교육하는 데 도움을 받게 된다.

유치원에서의 하루 일과를 떠올려 보면, 유아교사가 기꺼이 시간을 내어 책을 읽기란 쉽지 않다. 유아가 등원하고 하원할 때까지 계획된 하루 일과에 따라 유아교사의 교육활동과 기본생활지도가 이루어진다. 유아가 하원한 이후가 되면 유아교사는 교육일지를 작성하고, 다음 날에 진행될 교육활동을 준비한다. 이 외에도 교육계획안 작성하기, 가정통신문 작성하기, 환경 구성하기, 학부모 상담하기 등 유아교사는 하루 일과 내에 쉴 틈 없이 다양한 역할을 수행한다. 이러한 교직생활 속에서 책을 접하고 읽기 원하는 유아교사는 개인적인 노력을 기울여야 한다.

노력해야겠다는 마음의 준비가 된 유아교사는 많이 읽고 생각하기의 단계를 짚어본다. 이 단계는 평소 책 읽기를 꺼리거나 '책을 읽고 싶다.'라는 생각이 시작된 이들을 도울 것이다.

1단계: 난독하기
다양한 장르의 책을 닥치는 대로 읽기
자신이 선호하는 글의 유형, 내용, 작가 등을 확인하는 단계

↓

2단계: 탐독하기
관심 있는 주제, 유형의 책을 읽기
책에 대한 흥미를 확장하는 단계

↓

3단계: 정독하기
논제와 관련된 책을 꼼꼼히 읽기
논제와 관련된 책을 선별하여 읽으며, 생각하는 힘을 기르는 단계

그림 4-1 많이 읽고 생각하기의 단계

난독하기는 책 선택을 고민하거나 선호하는 책을 알지 못할 때 책 읽기를 시도할 수 있도록 돕는다. 이 단계에서는 '어떤 책을 읽어도 괜찮다.'라는 생각으로 책 읽기

에 접근할 수 있다. 꼭 책을 끝까지 읽을 필요 역시 없다. 목차와 참고문헌을 대략적으로 본 후 가볍게 독서를 시작하면 된다. 이후 자신의 취향과 맞으면 다음 단계인 탐독으로 나아가면 되고, 취향에 어긋난다면 다른 책을 선택할 수 있다.

탐독하기는 재미를 느끼거나 좋아하는 책을 선별하여 읽는 단계이다. 이 단계는 책 읽기의 즐거움을 통해 독서를 습관화하도록 돕는다.

정독하기에서는 논제와 관련된 여러 가지 책을 선정한 후, 한 권씩 단계적으로 읽어 내려간다. 이러한 단계적 독서를 통해 논제에 대해 깊이 있게 사고하게 된다. 이처럼 한 가지 주제에 관련하여 여러 가지 책을 동시에 읽는 것인 주제 중심 독서를 신토피칼 독서(Syntopical reading)라고 한다(오연희, 2015).

물론 많이 읽고 생각하기의 단계는 반드시 순차적이지 않아도 된다. 개인의 상황과 필요에 따라서 책 읽기의 단계를 달리할 수 있다. 각 단계를 숙지했다면, 글을 쓰다! ⑯ 을 통해, 많이 읽고 생각하기의 단계를 적용하여 표를 완성해 보자. 표를 완성하며, 꼭 읽어보고 싶은 책을 선정해 보도록 한다.

글을 쓰다! ⑯

※ 각 단계별로 읽을 만한 책을 찾아 제목을 작성해 보자.

단계	책 이름(내용)
난독하기	
탐독하기	

단계	책 이름(내용)
정독하기	주제: 유아와 생명존중교육
	나의 관심 주제: ( )

책 읽기 준비가 되어 있지 않거나, 책 읽기가 꺼려진다면 짧은 내용의 글 읽기부터 시작한다. 신문 기사를 읽거나 좋은 문구를 읽기에서 시작해도 된다. 다만, 책 읽기는 꾸준해야 한다. 글 읽기에 관심을 갖기 시작했다면, 그때부터 책을 통해서 더 넓은 세계를 만나도록 한다.

유념해야 할 점은 유아교사는 단순히 책의 글자를 소리 내어 말하기가 아니라, 많이 읽으며 생각하기를 즐겨야 한다는 데 있다. 생각하기는 여러 맥락에서 진행될 수 있다.

- (제목을 읽고), 어떤 이야기일까?
- (전체적인 맥락에서), 어떤 이야기이었는가?
- (부분적인 흐름에서), 이 문장이 의미하는 바는 무엇인가?

생각하기의 과정이 있을 때, 책을 읽는 보람은 더욱 커진다. 또한 책의 내용을 사실대로 보고 이해하며 비판적으로 사고하는 힘을 갖게 된다.

많이 읽고 생각하기는 유아교사들뿐 아니라 유아들에게도 적용된다. 유아교사는 그림책을 무릎 위에 올린 후 책을 거꾸로 잡고 뒤에서부터 보기 시작하는 어린 시기에 있는 영아기부터 책 읽기에 흥미를 느끼며 즐길 수 있도록 지원한다. 이에 대해 간략히 짚어본다.

1단계: 난독하기
그림책, 사전 등 다양한 장르의 책을 읽기
다양한 장르의 책을 표지가 보이도록 교실 바닥에 펼쳐 놓고,
마음껏 읽을 시간을 제공하는 단계

↓

2단계: 탐독하기
좋아하는 책을 읽기
유치원 도서관을 활용하여 읽고 싶은 주제(예: 교통기관)의 책을
2~3권 골라 읽는 단계

↓

3단계: 정독하기
주제에 맞는 책을 읽기
선생님이 정해준 주제의 책을 골라 읽는 단계

그림 4-2 유아를 위한 많이 읽고 생각하기의 단계

유아들을 위한 많이 읽고 생각하기 단계도 순차적으로 진행할 필요는 없다. 유아들의 관심사를 고려하여 이전 단계로 돌아갈 수도 있다. 유아교사는 개별 유아의 특성, 책의 내용 및 특성을 고려하여 적절한 단계를 시도한다.

또한 유아가 책을 읽은 후에는 유아교사의 발문을 통해, 사고를 확장할 수 있도록 지원한다.

- 어떤 이야기이었니?

- 왜 주인공은 슬프다고 이야기했니?
- 네가 만약 주인공이라면 어떻게 했겠니?
- 제목은 어떻게 바꾸고 싶니? 왜 그렇게 바꾸고 싶니?
- 네가 만약 작가라면 마지막에 어떤 이야기를 하고 싶니?

유아가 유치원에서 많이 읽고 생각할 수 있는 기회를 가지려면 평소 많이 읽고 생각하기에 관심 가진 유아교사의 실천이 필요하다. 유아교사가 먼저 다양한 책을 읽고, 주제에 대해 깊이 있는 생각을 한다면, 유아를 교육하는 데 있어 좋은 지식과 이야깃거리를 습득하게 될 것이다.

2 두 번째 지침: 간결하게 요약하기

유아교사의 논리적 사고력 향상을 위한 두 번째 지침은 간결하게 요약하기이다. 간결하게 요약하기는 글의 핵심 내용을 찾아서 글이나 말을 군더더기 없이 정리한다는 의미이다. 따라서 간결하게 요약하기는 나무를 지탱하고 있는 가장 근본적인 힘을 찾는 것과 같다.

간결하게 요약하기는 두 가지 경우로 나누어 그 중요성을 살펴볼 수 있다. 하나는 유아교사가 자신이 쓴 글을 요약하는 경우이다. 유아교사는 자신의 생각을 표현한 글을 반복적으로 읽고 핵심을 찾아 요약해 봄으로써 다른 사람에게 전하고자 하는 메시지 내용과 그 정확성을 확인할 수 있다. 자신의 글을 쉽게 요약할 수 없다면, 이 글은 자신의 주장이나 생각이 혼재되어 일관되지 않은 많은 생각을 담고 있거나 주장하고자 하는 바가 드러나지 않은 경우이다. 이때는 자신의 생각을 다시 정리한 후, 일관된 방향으로 글을 작성해야 한다. 다른 하나는 다른 사람이 쓴 글을 유아교사가 요약하는 경우이다. 유아교사는 누군가가 쓴 글을 읽으면서 주장하는 바, 주장에 대한 근거를 찾으며, 다른 사람의 관점을 보다 정확하고 종합적으로 분석할 수 있게 된다. 이와 같이 요약하기는 자신의 생각을 명료하게 인식하는 데 도움을 주고, 다른 사람의 생각을 이해하도록 돕는다.

책을 읽고 다른 사람에게 책의 내용을 이야기해 본 적이 있을 것이다. 이야기를 듣는 순간 상대방의 표정이 어두워졌거나 말의 의미를 되물었다면 스스로 책 내용이나 글을 잘 정리하지 못한 상태임을 자각해야 한다. 그저 글을 읽은 후, 생각나는 대로 표현한 이야기를 요약이라 하지 않는다. 따라서 글쓴이의 생각을 논리적으로 접근하여 간결하게 요약하기 위한 연습이 필요하다. 간결하게 요약하기의 단계를 통해 구

1단계: 논제 확인하기
글쓴이가 주로 다루는 문제를 찾는 단계
논제 확인 후, 논제가 무엇인지 질문 형태로 진술

↓

2단계: 핵심어와 그 의미 파악하기
글쓴이가 중요하게 제시한 용어와 그 의미를 찾는 단계
핵심어의 의미는 사전적 의미가 아니라, 제시된 글의 맥락에서 갖는 조작적 의미

↓

3단계: 주장 진술하기
글쓴이가 논제와 관련하여 말하고자 하는
핵심 생각, 답변을 진술

↓

4단계: 근거 정리하기
글쓴이의 주장을 뒷받침하는 까닭을 찾아 제시

↓

5단계: 요약문 작성하기
기본요소별 요약(논제, 핵심어, 주장, 근거)에 기초하여
글쓴이의 주장을 종합하여 논리적으로 기술

그림 4-3 간결하게 요약하기의 단계

체적으로 살펴보자.

간결하게 요약하기는 다른 사람이 쓴 글에서 논제를 찾는 데서 시작한다. 논제를 정확하게 파악하지 못한다면 핵심어를 찾고, 주장을 살피며 요약문을 정리하기까지의 모든 단계가 제대로 이루어지지 않는다. '유아교육기관은 CCTV 설치를 의무화해야 하는가?', '유치원에서 영어교육을 실시해야 하는가?' 등과 같은 논제가 있어 왔다. 만약 '유치원 교실에 CCTV를 설치해야 하는가?'를 논제로 한 글이 있다면 글을 통해 핵심어인 CCTV에 대한 정의가 필요하다. 또한 글에서 CCTV 설치에 대한 글쓴이의 주장과 그 주장을 지지하는 근거를 찾아 요약문을 완성할 수 있어야 한다.

간결하게 요약하기의 각 단계에 대해 이해했다면, 글을 쓰다! ⑰ 에서는 간결하게 요약하기를 연습해 보자. 제시된 글을 쓰다! ⑰ 에 접근하는 데 어려움이 있다면, 신문에 나와 있는 기고문을 찾아 연습해 보는 것도 좋다.

글을 쓰다! ⑰

※ 화자인 늑대가 주장하고자 하는 바를 요약해 보자.

활동자료	제목	늑대가 들려주는 아기 돼지 삼형제
	저자	존 셰스카
	출판사	보림
논제 확인하기		
핵심어와 그 의미 파악하기		
주장 진술하기		
근거 정리하기		

근거 정리하기	
요약문 작성하기	

간결하게 요약하기를 마무리했다면, 다른 사람과 논제부터 요약하기까지 읽으며 각자의 생각을 비교해 보자. 각자가 적은 핵심어와 그 의미가 다르고, 주장에 대한 근거도 다양할 것이다. 반면 표현은 다소 다르더라도 요약한 논제와 주장은 동일할 것이다. 이제 간결하게 요약하기를 위해서는 전문적 관점의 필요성에 대해 이해하게 되었을 것이다. 이러한 안목을 바탕으로 유아들에게 접근할 수 있는 간결하게 요약하기에 대해 생각해 본다.

유아들이 글의 내용을 요약하여 말하거나 글과 그림으로 표현하기 위해서는 내용을 주의집중하여 듣고, 책에 담겨 있는 사실에 입각하여 의견을 전할 수 있어야 한다. 자기중심적인 사고를 하는 유아들에게 글쓴이의 관점을 이해하도록 하거나, 주인공의 관점을 그대로 전달하기란 쉽지 않다. 하지만 다음의 과정은 유아들의 생각을 정리하여 표현하는 데 도움을 줄 것이다(표 4-1 참조).

표 · 4-1 요약하기

유아를 위한 요약하기	
인물들 살펴보기	– 누가 누가 나왔니?
주인공 살펴보기	– 누가 주인공이었니? – 왜 그렇게 생각하니?
주인공의 생각 짚어보기	– ○○○는 어떤 이야기를 전해 주었니? – 왜 그렇게 생각하니?
생각 정리하기	– 다음 ( ) 안에 글자를 넣어 선생님과 함께 이야기해 볼까? 주인공인 ( )는 ( )라고 하였다. 왜냐하면 ( ) 했기 때문이다.

물론 이제 갓 책 읽기에 흥미를 느낀 유아나 말하기를 힘들어하는 유아에게 읽은 글에 대한 생각을 정리하도록 지원하기란 더욱 어려운 일이다. 요약하기에 대한 유아교사의 시도는 오히려 유아의 읽기에 대한 흥미를 감소시킬 수 있기 때문이다. 유아의 표현이 정확하지 않더라도, 요약하는 경험을 단계적으로 제공한다면 유아는 생각을 말하고 종합하는 데 자신감을 갖게 될 것이다.

3 세 번째 지침: 다각적으로 논평하기

유아교사의 논리적 사고력 향상을 위한 세 번째 지침은 다각적으로 논평하기이다. 논평하기는 비평하며 읽기이다. 판단하며 읽는다는 의미를 지닌 비평적 읽기는 자료에 표현된 글의 내용뿐 아니라, 글쓴이의 관점 등을 준거에 따라 판단하기를 말한다(오연희, 2015). 따라서 다각적으로 논평하기는 글쓴이의 주장에 대해 여러 방향에서 꼼꼼히 살펴보며 논리적 · 비판적으로 평가하는 글을 작성한다는 의미이다.

글쓴이의 주장이 자신의 관점과 다르다고 하여 감정적으로 이야기 나누거나 근거 없이 비난해서는 안 된다. 이러한 갈등을 피하고 다각적으로 논평을 하고 싶다면 우선 유의해야 할 점을 점검하길 바란다.

- 논평할 수 있는 만큼 글에 대한 사전 지식이 있는가에 대해 스스로를 평가한다.
- 글쓴이의 주장뿐 아니라 근거를 종합적으로 검토한다.
- 비난이 아니라 비판적으로 논평한다.
- 자신의 논평에 대해서 재검토한다.

1단계: 핵심어의 명료성 살펴보기
글에서 중요한 용어가 명확한지 자세히 보기
애매성: 핵심어가 애매하지 않는가? – 다의성
모호성: 핵심어가 모호하지 않는가? – 범위의 불명료성

↓

2단계: 근거의 타당성 분석하기
제시된 근거가 주장을 올바르게
뒷받침하고 있는가를 판단하기

↓

3단계: 주장과 근거의 일관성 검토하기
글의 내용이 논제에서 벗어나지 않고
통일되는지 따져보기

↓

4단계: 문제해결책의 다면성 및 심층성 검토하기
주장에 따른 문제해결책이 폭넓고,
피상적이지 않은지를 살펴보기

↓

5단계: 평가문 작성하기
기본요소별 논평(핵심어의 명료성, 근거의 타당성, 주장과 근거의 일관성,
문제해결책의 다면성 등) 요약문을 통해 파악된 내용을 토대로
논평기준에 따라 비판지점을 찾아 서술하기

그림 4-4 다각적으로 논평하기의 단계

누가 보아도 타당한 논평일 때, 원글자에게도 도움이 된다. 그러므로 논평을 할 때는 논리적 사고에 기초하여 다양한 측면에서 논평할 수 있어야 한다. 이에 논평 시 생각해 보아야 하는 요소들을 바탕으로 다각적으로 논평하기의 단계를 살펴본다.

다각적으로 논평하기의 단계를 조금 더 쉽게 접근할 수 있도록 예를 통해 자세히 살펴보자.

표 · 4-2 논평하기

논평하기의 단계	
핵심어의 명료성 살펴보기	• 은혜는 비를 좋아한다(다의성) ▷ 은혜는 비 내리는 날을 좋아한다. ▷ 은혜는 연예인 비를 좋아한다. → 비에 대한 정확한 의미를 파악할 수 없다.
	• 대다수의 어린이집 원장들은 맞춤형 보육에 반대한다(모호성) ▷ 전국 어린이집 원장의 80%는 맞춤형 보육에 반대한다. → 논리적인 글에서 대다수라는 표현은 모호하다.
근거의 타당성 분석하기	• 주장: 유아교육기관의 CCTV 설치 의무화에 반대한다. • 근거: ① 유아교사의 인권을 침해한다. ② 아동학대를 예방하는 데 실질적인 도움이 되지 않는다(사각지대에서 아동학대가 발생한다). ③ 아동학대 발생 시 증거가 된다. → ③의 근거는 주장과 맞지 않다.
주장과 근거의 일관성 검토하기	그림책은 유아의 통합적 발달을 촉진한다. 유아는 그림책을 읽음으로써 언어뿐 아니라 운동 · 사회 · 정서 · 인지가 발달한다. 언어발달 이론을 주장한 대표적인 학자는 촘스키이다. 촘스키의 이론은 정말 훌륭하다. → 그림책과 유아의 발달에 관한 글에서 학자에 대해 언급하며 글의 흐름이 흐트러지고 있다. 오히려 통합적 발달에 대한 예시를 제시해야 한다.

논평하기의 단계	
문제해결책의 다면성 및 심층성 검토하기	• 주장: 유아교육기관의 CCTV 설치 의무화에 반대한다. • (예상 가능한) 반론: 단시간에 아동학대 문제를 해결할 수 있다. • 재반론: 아동학대를 근본적으로 해결하는 방법이 되지 않는다. • 대안: ① 유아교사의 처우를 개선한다. ② 유아교사의 자격검정단계를 강화한다.
평가문 작성하기	이 글은 두 가지 관점에서 비판할 수 있다. 첫째 이 글에 제시된 근거는 타당하지 않다...... 둘째 문제해결책의 실현 가능성이 부족하다......

이제 논평하기를 연습해 보자. 최근, 유아교육에서는 유아교육과 보육의 통합, 기존 유치원 행사(예: 재롱잔치 등)에 대한 찬반의견, 유치원 입학시스템(처음학교로)의 시행 등을 포함하여 다양한 논쟁이 나타나고 있다. 글을 쓰다! ⑱ 을 통해 유아교육과 관련된 글을 찾아 읽고, 논평하기를 해 보자.

글을 쓰다! ⑱

※ 유아교육과 관련된 신문기사를 읽고, 논평문을 작성해 보자.

이제 유아를 위한 논평문 쓰기의 적용 가능성을 살펴본다. 유아교사는 글을 읽은 후 유아에게 다음의 발문으로 상호작용하며 유아를 위한 논평문을 시작해 본다.

- 너희들도 그렇게 생각하니?
- 너희들은 어떻게 생각하니? 왜 그렇게 생각하니?

유아들에게도 다른 사람의 의견을 생각해 보고 자신의 관점을 이야기해 보는 기회가 필요하다. 비록 유아들이 제시한 근거의 타당성이 부족하더라도 그 경험은 제공되어야 한다. 이 과정은 유아들에게 동일한 상황에서 다양한 시각을 가질 수 있음을 알게 하는 기회가 된다. 따라서 유아교사는 적극적으로 유아들의 의견을 묻고 답하는 기회를 제공해야 한다.

04 | 종합

4장에서는 유아교사의 논리적 사고력 함양을 위한 세 가지 지침을 제시하였다. 구체적으로 보면 많이 읽고 생각하기, 간결하게 요약하기, 다각적으로 논평하기에 대해 살펴보았다. 이후 논리적으로 사고하고 글을 쓰고자 노력하는 유아교사가 될 수 있도록 관련된 기초적인 정보를 제시하였다. 이를 통해 유아교사들이 꾸준한 노력을 통해 일상생활에서 논리적인 사고력을 함양할 수 있기를 기대해 본다.

유아논리 및 논술교육이라는 교과에 대해 예비유아교사들은 '어떤 수업일까?' '매 수업마다 글쓰기를 연습하지 않을까?' '글쓰기에 자신 없는데 어떻게 해야 하지?' 등의 생각을 한다. 예비유아교사들은 유아논리 · 논술교육을 논리적 글쓰기로 생각한다. 동시에 논리적 사고력을 함양하여 유아교육기관에서 나타나는 문제에 대한 해결력을 기르는 데 도움이 되는 논술문 쓰기에 대해 기대하면서도 앞서 제시한 불안감을 더 크게 느낀다.

실제로 예비유아교사들은 누군가 유아교육과 관련된 주제와 함께 "자신의 생각을 논리적으로 기술해 봅시다."라는 이야기를 들으면, 논술문 쓰기 시작부터 고민한다. 고민 없이 시작해서 나중에 수정하는 경우보다 논술문의 첫 시작을 망설이는 예비유아교사들의 모습을 더 많이 보게 된다. 주어진 시간마저 제한되어 있다면, 그 고민은 더 깊어지며 점차 초조함을 느낀다. 자신의 생각을 잘 표현해야 하는 좋은 논술문을 쓰기란 결코 쉽지 않다.

이에 5장에서는 논술문 쓰기에 대해 다룬다. 좋은 논술문을 쓰기 위해서는 지속적인 연습이 필요한데 본 5장에서는 논술문 쓰기에 부담 갖는 예비유아교사들을 위해서 논리적인 글쓰기의 기초적인 내용을 소개한다. 이 장의 마지막에서는 논리적 글쓰기를 직접 해 볼 수 있도록 구성하여 주어진 주제에 대해 '조금 더 논리적으로 글을 쓸 수 있다.'라는 자신감을 얻을 수 있길 기대해 본다. 논술문 쓰기에 대해 더 깊이 있는 지식을 알고 싶다면 논술문에 관한 전문 도서도 함께 참고하길 바란다.

1 논술문 쓰기로 다가가기

논술문은 주어진 주제에 대해서 근거를 들어 자신의 생각을 논리적으로 논하고 표현하는 글쓰기이다. 논술문은 동일한 주제에 대해 서로 다른 관점을 지닌 다양한 사람들의 의견을 공유할 수 있는 기회이며, 때로는 다른 생각을 지닌 사람을 설득하는 방법으로 사용된다. 이에 논술문은 주어진 주제와 관련하여 사람들의 입장이나 방향을 한 방향으로 정하여 합의를 도출하는 데 도움을 준다.

유아교사들이 유치원에서 생활하며 논술문을 쓸 기회는 많지 않다. 그러나 유아교사들에게도 논술문이라 말하지 않아도 '논리적인 말하기' 또는 '논리적인 글쓰기'가 필요한 상황이 발생한다. 예를 들어, 역할놀이영역은 3명까지 놀이하기로 유아들끼리 약속하였다. 4월이 되면서 역할놀이영역에서 놀이하겠다는 유아들이 늘어나자, 유아교사는 '역할놀이영역에서 놀이하는 유아의 수를 늘려야 하는가?'에 대해 유아들과 함께 토론을 해 보기로 결정했다. 유아교사도 토론 참여자로 자신의 입장을 정하여 참여하게 된다. 이때, 유아교사는 타당한 이유를 들어 자신의 생각을 논리적으로 말해야 한다. 한 영역에서 놀이하는 유아의 수가 늘어날 때 발생할 수 있는 안전의 문제뿐만 아니라 유아 중심의 놀이가 갖는 의미에 대해서도 생각하여 근거를 들어 이야기해야 한다. 또한 유아교사와 부모 간 소통에서도 논술문을 요구한다. 만약, 유치원에서 사회적 이슈와 관련하여 입장문을 작성하여 부모에게 배부해야 하는 상황이 생긴다면, 그 입장문의 내용은 논리적이어야 한다. 입장문에 제시된 유치원의 주장이 명확해야 하며, 그 주장에 따른 근거가 확실해야 한다. 유치원의 주장이 모순적이고 근거가 주장에 부합하지 않을 때 부모들은 유치원의 입장을 신뢰할 수 없다. 이 외에도 유치원의 정해진 시간보다 자녀를 조금 더 돌봐주길 바라는 부모를 만나거나 자신과 다른 교육관에 따라 유아를 교육해 주길 바라는 부모와 상호작용할 때도 유아교사는 논리적으로 말을 하고 글을 써야 한다.

이 외에도 교육계획안을 작성하고, 부모교육자료를 구성하며, 가정통신문을 만들 때도 논술문 쓰기는 유아교사들에게 도움을 준다. 논술문 쓰기 연습을 통해 글을 쓴 다음 문맥의 적절성과 내용의 오류를 검토할 수 있다. 이는 좋은 글을 쓰기 위한 노력이며, 논술문 쓰기의 시작이다.

2 논술문 쓰기를 다듬기

앞서 유아교사들에게 발생하는 논술문 쓰기의 상황을 짚어보았다. 논술문을 잘 쓰기 위해서는 꾸준히 연습을 해야 한다. 논술문 쓰기를 다듬기에서는 논술문 쓰기의 유의점을 바탕으로 하여 직접 논술문을 작성해 본다.

논술문을 쓸 때는 무조건 쓰기부터 시작하기보다는 몇 가지 사항들을 고려하여 작성할 때 더욱 효과적으로 글을 쓸 수 있다. 즉, 논술문 쓰기의 유의점을 알 때 조금 더 쉽게 글을 시작할 수 있으며, 조금 더 쉽게 글을 써 내려갈 수 있다. 이를 통해 최종적으로 완성도가 높은 논술문을 작성하게 된다. 논술문을 쓸 때 알아두어야 하는 사항들에 대해 살펴본다.

하나, 유아교사는 논술문 쓰는 단계를 고려하여 체계적으로 접근한다.

논술문 쓰기의 막막함을 느낄 때는 논술문 쓰는 단계를 숙지한 후 하나씩 시도해 보길 바란다. 다음에서는 논술문 쓰는 단계를 구체적으로 제시한다.

1단계. 논제를 확인하기: 논술문을 쓰기 위해서는 제시된 논술문에서 다루고자 하는 주요 문제 및 주제를 찾아야 한다. 주제에 대해 자신의 주장을 잘 펼치려면 논제를 잘 파악해야 하기 때문이다. 자신의 생각을 그냥 쓰기는 논술문에서 무의미하며, 아무리 잘 쓴 논술문이라고 하더라도 논제에 벗어난 글은 그 가치를 잃게 된다.

본격적으로 논술문을 접하기에 앞서 유아교육에서 이슈가 되고 있는 주제를 생각해 보자. 다음 **글을 쓰다! ⑲** 를 통해 유아교육에서 다루어야 하는 논제의 예를 찾아 적어보자.

1단계: 논제를 확인하기

↓

2단계: 논제와 관련하여 자신의 주장이나 입장을 정하기

↓

3단계: 자신의 주장과 주장에 따른 근거를 핵심어나 간단한 문장으로 표현하기

↓

4단계: 표현한 문장과 논술문의 구성을 고려하여 개요를 작성하기

↓

5단계: 논리적으로 글을 쓰기

6단계: 다 쓴 논술문의 내용을 소리 내어 읽으며 검토하기

↓

7단계: 다 쓴 논술문의 형식적인 측면을 검토하기

↓

8단계: 다 쓴 논술문을 평가하기

그림 5-1 논술문 쓰기의 단계

글을 쓰다! ⑲

※ 유아교육과 관련된 논제를 찾아 적어보자.

※ 유아교육과 관련된 논제	주장
논제 1.	
논제 2.	
논제 3.	

유아교육에서 쟁점이 되는 논제는 유아교사의 삶에 영향을 미치기 때문에 관심을 가져야 한다. 평소 유아교육과 관련한 기사를 접한 다음 글의 제목을 바꾸어 논제로 표현해 본다.

2단계. 논제와 관련하여 자신의 주장이나 입장을 정하기: 논제를 정확히 파악했다면, 그 논제에 따른 자신의 입장을 정한다. 모든 경우가 그렇지는 않지만 논술문은 찬성 또는 반대하는 자기 주장 쓰기가 주를 이룬다. 이제 논제에 대한 자신의 입장을 찬성과 반대로 결정한다. 이때는 반드시 하나의 입장에서만 기술해야 한다. 양가론이나 양비론은 중도적 입장으로 세련돼 보이는 듯하지만 자신의 주장을 명확히 하지 못하는 치명적 실수를 하게 된다. 이제 앞서 확인한 글을 쓰다! ⑲ 에서 제시된 논제에 대해 찬성하면 ○, 반대하면 ×로 자신의 주장을 표기해 보자.

자신의 입장이 명확해도 주장 정하기는 어려움을 수반한다. 주장에는 책임이 따르기 때문이다. 자신의 주장을 쉽게 결정할 수 없는 논제라면, 찬성과 반대의 근거를 생각해 보며 자신의 주장을 정리해 본다. 주장에 대한 입장 정리 없이 기술된 논술문은 글의 마지막에 이르러 중립적인 입장처럼 비춰질 수 있다.

동시에 주장에 대한 자신감이 부족하면 '~일 것 같다', '~처럼 생각한다' 등의 문장이 자주 나타나게 된다. 이 표현은 아닐 수도 있다를 전제로 하여 입장의 모호성을 지니게 되므로 논술문을 쓸 때는 바람직하지 않은 표현이다. 그러므로 자신의 주장을 확고히 해야 하며 그 주장은 흔들리지 않아야 한다.

3단계. 자신의 주장과 주장에 따른 근거를 핵심어나 간단한 문장으로 표현하기: 자신의 주장을 뒷받침해 줄 수 있는 근거를 미리 생각해 본다. 이 과정은 자신의 주장을 더욱 확고히 하도록 도우며, 동시에 제시된 여러 근거들의 포함관계를 파악하는 데 보탬이 된다. 근거들 간의 포함관계는 미리 생각한 근거에 따라서 글을 써 내려갈 순서를 정하도록 한다.

4단계. 표현한 문장과 논술문의 구성을 고려하여 개요를 작성하기: 논술문은 크게 서론, 본론, 결론으로 구성된다. 각각은 서로의 역할을 대신해 줄 수 없으므로, 각 단계를 고려하여 개요를 작성한다. 1,600자 원고지에 논술문을 쓴다고 가정하고 논술문의 구성을 살펴본다.

표 · 5-1 논술문 구성

구성		내용	작성
서론		- 관심 유도하기 - 문제 상황 및 문제 제시하기 (신문기사, 통계자료 등을 인용하기) - 본론에서 전개될 내용에 대해 언급하기	300~400자 (한 단락)
본론	본론 1	- 자신의 주장과 근거 제시하기	400자(한 단락)
	본론 2	- 자신의 주장에 대한 예상 가능한 반론을 제시하기 - 반론에 대한 재반론 제시하기	400자(한 단락)
결론		- 본론의 내용을 간결하게 정리하기 - 주장을 재차 제시하며 실천하기 위한 구체이고 실현 가능한 문제해결책 제시하기	400자(한 단락)

서론은 탐구해야 하는 문제와 그 문제가 야기된 배경 등을 소개한다(한상기, 2007). 서론은 들어가는 글로, 독자로 하여금 논술문을 읽도록 관심을 유도할 수 있는 내용으로 구성한다. 그 중요성으로 인해서 예비유아교사들은 논술문의 서론 쓰기를 어려워한다. 그러다 보니 예비유아교사들은 생각을 많이 기술하면서 본론보다 서론을 길게 쓰는 실수를 한다. 서론 글이 길어지면 어느 순간부터 논제에서 벗어난 방향으로 글이 전개되어 본론을 시작하기도 전에 서론을 다시 써야 하는 상황이 발생한다. 그러므로 서론은 너무 길게 쓰지 않도록 유념한다.

본론 1은 자신의 주장을 쓰고 이에 대한 근거를 제시하는 단계이다. 예를 들어, '유치원에서 재롱잔치를 꼭 해야 하는가?'에 대해 논술문을 작성한다고 가정해 보자.

'유치원에서 재롱잔치를 하지 않아야 한다.'라는 주장을 하려 했다면, 주장을 강력하게 뒷받침하는 근거가 필요하다. 예를 들어, '반복적인 연습은 유아들에게 스트레스를 유발한다.', '누리과정에 따른 교육을 실천할 수 없다.' 등의 근거를 제시할 수 있다. 각각의 근거에 대한 부연 설명과 예시를 곁들이면 근거를 보다 구체적으로 제시할 수 있다.

다음으로 본론 2는 자신의 주장에 따라 예상되는 반론을 제시한다. 이를 통해 자신의 주장뿐 아니라 반대되는 논의에 대해서도 폭넓게 고려하고 있음을 보일 수 있다. 이후 예상 반론에 대한 재반론을 폄으로써 반대 의견에 비해 자신의 논의가 더 논리적으로 우위에 있음을 보일 수 있다. 앞서 살펴본 유치원 재롱잔치의 예를 생각해 보자. '유치원에서는 유아들의 건강한 발달을 위해서 재롱잔치를 하지 않아야 한다.'는 주장에 대해서 '유아들의 발달과정을 보고 싶은 부모들의 요구를 반영하지 않은 결과를 초래할 수 있다.'는 반론이 제기될 수 있다. 따라서 이러한 반론을 미리 예측하여 '일회성을 지닌 재롱잔치만으로는 유아의 발달과정을 이해할 수 없다.'와 '노래와 춤으로 구성된 획일적인 재롱잔치로 유아들의 잠재된 발달을 오히려 저해할 수 있다.'는 재반론을 제시한다. 본론 2는 자신과 다른 생각을 가진 사람들을 설득할 수 있는 논리성이 중요하다. 그러나 처음으로 논술문 쓰기를 준비하는 유아교사들에게 본론 2는 쉽지 않은 과정이다. 그러므로 본론 1처럼 자신의 주장과 이에 대한 근거를 제시하는 논술문 쓰기에 대한 연습을 충분히 한 후 본론 2를 작성해 본다.

마지막으로 결론은 논술문을 마무리하는 단계이다. 그러므로 앞선 내용들을 정리할 수 있어야 한다. 예를 들어, '유아들의 기본적인 교육권을 위해서는 유치원에서 재롱잔치를 하지 않아야 한다. 오히려 유아들이 유치원 생활 동안 배운 노래, 동시, 이야기를 발표하는 시간으로 운영해야 한다.'라고 적을 수 있다. 결론을 쓸 때는 앞서 제시한 내용을 반복해서 제시하지 않아야 한다. 구체적인 대안과 실현 가능한 해법을 고려하여 제시한다면 더 좋은 마무리가 될 수 있다.

5단계. 논리적으로 글을 쓰기: 개요를 바탕으로 논리적으로 자신의 주장을 적는다. 논리적으로 글을 쓰는 과정에서는 한 문장을 두고 앞뒤 문장을 읽으며 글의 맥락을 짚어본다. 문장과 단락을 적절히 구성하고, 문장부호도 알맞게 사용한다. 가급적 단문 형태의 짧은 문장으로 기술하고, 접속어를 사용하여 매끄럽게 문장을 이어 나간다. 문단은 생각 단위이므로 생각의 전환이 이뤄질 경우 과감하게 문단을 나누어 적는다.

6단계. 다 쓴 논술문의 내용을 소리 내어 읽으며 검토하기: 논술문을 다 쓰고 나면 가능한 한 소리 내어 읽어본다. 천천히 소리 내어 읽으며, 문장과 문장 간의 관계를 파악한다. 어색하거나 듣기에 거슬리는 문장은 표시해 두었다가 수정한다.

7단계. 다 쓴 논술문의 형식적인 측면을 검토하기: 형식적인 측면을 검토하기는 논술문을 더욱 빛나게 하는 단계이다. 따라서 논술문에 제시된 단락 구성, 문장 부호, 띄어쓰기의 적절성을 검토한다.

8단계. 다 쓴 논술문을 평가하기: 논술문 평가 내용을 참고하여, 논술문을 평가한다.

논술문 평가 내용

- 제목과 주제가 일치하는가?
- 주제가 명확한가?
- 글의 내용에 편견은 없는가?
- 올바른 어휘를 사용했는가?
- 문법에 맞게 문장을 기술했는가?
- 논술문의 구성에 적합한가?

둘, 논술문에 적합한 어휘를 선택한다.

논술문은 하루의 일과를 쓰는 글과 다르고 감정에 호소하는 글도 아니다. 그러므로 논술문에서는 과장된 수식어의 사용을 자제한다. 제시된 글을 쓰다! ⑳ 을 논술문의 한 문장으로 가정하여 수정해 본다.

글을 쓰다! ⑳

※ 논술문에 맞게 문장을 수정해 보자.

수정 전	저출산 문제는 너무 너무 슬픈 일이다.
수정 후	

글을 쓰다! ⑳ 에서 '너무 너무 슬픈 일이다'라는 감정적 접근은 논술문에서 배제해야 한다. 이는 '저출생 문제는 사회적으로 관심 가져야 할 사항이다.' 또는 '저출생은 우리 사회에서 관심 가져야 할 시급한 문제이다.'라고 기술해야 한다.

또한 정확하게 의미를 전달하는 어휘를 사용해야 한다. 예를 들어, '많은 유아들'이나 '등등'과 같은 표현들은 논술문에서 자제한다. 제시된 글을 쓰다! ㉑ 을 읽고, 의미를 정확히 전달하기 위한 문장으로 수정해 본다.

글을 쓰다! ㉑

※ 논술문에 맞게 문장을 수정해 보자.

수정 전	이번에 제정된 유아인성교육 정책은 여러 부분에서 문제가 있어 보인다.
수정 후	

글을 쓰다! ㉑ 에 제시된 문장에서 '이번'은 정확한 시기를 제시해야 한다. 또 '여러 부분'은 주요 측면을 구체적으로 언급해야 한다. 예를 들어 본 문장은 '2019년에 제정된 유아인성교육 정책은 유아인성교육 내용의 적절성과 교육의 현장적용 가능성에 문제가 있다.'라고 적어야 한다.

만약, 부모님과 함께 유치원을 알아보기 위해 방문한 유아가 있다고 생각해 보자. "화장실이 어디에 있어요?"라고 물어본다면 올바른 대답은 무엇일까? "코끼리반을 나가서 이쪽으로 갔다가 계단을 지나고 또 이쪽으로 가면 돼."라고 말할 것인가 아니면 "코끼리반의 문을 열고 나가서 오른쪽으로 가면 토끼반이 있어. 토끼반 옆에 화장실이 있단다."라고 말할 것인가? 후자가 보다 명확한 답이다. 이처럼 논술문에서도 정확한 의미를 전달할 수 있는 단어를 사용해야 오해를 줄일 수 있다.

다음으로 논술문에서는 줄임말이나 불필요한 외국어 단어를 사용하지 않아야 한다. 다음의 글을 쓰다! ㉒ 를 살펴보자.

글을 쓰다! ㉒

※ 논술문에 맞게 문장을 수정해 보자.

수정 전	남아는 파란색을 여아는 핑크색을 선호한다는 것은 고정관념이다.
수정 후	

다른 색에 비해 분홍색은 '핑크색'이라는 표현을 자주 쓴다. 일상에서 자주 쓰다 보니, 유아들도 핑크라는 말을 분홍보다 더 자주 사용하고, 글에서도 나타난다. 논술문에서 이런 표현들은 자제한다. 이를 유념하며 글을 쓰다! ㉓ 을 살펴보자.

글을 쓰다! ㉓

※ 논술문에 맞게 문장을 수정해 보자.

수정 전	유아교육의 퀄리티는 유아교사의 퀄리티를 능가할 수 없다.
수정 후	

표준어로 통용되는 말이 아니라면, 논술문에서는 우리나라 표준어를 사용한다. 오히려 잘못 사용된 외국어는 논술문의 흐름을 방해하게 된다.

셋, 문장을 작성할 때는 가급적 단문을 사용하고, 명료하게 작성한다.

논술문에서 긴 문장으로 된 글은 좋지 않다. 한 문장은 하나의 주어와 그와 호응하는 서술어로 간결하게 적어야 한다. 제시된 글을 쓰다! ㉔의 예문을 읽고, 간결하게 수정해 보자.

글을 쓰다! ㉔

※ 논술문에 맞게 문장을 수정해 보자.

수정 전	모든 유아를 교육하기는 중요한 일이고, 의미 있는 일이지만 질 좋은 교육을 하기는 상당히 어렵다.
수정 후	

글을 쓰다! ㉔에 제시된 문장은 나누어 구성한다. 예를 들어 '모든 유아를 교육하기는 중요하며 의미 있는 일이다. 그러나 모든 유아에게 질 좋은 교육을 하기는 상당히 어렵다.'로 수정한다. 문장이 길어지면 생각을 전달하기가 더 어려워진다. 그러므로 논술문에서는 문장을 간결하게 적는다.

논술문을 작성할 때는 문장의 표현이 명쾌해야 한다. '~일 것 같다'와 같은 추측성 글은 자신의 주장을 흐리게 한다. 이를 유념하여 제시된 글을 쓰다! ㉕의 예문을 수정해 보자.

글을 쓰다! ㉕

※ 논술문에 맞게 문장을 수정해 보자.

수정 전	유아교육정책은 유아교사의 혼란을 야기하게 <u>될지도 모른다</u>.
수정 후	

글을 쓰다! ㉕ 에서 제시된 '~될지도 모른다'라는 표현은 모호성을 지니므로 논술문에서는 수정해야 한다. 즉, 논술문에서는 더 명확히 '유아교육정책은 유아교사의 혼란을 야기하게 된다.'라고 적어야 한다.

논술문 쓰기 단계에 익숙해지기까지는 까다롭고 힘든 과정이다. 한 번에 좋은 논술문을 쓰겠다는 생각보다는 충분한 시간을 갖고 연습을 하겠다는 마음을 가진다. 마치 자전거 타기를 배우듯 넘어지고 다시 일어나는 과정이 필요하다. 이 과정에서 논술문을 쓰는 각 단계에 익숙해진다면 생각을 나타내는 글을 쓸 때 도움이 될 것이다.

3 논술문 쓰기에 다다르기

유아교사들은 예비양성과정에서 교과목이나 취업을 위한 면접에서 논술문 쓰기를 하게 된다. 많지 않은 논술문 쓰기 경험으로 인해, 유아교사들은 논술문 쓰기 그 자체가 부담된다. 여기서는 논술문 쓰기를 위한 시도로 먼저 전래동화를 활용해 본다. 전래동화는 옛날부터 전해져 오는 이야기를 말한다. 전래동화는 그 시대와 그 사회의 문화를 엿볼 수 있다. 또한 전래동화는 착한 사람은 복을 받고, 나쁜 사람은 벌을 받는다는 이야기를 담는다. 우리가 알고 있는 〈콩쥐 팥쥐〉, 〈의좋은 형제〉, 〈금도끼 은도끼〉 모두 심성이 착한 주인공은 복을 받아 행복하게 잘 살았다고 결론짓고 있다. 이 이야기의 결론을 그대로 받아들이며 유아교사들은 미소 짓기로 이야기를 마무리한다. 〈선녀와 나무꾼〉 이야기도 마찬가지이다. 착한 나무꾼이 선녀와 결혼하여 행복하게 살았다는 이야기로 끝난다. 어느 누구도 나무꾼의 행동에 대해 생각해 보지 않는다. 여기서는 글을 쓰다! ㉖ 을 통해 우리가 알고 있는 선녀와 나무꾼 이야기를 떠올리며 논술문 쓰기를 연습해 보자.

글을 쓰다! ㉖

※ '나무꾼은 도덕적인 사람인가?'를 논제로 하여 논술문을 작성해 보자.

으며 검토해 보자. 이 과정을 마치고 나면, 다른 사람들의 생각을 들어보자. 다른 사람들의 생각을 들으며, 그 사람들의 생각을 요약해 보고, 비평해 보자. 이 과정을 공유하는 유아교사는 더 좋은 논술문을 작성할 수 있다.

전래동화를 활용한 논술문 쓰기는 우리가 알고 있는 전래동화를 다시 보는 시각을 갖게 한다. 유아들에게도 전래동화를 활용하여 접근한다면, 동화 주인공에 대한 또 다른 생각과 유아의 관점에서 동화를 이해할 수 있게 될 것이다.

우리가 알고 있는 전래동화를 활용한 논술문 쓰기를 연습해 보았다면 조금 더 자신감을 갖고 유아교육과 관련된 주제를 선정하여 논술문 쓰기를 연습해 보자. 제시된 글을 쓰다! ㉗ 에 논제를 정한 후 논술문 쓰기를 해 보자.

글을 쓰다! ㉗

※ (   )를 논제로 하여 논술문을 작성해 보자.

05 | 종합

5장에서는 유아교사의 논리적 사고력 함양을 위한 실천적인 경험으로 논술문 쓰기에 대해 살펴보았다. 논술문을 쓰는 방법에 대해 알아보고, 직접 논술문을 작성해 보면서 논리적인 글쓰기를 시도하였다.

배운 내용은 실천해야 한다. 이제 유아교육에서 나타나고 있는 여러 가지 교육현상에 대해 관심을 기울여 보자. 이후 앞서 배운 것을 활용하여 이 현상들에 대해 자신의 생각을 논술문으로 표현해 보자.

CHAPTER

6

가정통신문과 유아교사 논리 · 논술교육

누구나 한 번쯤은 가정통신문을 받아보았을 것이다. 부모가 아니어도 유치원을 다닐 때, 초등학교를 다니면서 가정통신문을 받아본 경험이 있을 것이다. 가정통신문은 그 교육기관을 다니고 있는 자녀를 둔 모든 가정에 제공되며, 학교교육과정에서 오랜 시간 사용되어 온 가정과 교육기관의 소통방법이다.

가정통신문 작성은 유아교사들의 업무 중 하나이다. 유아교사들은 주어진 양식에 맞게 가정통신문의 내용을 구성한다. 유치원에서 유아교사들은 가정통신문을 어렵지 않게 작성한다. 그럼에도 본 6장에서 가정통신문에 대해 살펴보는 이유는 그동안 당연하게 생각했던 가정통신문의 구성 요소 및 내용 부분에 대해 다시 생각해 보고, 조금 더 이해하기 쉬운 가정통신문을 작성하는 방법에 대해 고민해 보기 위해서이다. 6장의 내용을 다루며, 유아교사는 사고하는 힘을 바탕으로 유아교사들이 쓰기 쉽고, 동시에 부모들은 읽고 싶은 가정통신문 작성 방법을 생각해 보길 바란다.

1 가정통신문 쓰기로 다가가기

바람직한 유아교육을 위해서는 가정과 유아교육기관의 협력적인 관계가 중요한데 가정통신문은 이들 간의 상호 소통을 촉진하는 하나의 방법으로 오랜 시간 활용되고 있다(문영보, 최복기, 2009). 가정통신문은 유치원에서 다양한 정보를 적어 부모들에게 보내는 문서로 현대에는 종이 형태로 된 가정통신문뿐 아니라 온라인, 스마트폰을 활용한 가정통신문도 활용된다.

가정통신문은 유아교육기관의 특성(예: 유치원, 어린이집 등)에 따라 다양한 형태로 나타나고, 목적에 따라 내용이 달라진다. 박찬옥과 그의 동료들(2013)이 분류한 가정통신문의 종류를 살펴본다.

- 연간 가정통신: 유치원에 관한 전반적인 소개 및 연간계획 및 일정, 재원 여부에 관한 학부모의 의견 수렴, 입학식, 졸업식, 수료식 안내 등

- 학기 가정통신: 학부모와의 집단 개별 상담, 방학 일정 안내 등
- 분기 가정통신: 교육비, 교재비, 재료비 등과 같은 각종 납부에 관한 안내 등
- 매월 가정통신: 월별 행사에 대한 세부적 안내 등
- 매주 가정통신: 학급의 교육과정 계획 및 진행과정을 담은 내용, 주별 안내 등
- 수시 가정통신: 긴급 사항 및 불가피한 변경 사항 안내 등

유치원에서 활용하는 가정통신문은 가정과 유치원 구성원 간의 의사소통을 촉진한다. 원만희와 그의 동료들(2014)은 글의 목적에 따라 표현, 정보 전달, 그리고 설득을 위한 글로 구분되며 글의 용도에 따라 실용적인 글과 문학적인 글, 그리고 학술적인 글로 나뉜다고 보았다. 이 기준에 따라 살펴보면 가정통신문은 유치원에서 가정으로 유아들의 유치원 생활과 행사나 소식을 전하는 정보 전달을 위한 글이자, 실용적인 글로 분류된다. 따라서 유치원과 가정은 가정통신문에 포함된 내용으로 소통의 기회를 갖는다.

의사소통은 각 개체 간의 양방향적인 관계를 전제로 이루어지므로 가정통신문은 유치원에서 가정으로 단순히 보낸다는 그 이상의 의미를 갖는다. 부모들은 가정통신문을 읽은 후, 의견을 적어 유치원으로 보내거나 궁금한 사항을 전화나 원아수첩을 통해 상담한다. 이는 보내진 가정통신문에 대한 부모들의 상호작용적 반응으로 부모들의 참여를 촉진한다.

가정통신문은 부모교육 자료로 활용된다. 가정통신문은 행사에 따른 준비 사항(예: 편안한 바지) 및 교육비 납입에 대해 안내한다. 이는 처음으로 자녀를 유치원에 보내는 부모들에게 올바른 역할 수행을 도와 자연스러운 부모교육 자료가 된다.

가정통신문을 보내는 유아교사들은 유치원의 소식뿐 아니라 인성교육 등과 같이 유아교육 주제와 관련된 부모교육 자료를 함께 배부한다. 부모들은 받은 부모교육 자료를 읽는다. 이는 유치원을 방문하여 실시하는 전문가 초빙 부모교육보다 쉽게 접근할 수 있는 부모교육 자료로 활용된다. 이러한 부모교육 자료는 부모들의 자녀 양육방법에 영향을 미쳐 유아들의 발달을 촉진한다. 예를 들어 장성희(2001)는 가정

통신문을 활용하여 유치원과 가정 간에 상호 연계할 경우 유아의 기본생활습관 형성에 도움을 준다고 보고한 바 있다. 따라서 유아교사들은 부모들이 관심을 가지는 내용으로 구성한 가정통신문을 보내야 한다.

가정통신문은 때때로 유치원에서 실시하는 부모교육 소식을 전한다. 이를 본 부모들은 유아교육기관이나 지역사회에서 실시되는 부모교육을 안내받아 참석한다. 즉, 가정통신문에 소개된 부모교육 소식은 부모교육의 필요성을 인식하도록 돕고, 부모참여를 촉진한다.

이처럼 가정통신문은 유치원과 가정 간의 연계를 위해 중요하다. 또한 부모교육을 촉진하는 하나의 통로이다. 따라서 유아교사는 가정통신문을 올바로 작성하여 가정과 소통한다.

2 가정통신문 쓰기를 다듬기

유아교사는 적어도 일주일에 1회 이상 가정통신문을 작성한다. 익숙한 가정통신문 쓰기이지만, 유아교사는 끊임없이 사고하며 가정통신문을 써야 한다.

가정통신문의 내용과 형태는 유치원마다 다르다. 동일한 유치원이라고 하더라도 들어가는 내용에 따라 가정통신문의 구성이 달라진다. 관례적으로 써 왔던 가정통신문에서 더 나아가 목적에 맞는 가정통신문을 작성하기 위해 주의해야 할 사항을 살펴본다.

하나, 가정통신문을 처음 작성할 때는 순서에 따라 단계적으로 시도해 본다.

유아교사들이 가정통신문을 쓰는 데 크게 어려움을 느끼지 않는 이유는 기존에 유아교육기관에서 사용되어 온 양식과 내용을 활용할 수 있기 때문이다. 기존의 가정통신문과 달리 내용이 바뀌거나 양식이 수정되기도 하지만, 유아교육기관에서 한 번

정해진 가정통신문 양식은 1년 동안 유지된다. 따라서 가정통신문을 처음 작성하는 초임유아교사는 가장 먼저 유치원에서 사용 중인 가정통신문을 찾아보아야 한다.

만약 가정통신문의 양식을 바꾼다면, 이수련, 성영화 그리고 최효정(2014)이 제안한 순서를 참고한다.

- 첫째, 가정통신문의 틀을 정하거나 그린다.
- 둘째, 인사말과 내용을 정한다.
- 셋째, 내용을 쓴다.
- 넷째, 편집한다.
- 다섯째, 출력하여 살펴본다.

제시된 순서와 같이 가정통신문을 쓸 때는 전체적인 구성을 대략 계획한 다음 들어가야 하는 내용의 핵심어를 적는다. 그 후 유아교사는 구체적인 가정통신문의 내용을 적고 부모들이 보기 쉽게 편집한다. 편집을 마친 다음에는 가정통신문을 출력하여 살펴보며 검토한다.

좋은 가정통신문을 쓰기 위해서는 계획하고, 실행하며, 검토하는 과정까지 모두 고려해야 한다. 가정통신문을 계획 없이 작성하면 전달해야 할 주요 내용을 빠뜨릴 수 있다. 다시 가정통신문을 작성해야 하는 번거로움이 생긴다. 검토되지 않은 가정통신문은 그 완성도를 낮춘다. 이에 각 단계를 고려하여 가정통신문을 작성한다.

둘, 가정통신문의 내용과 형태 구성은 유아교육기관이 소재한 지역의 특성을 반영한다.

가정통신문은 가정과 유아교육기관의 의사소통 과정임을 명심해야 한다. 이를 위해서는 의사소통을 촉진할 수 있는 방향으로 가정통신문을 활용해야 한다. 유아교사가 열심히 작성한 가정통신문을 부모들이 읽지 않는다면 유치원의 소식을 전달하지 못해, 의사소통하기 어려워진다. 그러므로 유아교사는 부모들이 읽고 싶고 꼭 읽어야 하는 내용으로 된 가정통신문을 제공한다.

유아교육기관이 소재한 지역의 인구적 · 사회적 · 문화적 특성을 반영하여 가정통신문을 구성한다면 부모들은 조금 더 쉽게 가정통신문을 읽을 수 있다. 예를 들어, 맞벌이 가정이 많은 지역이라면 종이 형태로 된 가정통신문보다는 스마트폰으로 전달되는 가정통신문을 활용한다. 또한 가정통신문의 내용 중요도를 고려하여 부모들이 꼭 읽어야 하는 내용은 제일 위에 구성한다. 부모들은 필요할 때마다 가정통신문을 찾아 읽으며 유아에게 필요한 준비물을 꼭 챙겨 보낼 것이다.

셋, 인사말은 가정통신문의 전체적인 흐름에 방해되지 않으며, 간결하게 작성한다.

가정통신문은 '안녕하십니까?'라는 인사말로 시작된다. 이 인사말로 끝낼 수 없어서 추가적으로 인사말을 나열한다. 이렇게 작성된 인사말은 가정통신문 내용의 1/3을 차지한다. 물론 인사말에 정말 중요한 내용이 포함되어 있거나 전달해야 할 가정통신문의 내용이 적어서 길게 쓴 인사말은 이해 가능하다. 하지만 인사말을 길게 작성하여 꼭 들어가야 하는 내용을 포함하지 못했고, 작성한 가정통신문의 내용도 글자 크기와 장평을 줄이고 줄 간격을 좁게 편집하여 아주 빽빽한 가정통신문이 완성되었다. 이 경우 유아교사는 인사말 작성의 필요성을 생각해 보아야 한다.

성영화, 김근희, 그리고 김빈화(2014)에 따르면 유아교사들은 가정통신문을 작성하며 인사말을 매주 쓰지만 부모들은 대충 읽거나 읽지 않는 경우가 60%가 넘으며 동시에 유아교사들은 인사말 작성을 어려워한다고 하였다. 즉, 인사말 작성은 교사들에게 부담으로 작용할 수 있다. 그러므로 유아교사는 인사말 작성의 필요성이나 적절한 방법을 고민해 보아야 한다.

예절의 중요성으로 인사말을 꼭 쓰고 싶다면, 간결하게 작성한다. 인사말은 날씨 및 유아들의 유치원 생활과 관련된 내용으로 간결하게 구성한다.

넷, 견학이나 행사와 같이 유아교육기관 밖에서 이루어지는 활동에 대해서는 가정통신문에 구체적으로 안내한다.

유치원 밖에서 이루어지는 활동을 할 때 유아교사들은 안전에 특히 신경 쓴다. 이는 부모들도 마찬가지다. 유치원에서 견학을 가거나 행사를 진행하는 장소가 유아와 부모가 함께 가본 곳이더라도 부모들은 유아들에게 안전하게 활동하길 당부한다. 부모들은 자신이 잘 알지 못하는 먼 곳으로 유아들이 견학을 갈 때 더 많은 걱정을 한다. 이런 경우 부모들에게 견학이나 행사가 이루어지는 장소에 대한 정보를 조금 더 구체적으로 제공하면 걱정을 덜 수 있다. 가정통신문에는 견학하는 곳의 위치, 전화번호, 기관 소개 등에 대한 내용을 견학일과 함께 안내한다. 이에 더해 유아의 개별 준비물과 부모들의 협조사항(○○시까지 **으로 유아 등원 바람)에 대해 구체적으로 안내한다. 제공된 정보를 받은 부모들은 유아들에게 추가적으로 안전 교육을 실시할 수 있다.

다섯, 가정통신문은 쉽고 정확한 용어로 작성한다.

부모들이 읽기 쉽고 이해하기 쉬운 용어를 선택하여 가정통신문을 작성한다. 유아들의 발달과 이에 따른 부모교육 자료를 함께 구성하여 보낼 때는 지나치게 전문적인 용어를 사용하지 않도록 한다.

또한 정확한 의미를 전달할 수 있는 용어를 사용한다. 유아교사들은 운동회와 같은 행사를 안내할 때면 일시를 쓴다. 그것을 본 부모들은 날짜와 시간을 모두 확인할 수 있으리라 기대한다. 때로는 일시에 날짜만 제시되어 있다. 부모들은 행사 시간을 확인할 수 없게 된다. 따라서 유아교사는 상황에 맞는 용어를 선택하기 위해 고민해 보아야 한다.

여섯, 가정통신문의 마지막 내용 부분에서는 절취선과 메모공간을 확보한다.

부모들이 가정통신문을 읽고 궁금한 사항을 적거나 유아교사나 유치원에 대해 하고 싶은 이야기를 적을 수 있도록 가정통신문에는 메모공간을 구성한다. 이 공간을 통해, 유치원에서는 부모들의 의견을 듣기 위해 노력하고 있음을 느낄 수 있도록 한다.

3 가정통신문 쓰기에 다다르기

유치원에서 사용되는 가정통신문은 매우 다양하다. 견학과 같은 내용을 따로 작성하여 안내하는 유치원도 있고, 유아들에게 읽기 좋은 그림책을 매주 가정통신문에 소개하여 보내는 유치원도 있다. 편집 양식만 보더라도 중요한 내용을 다른 색으로 표시하거나 굵은 글씨로 표시하는 곳도 있고, 배경 그림을 화려하게 넣거나 전혀 사용하지 않는 곳도 있다. 따라서 가정통신문은 유치원의 여건을 고려하여 창의적으로 구성할 수 있다.

제시된 **글을 쓰다! ㉘** 은 자신이 만들고 싶은 가정통신문을 생각해 본 후, 직접 구성해 볼 수 있는 기회를 제공한다. 유아교사로 가정통신문을 만드는 목적을 정한 다음 직접 그 내용을 구성해 본다.

글을 쓰다! ㉘

※ 생각한 가정통신문을 구체적으로 표현해 보자.

PART 3

유아를 위한 논리 · 논술교육

제1부와 제2부의 내용을 살피며 논리 · 논술교육의 기초에 대한 소양을 습득한 유아교사는 제3부 유아를 위한 논리 · 논술교육을 통해 유아기에 적합한 교육의 방향에 대해 살펴보게 된다. 유아교사는 제시된 유아 논리 · 논술교육의 방법을 알아가며, 유아의 논리적 · 창의적 사고력 함양을 돕는 데 있어 시도하기 어렵거나 딱딱한 방법이 아니라 교육과정 속에서 자주 접할 수 있는 실천법을 보게 될 것이다. 크게 호흡하며 제3부를 시작한다.

CHAPTER

7

유아를 위한 논리 · 논술교육의 기초

부모들은 유아기 자녀에게 논리 · 논술교육을 배울 수 있는 좋은 기회가 온다면 어떻게 할 것인지를 묻는 질문을 받는다. 이 질문에 부모들은 유아를 위한 논리 · 논술교육의 의미에 대해 생각해 본 후, "자녀에게 기회가 생긴다면 그 교육을 받도록 하고 싶다."라고 답변한다. 이러한 부모들의 응답은 논리 · 논술교육을 유아기부터 시작한다면 더 좋은 교육적 효과를 가져온다는 우리 사회의 암묵적 동의에 영향을 받는다.

유아기는 논리적 · 창의적 사고력을 확장하며, 논리 · 논술교육을 시작할 수 있는 중요한 시기이다. 따라서 7장에서는 우리 사회 속에서 엿볼 수 있는 유아논리 · 논술교육의 현 상황을 짚어보며, 그 의의에 대해 생각해 본다.

1 논리·논술교육과 유아

유아들은 다양한 상황에서 논리 · 논술교육을 받고 있다. 유아들을 위한 논리 · 논술교육은 여름을 맞아 아이스크림 동요를 배운 후 가사를 그대로 흥얼거리며 온전히 노래를 부르는 유아의 모습처럼 당장 교육적 효과를 확인하기 어렵다. 피아노 학원에서 피아노 치는 기술과 음악이론에 대해 배우고 태권도 학원에서 태권도의 기본기술을 익힐 수 있지만 사교육을 통해 실시되는 유아논리 · 논술교육이 무엇을 가르치는지 때로는 명확하게 이해되지 않는다. 그러다 보니 우리는 유아기 논리 · 논술교육이 올바르게 실시되고 있고 그 교육의 효과가 있는지에 대해 의구심을 갖는다. 그럼에도 유아들은 논리적으로 생각하고 말하는 힘을 기르기 위한 교육을 받고 있다.

유아들을 대상으로 실시되는 논리 · 논술교육은 크게 두 가지 흐름으로 나타난다. 첫 번째 흐름은 유치원에서 실시되고 있는 유아논리 · 논술교육이다. 이 논리 · 논술교육은 주로 타 교과영역과 통합적인 교육으로 실시된다. 이는 유아의 언어, 수, 과학, 음악, 미술 활동의 과정에서 논리적 사고를 함양할 수 있도록 돕는다.

유치원의 하루 일과 중 대소집단활동은 이야기 나누기, 동요, 동시, 동극, 동화, 요리, 게임, 신체표현 등으로 구성되고, 자유놀이는 미술, 언어, 음률, 수조작, 과학 등의 놀이와 활동으로 이루어진다. 어디에도 논리 · 논술활동이나 논리 · 논술영역이라는 명칭을 찾을 수 없다. 그럼에도 유아교육기관에서는 논리 · 논술교육을 실시하고 있다고 말한다. 왜냐하면 논리적 사고력 향상 프로그램과 같은 이름으로 각 교과와 연계된 교육활동을 실시하고 있기 때문이다. 만약 유아를 위한 언어활동으로 그림책을 읽고, 다음에 이어질 내용을 상상하는 활동을 한다고 생각해 보자. 유아교사는 언어 발달을 촉진하는 교수매체인 그림책을 활용하여, 유아에게 다음에 일어날 상황에 대해서 창의적으로 또는 논리적으로 이야기 나누도록 격려한다. 언어활동을 통해 유아의 논리적 · 창의적 사고력을 함양하게 되는 순간이다. 이처럼 유치원에서 이루어지는 논리 · 논술교육은 유아의 발달수준과 흥미를 고려하여 언어, 수, 과학, 미술 활동 등의 교과와 연계하여 통합적으로 접근된다.

그림 7-1 나뭇잎으로 연상하여 표현한 미술활동과 유아의 창의적 사고

두 번째 흐름은 유아논리 · 논술교육이 상업화된 방법을 이용하여 이루어지는 경우이다. 이 방법을 활용한 교육에서 유아들은 사고력 함양을 위해 사교육기관을 다니거나 논리 · 논술을 주제로 하는 교재와 교구로 활동한다. 상업화된 방법으로 실시되고 있는 논리 · 논술교육은 사회적인 요구에 맞추어 나타나 활성화되었다.

제시된 글을 쓰다! ㉙ 는 앞서 살펴본 유아논리 · 논술교육의 두 흐름에 대해 더 구체적으로 접근하도록 돕는다. 글을 쓰다! ㉙ 에서는 유치원과 상업화된 논리 · 논술교육에 대해 조사해 보며, 유아를 위한 논리 · 논술교육의 바람직한 방향을 살펴본다.

글을 쓰다! ㉙

※ 유치원과 상업화된 방법으로 실시되고 있는 유아논리 · 논술교육의 특징에 대해 찾아보자.

분석목록	유치원 논리 · 논술교육	상업화된 논리 · 논술교육
형태		
장점		
단점		
바람직한 논리 · 논술교육		

유치원에서 실시되는 사고력 함양 교육은 타 교과와 연계하여 다양한 방법으로 실시된다. 반면 상업적으로 실시되는 논리 · 논술교육은 철학동화를 포함한 독서논술의 형태로 동화를 읽고 관련 워크북을 하거나 교재에 나와 있는 내용을 직접 교구로 경험해 본 후 유아들 스스로 관련된 문제를 해결하도록 한다. 유아교사는 이러한 논리 · 논술교육의 장점과 단점을 파악하여 유아를 위한 논리 · 논술교육의 방향을 설정하게 된다.

유아를 위한 논리 · 논술교육은 동일한 교육 목적에 따라 실시하더라도, 어떤 내용과 방법으로 접근하는가에 따라서 교육적 효과는 달라진다. 유아교사는 유아의 사고력 함양이라는 점을 염두에 두고 지속적으로 논리 · 논술교육을 실시할 때, 교육적 효과가 커질 수 있음을 인식해야 한다. 따라서 유아교사는 정답을 맞히는 논리 · 논술교육을 대신해서 생각을 넓히며 문제해결방법을 유아 스스로 찾아가는 논리 · 논술교육이 될 수 있도록 바람직한 유아논리 · 논술교육 방향에 대해 생각해 본다.

2 유아를 위한 논리·논술교육의 의의

유아논리 · 논술교육은 학자들의 관점에 따라 다르게 정의되지만 보편적으로, 유아들의 사고력 함양을 위한 교육으로 본다. 김영실과 윤진주(2012)는 논리적인 사고력을 증진해 줄 수 있는 교육으로 유아 논리 및 논술교육을 설명한다. 이선영과 장영희(2015)는 논리적 사고와 표현능력을 길러주는 교육으로 논리 · 논술교육을 보고, 논리적 표현은 쓰기보다는 말하기에 집중되어야 한다고 설명한다.

기존의 개념을 종합해 보면 유아논리 · 논술교육은 사고력 함양 교육이다. 구체적으로 유아를 위한 논리 · 논술교육은 유아들이 일상생활 속에서 논리적, 비판적, 창의적으로 사고하며 표현할 수 있는 힘을 기르는 교육을 의미한다.

논리적, 비판적, 창의적으로 사고하기는 유아의 삶 속에서 마주하는 여러 가지 현상들을 다양한 시선으로 바라보며 분석적이고, 종합적이며, 독창적으로 생각하기를 즐기는 과정이다. 유아논리 · 논술교육은 사건이나 문제의 앞뒤 상황이 철두철미하게 맞지 않아도 유아들 스스로 기꺼이 생각하기를 즐기는 데서 시작된다. 또한 이러한 생각의 과정에서 유아들은 자신의 생각에 대한 이유를 설명하는 질문을 받고, 또 스스로에게 그러한 질문을 던진다.

논리적, 비판적, 그리고 창의적으로 표현하기는 생각을 밖으로 드러낸다는 의미이다. 이를 통해, 유아는 사건이나 문제 상황에 대한 자신의 생각을 이해하며, 다른 사람과 소통할 수 있는 기회를 갖게 된다. 유아논리 · 논술교육을 위해서는 유아의 생각을 표현하는 수단에 대해 생각해 보아야 한다. 표현의 수단은 말, 글, 그림, 몸짓

등 여러 가지이다. 유아들은 글보다 그림을 통해 자신의 생각을 표현하고, 때로는 그림보다 몸짓을 사용한다. 논리 · 논술교육은 다양한 방법을 활용하여 자신의 생각을 표현할 수 있는 기회를 유아들에게 제공하는 데 그 중요성이 있다. 유아의 표현을 보고 유아교사는 우선 그 의미를 파악한 후, 유아의 생각을 확장하거나 수렴하는 또 다른 발문을 이어가도록 한다.

글을 통해서 생각을 표현할 수 있는 유아들이 되길 바란다면 유아교사는 글쓰기의 바람직한 방법에 대해 생각해 보아야 한다. 유아교사는 아직 글을 쓰는 데 흥미 없는 유아에게 글의 모양을 따라 쓰라고 할 수 없다. 유아교사는 쓰기에 관심을 갖고 스스로 하려는 의지를 보일 때까지 유아를 기다려야 한다. 유아 스스로 쓰기의 필요성을 느끼고, 쓰기를 즐길 수 있도록 유아교사는 환경을 구성해 주며 생각을 글로 표현해 보려는 노력을 하도록 격려한다.

쓰기에 앞서 말하기를 통해 자신의 생각을 표현하는 연습도 필요하다. 말하기는 쓰기 능력보다 먼저 발달하는 표현 언어이다. 말하기를 통해서 자신의 생각을 표현하는 기회를 가졌던 유아들은 점차 쓰기로 확장하여 생각을 표현하게 된다.

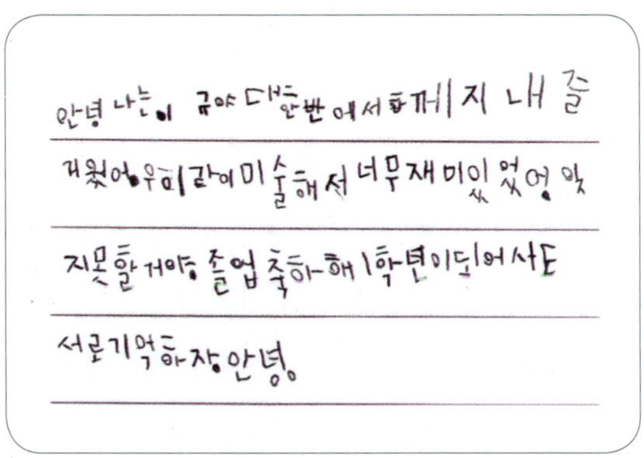

그림 7-2 곰과 친구들에게 쓴 편지

유아들을 위한 논리 · 논술교육은 잘 짜인 논술문을 뚝딱 만들어내는 교육이 아니다. 이 교육은 생각하는 힘을 길러 사고하며 문제를 해결해 나가는 데 자신감을 갖도록 하는 과정 중심이어야 한다. 이러한 유아기 논리 · 논술교육의 필요성은 세 가지로 살펴볼 수 있다.

첫째, 논리 · 논술교육은 유아의 타고난 호기심을 끊임없이 자극하여 논리적으로 사고할 수 있는 기초 능력을 함양하는 데 도움을 준다. 유아는 생각하는 힘을 기르는 과정에서 사물, 사건, 문제에 대해 끊임없이 관심을 갖는다. 유아로 하여금 무언가에 관심 갖도록 이끄는 동기는 탐색을 촉진하는 타고난 호기심이다. 논리 · 논술교육을 받는 유아들은 끊임없는 호기심으로 알고 있는 것을 꺼내어 뒤집어 생각하고, 거꾸로 판단해 본다. 어린 시기 유아의 호기심이 다가가서 만지는 행동으로 나타난다면, 언어로 표현할 수 있는 유아들은 "왜요?" "그래서요?"와 같은 질문으로 끊임없는 호기심을 나타낸다. 이 과정에서 유아들은 사물에 대한 지식을 습득하고, 사물과 사물 간의 관계성을 파악하며 사고 능력을 향상시킨다.

둘째, 논리 · 논술교육은 유아들의 인지발달을 돕는다. 논리 · 논술교육을 받는 과정에서 유아들은 정보를 수집하고, 분석하며, 종합한다. 이 과정은 분류하기, 비교하기, 실험하기와 같은 인지적 과정기술을 수반한다. 유아들은 자발적으로 이러한 인지적 과정기술을 사용하며 생각하는 힘을 키운다. 이에 유아들의 인지능력은 논리 · 논술교육을 통해 발달한다.

또한 유아는 도덕적인 옳고 그름에 대해 알아간다. 예를 들어, 유아들은 빨간 불일 때 횡단보도를 건너는 사람을 보며 규칙 미준수를 이상하게 바라보고 잘못된 행동으로 생각한다. 사회적 규범을 알고 도덕적 행동에 대해 학습하며 바람직한 행동이 무엇인지에 대해 유아들은 알아간다. 유아논리 · 논술교육에서는 이러한 여러 가지 도덕적 문제에 관심 갖는다. 이 문제를 해결하는 과정에서 유아는 다른 사람의 관점을 들여다보며 이해해 간다.

셋째, 논리 · 논술교육은 유아들의 무궁무진한 상상력 발달을 돕는다. 유아들을 위한 논리 · 논술교육은 창의성 교육을 포함한다. 유아들은 논리 · 논술교육 속에서 다양한 문제 상황을 보게 되며, 이를 해결하기 위해 자신을 생각대로 마음껏 표현한다. 정답을 말하기보다는 생각대로 표현할 수 있는 기회를 통해 유아의 상상력이 발달한다.

유아들의 생각과 표현이 상상력에 기반을 두더라도 그러한 생각과 표현은 나름의 이유를 갖고 있다. 바다를 그린 유아에게 바다를 왜 그렸는지에 대해 물어보면 "유아들은 주어진 파란색 색연필을 보니 바다가 떠올랐어요."라고 말한다. 즉, 유아들의 상상력은 경험을 바탕으로 한 유아들의 사물에 대한 개념, 사건에 대한 지식에 기반을 두며, 이러한 경험을 확장해 갈 때 더욱 풍부해진다. 이는 꼭 창의성 교육이 아니더라도 논리 · 논술교육에서 유아들의 상상력 발달을 돕는 이유이다.

07 | 종합

7장에서는 유아를 위한 논리 · 논술교육의 시작점으로 우리 사회에 나타나고 있는 유아논리 · 논술교육의 흐름에 대해 짚어보았다. 더불어 유아논리 · 논술교육의 개념과 그 필요성에 대해 살펴보며 유아논리 · 논술교육에 대해 생각해 보았다. 이를 바탕으로 유아교사는 앞으로 유아논리 · 논술교육의 참된 방향과 유아의 논리적 사고력 함양을 위한 교사의 역할에 대해 생각해 보길 바란다.

CHAPTER

8

유아를 위한 논리 · 논술교육 지침

교사들은 유아들이 일상생활 속에서 논리적으로 사고하고 창의적으로 문제를 해결할 수 있는 능력을 함양할 수 있도록 지원해야 한다. 사고력은 지속적인 교육 속에서 향상되므로, 유아교사는 유아들의 사고력 증진을 돕기 위해 꾸준히 노력해야 한다.

8장에서는 유아들의 논리적 사고력 함양을 돕는 몇 가지 지침을 안내한다. 여기에 제시된 지침은 특별하거나 어렵지 않다. 하지만 본 지침을 이해하고, 그 중요성을 느껴 현장에서 적용하고자 노력하는 교사와 그렇지 않은 교사의 교육실 상황은 달라질 것이다. 유아들에게 생각할 수 있는 더 많은 기회를 갖도록 할 것인가 또는 제한할 것인가는 제안된 지침을 실천하려는 교사의 의지에 달려 있다. 유아논리 · 논술교육을 실시하는 실천가가 되고 싶은 유아교사는 각 지침을 짚어보며 주요한 사항을 숙지한다.

1 첫 번째 지침: 많이 관찰하고 생각하기

예는 첫 번째 지침의 핵심이 되는 '이것'을 안내한다. 예를 읽으며 '이것'이 의미하는 바를 생각해 보자.

예

1. 이제 갓 걷기 시작한 영아가 있다고 생각해 보자. 이 영아에게 미세먼지가 없는 맑고 따뜻한 봄, 신발을 신고 밖으로 나갈 기회가 생겼다. 이 영아는 어떻게 할까? 무섭고 위험한 세상 앞에 놓인 영아는 부모님의 손을 그 어느 때보다 세게 잡고 천천히 걸을까? 아니면 신기한 것으로 가득한 세상에서 이 영아는 이쪽저쪽을 옮겨 다니며 꽃을 살펴보고, 흙을 만지기에 바쁠까? 아마도 호기심이 가득한 영아들은 모든 에너지를 동원하며 세상을 '이것'할 것이다.

2. 공룡을 좋아하는 유아가 있다. 이 유아는 공룡을 직접 보고 싶지만 멸종된 공룡을 만날 수 있는 기회는 TV, 책을 통해서뿐이다. 이 유아는 공룡에 대한 관심이 많다 보니 공룡의 이름을 모두 다 알고 있고, 그 특징도 말할 수 있다. 이는 유아가 공룡과 관련된 자료를 볼 때마다 꼼꼼히 '이것'을 해왔기 때문이다.

'이것'이 공통적으로 의미하는 바를 생각해 보자. '이것'은 다름 아닌 관찰이다. 유아교육에서 관찰은 유아발달을 평가하기 위한 중요한 방법으로 다루어지고, 유아 과학활동을 위한 과학적 과정기술로 강조된다. 이러한 관찰은 논리 · 논술교육에서도 중요하다.

그림 8-1 지렁이 관찰

유아를 위한 논리 · 논술교육의 첫 번째 지침은 많이 관찰하고 생각하기이다. 이는 유아들에게 오감을 활용하여 사물을 자세히 살펴보며 생각을 비교하고 확장하도록 지원하는 과정이다.

많이 관찰하기 위해서는 유아들에게 구체적인 경험을 제공해야 한다. 유아들에게 사과를 관찰하도록 하고 싶은 유아교사가 있다고 생각해 보자. 이 교사는 유아들에

CHAPTER

9

이야기 나누기와 유아논리 · 논술교육

유아교사는 효과적인 논리 · 논술교육을 위해서 유아에게 듣고, 말하는 교육적 경험을 제공해야 한다. 이 경험을 통해 유아는 주어진 문제나 상황에 대해 충분히 생각하며 그 해결방안을 글이나 그림으로 표현하기를 습관화한다. 우리가 바라는 유아논리 · 논술교육의 목표를 달성할 수 있게 되는 순간이다. 만약 논술에 치중하여 쓰기에만 관심을 갖는다면 유아들은 논리적인 표현에 어려움을 겪어 우리가 바라는 유아논리 · 논술교육을 실현하기 어렵다. 이러한 맥락에서 바른 태도로 들으며, 생각을 말할 수 있는 이야기 나누기는 유아논리 · 논술교육을 위한 하나의 교수방법이 된다. 9장에서는 이야기 나누기를 활용한 유아논리 · 논술교육에 대해 살펴보며, 유아교육기관에서 적용할 수 있는 방법에 대해 생각해 본다.

1 이야기 나누기로 다가가기

이야기 나누기는 유아교사와 유아가 교육적 목표를 갖고 이루어지는 언어적인 상호작용을 의미한다. 이 상호작용의 과정에서 유아교사와 유아의 말과 행동은 서로에게 영향을 미친다. 상호작용을 전제로 하는 이야기 나누기는 유아에게 유아교사의 생각을 일방적으로 전달하는 이야기하기와 다른 의미를 갖는다. 또한 언어적 상호작용의 과정에서 나타나는 표정, 몸짓과 같은 비언어적 표현은 서로에게 전하려는 메시지를 이해하는 데 도움을 준다.

유치원에서는 다양한 상황에서 유아교사와 유아가 이야기 나누는 모습을 볼 수 있다. 제시된 **그림 9-1**은 유치원에서의 이야기 나누기 상황을 나타낸다.

그림에서처럼 넓은 맥락에서 보면 이야기 나누기는 유치원의 하루 일과 속에서 지속적으로 나타난다. 구체적으로 일과 속에서 이야기 나누기를 볼 수 있는 상황을 살펴본다.

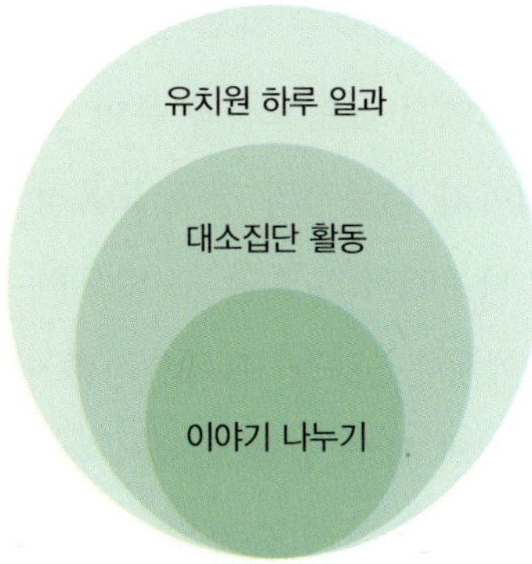

그림 9-1 이야기 나누기

표 · 9-1 유치원 하루 일과 속 이야기 나누기

하루 일과	이야기 나누기
등원 및 인사 나누기	• 오늘 날씨에 대해 이야기 나누기 • 오늘 기분에 대해 이야기 나누기 • 교실에 온 친구에 대해 이야기 나누기 • 가방, 옷을 정리하며 관심사에 대해 이야기 나누기
간식 시간	• 간식으로 나온 음식에 대해 이야기 나누기 • 편식하지 않는 식습관에 대해 이야기 나누기
자유놀이	• 하고 싶은 놀이를 계획하며 이야기 나누기 • 놀이 시 제안자, 참여자, 중재자로 이야기 나누기 • 놀이 후 정리정돈하며 이야기 나누기
대소집단활동	• 진행할 활동에 대해 이야기 나누기 • 활동을 촉진하며 이야기 나누기
바깥놀이	• 자연 변화에 대해 이야기 나누기 • 안전 규칙에 대해 이야기 나누기
점심 식사 및 이 닦기	• 점심 식사로 나온 음식에 대해 이야기 나누기 • 변화된 식습관에 대해 이야기 나누기 • 올바른 이 닦기 습관에 대해 이야기 나누기
평가 및 하원지도	• 오늘 하루 일과를 돌아보며 이야기 나누기 • 다음 날 하고 싶은 활동에 대해 이야기 나누기

이뿐만 아니라 유치원의 하루 일과는 하루 일과 소개, 손 씻기, 방과 후 활동 등을 포함한다. 이러한 모든 과정에서 유아교사와 유아 간의 이야기 나누기 모습이 관찰된다. 누군가는 이러한 이야기 나누기의 경우 교육적 목표가 없으므로 또는 교육계획안이 없으므로, 이야기 나누기라고 말할 수 없으며 오히려 대화로 표현해야 한다고 본다. 그러나 유아교육에서는 의도된 교육과정뿐 아니라 의도하지 않은 교육과정도 중요하게 여긴다. 유치원의 하루 일과 속에서 나타나는 이야기 나누기는 유아들의 바람직한 습관 형성과 새로운 지식 습득을 돕고 더 나아가 유아교육이 추구하는 민주시민으로서 성장할 수 있도록 돕는다는 점에서 매우 넓은 의미의 이야기 나누기로 이해된다.

이야기 나누기에 대해 어렴풋이 다가갔다면, 이제는 하루 일과 중 대소집단활동을 떠올리며 유아교사와 유아 간의 이야기 나누기에 대해 생각해 보자. 대소집단활동은 이야기 나누기, 노래, 동시 및 동화, 동극, 신체활동, 게임, 미술활동, 요리 등을 포함한다. 이러한 대소집단활동은 도입, 전개, 그리고 마무리로 진행된다. 활동에 대한 유아의 관심과 흥미를 유발하고 교육이 시작되는 도입, 활동을 진행하며 의도된 교육내용을 펼치는 전개, 활동을 정리하여 평가하는 마무리의 단계로 활동이 실시된다. 이야기 나누기는 대소집단활동의 이러한 각 단계에서 나타난다. 예를 들어, '참 좋은 말'이라는 제목의 새 노래를 배운다고 가정해 보자. 전개되는 활동은 새 노래 배우기이지만 유아교사는 유아들이 좋아하는 말 이야기 나누기로 도입을 시작한다. 전개에서는 새 노래에 대한 느낌이나 개사하기 위한 이야기 나누기가 진행된다. 마무리에서는 노래를 불러본 느낌에 대해서 이야기 나눈다. 유아교사의 발문을 통해 각 단계별 이야기 나누기를 구체적으로 살펴본다.

표 9-2 대소집단활동에서의 이야기 나누기

교육활동	이야기 나누기 시 유아교사의 발문
도입	• 동물원에 가본 적이 있나요? • 우리에게 도움을 주는 분들은 누가 있을까요?
전개	• 동물원 꾸미기를 할 때 필요한 자료는 무엇인가요? • 감사편지에는 어떤 말을 써볼까요?
마무리	• 꾸미기를 해 보니 어땠나요? • 감사편지를 전달하러 우체국에 가볼까요?

대소집단활동에서 볼 수 있는 유아교사의 발문에서처럼, 이야기 나누기는 유아가 해 본 경험과 알고 있는 사전 개념을 바탕으로 새롭고 확장된 지식을 안내한다. 이 과정에서 유아는 사건이나 지식을 설명하고, 분석하며, 종합한다.

이제, 이야기 나누기라는 구조화된 형식적 활동으로 범위를 좁혀서 생각해 보자. 집단활동 중에서 이야기 나누기 활동은 계획된 교육과정에 따라 실시되며, 유아들의 생각을 듣고, 말하는 데 유용하다. 허미애(2016)는 이야기 나누기를 유치원의 하루 일과 중에 단위활동으로 계획되는 '주제 관련 이야기 나누기'로 보고, 이 이야기 나누기는 유아교사와 유아 간의 대등한 관계에서 언어적 상호작용이 가장 활발하게 일어날 수 있는 시간이라고 설명한다.

대소집단활동 중 이야기 나누기는 교육 주제와 관련하여 주로 이루어져 왔으나, 유아들의 흥미와 관심을 고려하여 주제를 정한 후, 계획된 활동으로 진행 가능하다. 일주일에 최소한 1회 이상 실시되는 이야기 나누기는 유치원에서 가장 활발히 이루어지는 대소집단활동이다. 유아의 사고력 함양을 염두에 둔 이야기 나누기는 유아에게 사건과 사건을 비교하고, 뒤집어 보게 하여 스스로 생각하는 힘을 길러준다. 이를 위해 이야기 나누기 활동을 하며 유아에게 발문을 해 나가는 유아교사는 여유 있는 마음을 갖고 지식 전달만을 추구하는 교육목표가 아니라 유아의 문제해결능력 및 고등사고 증진이라는 넓은 의미로 접근하려는 태도를 가져야 한다(김수향, 2007). 따라서 논리 · 논술교육을 위한 방법으로 이야기 나누기를 한다면, 유아교사는 유아의 사고력 증진을 위한 교육목표 아래, 다양한 교수매체를 활용하여 유아의 언어적 상호작용을 촉진한다.

2 이야기 나누기를 다듬기

유머를 사용한 이야기 나누기 활동이 유아의 창의성 발달에 긍정적인 영향을 미친다는 배제현, 차영숙, 그리고 최정아(2016)의 연구결과 밝혀졌다. 유아교사들은 주제와 관련하여 이야기 나누기를 할 때 유아들의 사고력이 향상될 수 있다고 인식하는 것으로 허미애(2016)의 연구에서 나타났다. 따라서 유아교사는 유아의 사고력 함양을 위해서 이야기 나누기를 교수실제에 적용할 수 있어야 한다. 이에 이야기 나누기 다듬기에서는 유치원의 하루 일과 중 의도된 교육이 실시되는 과정에서 이야기 나누기를 활용할 때, 유의해야 할 점에 대해서 다룬다. 이들은 이야기 나누기를 할 때 유아의 논리적 사고력 함양에 도움을 줄 수 있는 유의점이자, 논리 · 논술교육을 위한 유의점으로 기억되어야 한다.

유아교사들은 유아의 지속된 주의집중 및 적절한 발문과 관련된 어려움으로 이야기 나누기 활동을 재미있고 기대되는 활동보다는 어렵고 힘든 과제로 인식한다(이성희, 2015). 따라서 다듬기에 제시된 내용 부분을 염두에 둔다면 추후 이야기 나누기 활동 시 조금 더 유아들의 흥미를 유발하며 집중하는 활동이 될 수 있을 것이다.

하나, 유아교사는 논리 · 논술교육을 고려하여 이야기 나누기 주제를 선정하고 유아의 반응을 살펴본다.

유아와 함께 이야기 나누기를 하려는 한 명의 유아교사를 생각해 보자. 이 유아교사는 어떤 주제로 이야기 나누기를 하면 좋을지 고민한다. 10명의 만 5세 유아가 이 유아교사를 쳐다보며 원형으로 앉아 있다고 가정하고, 논리 · 논술교육에 적합한 이야기 나누기 주제를 떠올려보자. 생각한 이야기 나누기 주제는 글을 쓰다! ㉝ 에 적어 보자.

글을 쓰다! ㉝

※ 10명의 유아들과 원형으로 앉아 활동할 때 나누고 싶은 이야기 나누기 주제를 적어보자.

주제를 다 적은 유아교사는 논리 · 논술교육으로 주제 적합성을 다시 생각해 본다. 물론 유아가 경험하는 대부분의 활동 주제는 사고력을 필요로 한다. 그러나 논리 · 논술교육을 염두에 둔다면, 유아교사는 조금 더 비판적이고 종합적으로 사고할 수 있는 주제를 선정해야 한다. 논리 · 논술교육을 위해 실시되는 이야기 나누기에서 유아교사가 다루면 좋은 주제를 소개한다.

- 유아들이 갖고 있는 편견을 살펴볼 수 있는 주제
  - 내가 바라는 직업에 대해 이야기 나누기
  - 성역할에 대해 이야기 나누기
- 유아들이 생각하는 해결방안을 찾아볼 수 있는 주제
  - 시든 식물을 보호하는 방법에 대해 이야기 나누기
  - 유치원 방학 때 교실에 있는 물고기 돌봄에 대해 이야기 나누기

- 갈등 상황에 대해서 생각해 볼 수 있는 주제
  - 놀잇감을 서로 가지고 놀겠다고 싸우는 경우 이야기 나누기
  - 약속을 지키지 않았을 경우 이야기 나누기

유아교사가 논리 · 논술교육임을 염두에 두고 이야기 나누기 주제를 정할 경우 이야기 나누기를 통해 유아들의 생각은 더욱 넓어진다. 따라서 이야기 나누기를 통해서 논리 · 논술교육을 실현하고자 한다면, 유아교사는 적합한 교육 주제를 선정한다.

또한 유아교사가 아무리 잘 계획한 이야기 나누기더라도 예상한 대로 진행되지 않을 수 있다. 예를 들어, 유아의 생각을 유도하기에 어려운 주제라면, 유아교사가 생각한 것과 전혀 다른 응답을 보이는 유아도 있다. 이 경우, 유아교사는 계획한 이야기 나누기에 대한 방향을 재설정해야 한다. 유아교사는 더 쉬운 발문을 통해서 유아 스스로 이야기 나누기에 접근할 수 있도록 한다.

둘, 유아교사는 이야기 나누기 주제와 관련해 자신이 알고 있는 지식을 점검해 본다.

유아와 함께 꽃에 대해 이야기 나누기를 하며, 꽃이 피는 계절에 따라서 분류하기 활동을 한다고 생각해 보자. 이 유아교사는 유아와 이야기 나눌 수 있는 꽃의 종류에 대해 생각해 본다. 이를 위해 먼저 글을 쓰다! ㉞ 에서와 같이 자신이 알고 있는 꽃의 이름을 적어보자.

글을 쓰다! ㉞

※ 알고 있는 꽃의 이름을 적어보자.

이제는 적은 내용을 꽃이 피는 계절에 따라서 분류해 보자. 봄, 여름, 가을, 그리고 겨울에 피는 꽃을 분류하여 살펴본다. 봄과 가을에 피는 꽃보다 여름 꽃과 겨울 꽃에 대한 지식이 적을 것이다. 이에 유아교사는 여름과 겨울에 피는 꽃을 찾기 시작한다. 만약 자신이 알고 있는 꽃에 대한 지식만 가지고 활동한다면, 유아교사는 원하는 만큼 교육목표를 달성하기 어렵다.

유아논리 · 논술교육으로 들어가 유아교사가 유아들과 방학 기간 동안 교실에 있는 식물들을 보호하는 방법에 대해 이야기 나누기를 한다고 가정해 보자. 가장 좋은 해결책을 제시하기 위해서는 여러 식물들이 살아갈 수 있는 환경에 대해 알고 있어야 한다. 식물들의 이름은 무엇인지, 1주일에 몇 번 물을 주어야 하는지 등 기본적인 정보를 유아교사는 알고 있어야 하며, 이 자료에 바탕을 둔 해결방법을 제시해야 한다. 이를 위해 유아교사는 교실에 있는 식물들에 대한 정보를 수집해야 한다.

이야기 나누기는 단순히 유아교사 자신의 생각이나 지식을 유아들에게 전달하거나 아는 바를 장황하게 설명하는 시간을 의미하지 않는다. 유익한 시간으로 이야기 나누기를 활용하기 위해서 유아교사는 유아와 주제에 대해 자연스럽게 이야기 나눌 수 있을 만큼 충분한 지식을 갖고 있어야 한다. 유아교사가 충분하지 않은 지식으로 이야기 나누기를 한다면, 유아들의 지적 호기심을 충족시키기 어려워 결국에 유아교사가 하고 싶은 이야기만을 전달하는 유아교사 중심의 이야기하기가 된다.

어떤 유아교사는 초등학교부터 대학교까지 충분한 교육적 상황에 놓이면서 유아들보다 알고 있는 지식이 많으므로 이야기 나누기 활동을 걱정하지 않는다고 말할지도 모른다. 다만, 유아교사는 지식은 계속 변화하고, 새로운 지식이 발견되므로 자신이 알고 있는 지식으로 이야기 나누기를 충분히 할 수 있다는 생각을 버려야 한다는 점을 기억해야 한다.

유아교사는 이야기 나누고자 하는 주제와 관련하여 자신이 알고 있는 지식을 먼저 살펴본 후, 유아의 반응을 예상해 봄으로써 수집해야 하는 관련 자료를 알 수 있다. 유아교사가 꼭 수집해야 하는 자료는 유아교육 관련 웹 사이트, 사전을 통해 모은다. 유아교사는 자료 수집 과정에서 자신이 알고 있던 지식을 재확인할 수 있으며 동시에 잘

못 알고 있었던 지식에 대해서도 파악한다. 따라서 유아의 논리적 사고력 향상을 위해서 이야기 나누기를 준비하는 유아교사라면 활동을 진행하기에 앞서 주제에 관련된 지식을 사전에 점검하고 관련된 정보를 수집하며 정확하고 다양한 지식을 습득한다.

셋, 유아교사는 유아의 논리적 · 비판적 · 창의적 사고의 촉진을 돕는 다양한 형태의 발문을 활용한다.

발문은 교육적 목적을 갖고 실시되는 물음의 형태를 말한다. 이야기 나누기의 성공 여부는 교육목표와 유아의 반응을 토대로 나타나는 유아교사의 발문으로 결정된다. 즉, 이야기 나누기 활동을 할 때, 유아교사가 적절한 발문을 한다면 유아의 학습과 사고를 보다 활발하게 신장시킬 수 있다(배제현, 차영숙, 최정아, 2016).

논리 · 논술교육을 위한 이야기 나누기에서는 유아가 알고 있는 지식이나 개인적 경험을 표현하며, 분석하고, 종합하여 논리적 사고력을 함양할 수 있도록 끌어내는 유아교사의 발문을 중요시한다. 유아가 지금 그대로의 생각에 머물러 있을 것인가 또는 한 걸음 나아갈 것인가는 바로 유아교사의 발문으로 결정된다. 이야기 나누기를 한다면, 유아교사는 어떤 발문을 할 것인지 신중히 생각하며, 이야기 나누기 주제와 관련한 유아의 생각을 확장한다.

이야기 나누기에서 활용될 수 있는 발문은 여러 가지이다. 먼저 수렴적 발문과 발산적 발문이다. 수렴적 발문은 유아에게 비교적 정확한 답을 요구하는 물음으로, 답이 하나이거나 적은 수의 답으로 한정된다. 수렴적 발문은 주제와 관련하여 유아가 알고 있는 현재의 지식 수준과 활동을 통해 습득한 지식(개념)을 확인할 때 활용된다. 발산적 발문은 확산적 발문이라고도 하며, 개방적인 답을 요구하는 물음으로 답은 정해져 있지 않으며, 다양한 답이 가능하다. 발산적 발문은 유아가 다양한 아이디어를 생각해 내고 창의적인 문제해결력을 기르는 데 도움을 준다. **글을 쓰다! ㉟** 에 제시된 바와 같이 모양에 대해 이야기 나누기를 하는 유아교사의 발문을 보며, 수렴적 발문과 발산적 발문을 구분하여 밑줄을 그어보자.

글을 쓰다! ㉟

※ 수렴적 발문과 발산적 발문을 구분해 보자.

교사 1) 여기 여러 가지 모양이 있어요.
어떤 모양이 있나요?
교사 2) 세모 모양은 몇 개인가요?
교사 3) 세모 모양이 많나요? 네모 모양이 많나요? 어떻게 알 수 있나요?
교사 4) 세모 모양과 네모 모양으로 무엇을 만들 수 있나요?
교사 5) 왜 고양이 모양이라고 생각하나요?

제시된 예에서 교사 1, 교사 2, 교사 3은 수렴적 발문이며, 교사 4와 교사 5는 발산적 발문에 해당된다. 발문에 따라서 유아의 반응과 사고의 폭이 달라진다.

발문은 폐쇄적 발문과 개방적 발문으로도 구분된다. 폐쇄적 발문은 유아에게 '예' 또는 '아니오'로 응답하도록 유도하는 유아교사의 물음을 말한다. 이 폐쇄적 발문은 언어적 표현의 어려움이 있는 유아 및 부끄러움이 많은 유아에게 활용한다. 개방적 발문은 응답자로 하여금 자유롭게 자신의 생각을 유도하는 물음으로 다양하고 창의적인 유아의 생각을 물을 때 활용한다. 모양에 대한 이야기 나누기 활동을 하며, 마무리 시간에 가진 유아교사와 유아의 발문을 보며 폐쇄적 발문과 개방적 발문을 찾아본다.

교사 1	교사 2
교사) 오늘은 모양에 대해 이야기 나누기를 하였어요. 활동해 보니 즐거웠나요? 교사) 모양 이름 말하기는 어려웠나요?	교사) 우리 어떤 활동을 해보았나요? 교사) 모양에 대해 이야기 나눠보니 어땠나요? 교사) 어떤 점이 가장 어려웠나요?

교사 1에 대한 유아의 응답은 예/아니오로 나타나므로 폐쇄적 발문이며, 교사 2에 대한 유아의 응답은 개인에 따라 다양하게 나타나므로 개방적 발문에 해당된다. 따라서 유아교사는 다양한 발문의 형태를 이해하고 교육의 목표 및 유아의 연령과 특성을 고려하여 발문할 수 있어야 한다.

조선희와 전명남(1998)은 유아의 비판적 사고를 촉진하는 여섯 가지 질문을 제안하였다. 이에 대해 구체적으로 살펴본다.

- 생각을 명료화시키는 질문: 유아가 자신의 생각을 쉽고 명료화하기(예: 그 말이 무슨 뜻이니?)
- 전제 혹은 가정을 탐색하는 질문: 유아가 한 말이나 상황에 대한 전제를 생각해 보기(예: 네가 ~라고 하는 것이 맞니?)
- 이유 · 증거 · 원인을 탐색하는 질문: 유아가 자신의 행동, 사고, 상황에 대한 이유 생각해 보기(예: 왜 그렇게 생각했니?)
- 관점이나 시각의 다양성을 탐색하는 질문: 타인의 입장에서 상황을 생각해 보기(예: 너와 다르게 생각할 수 있을까?)
- 함축된 의미와 결과를 탐색하는 질문: 유아가 직접 겪어보지 못한 상황의 결과 예측해 보기(예: 너의 말대로 하면 어떻게 될까?)
- 알게 된 방법이나 정보원을 탐색하는 질문: 유아가 이미 아는 것에 대해 알게 된 방법을 생각해 보기(예: 어떻게 그것을 알았니?)

이야기 나누기 활동 시, 유아의 사고력 함양을 위해서 사용될 수 있는 발문의 형태는 다양하다. 그러나 이야기 나누기 활동을 경험한 예비유아교사들은 유아의 사고를 격려하고 확대하는 발문보다는 정답이 있는 질문을 하는 것으로 나타났다(서현, 이승은, 2015). 유아교사들도 마찬가지로 이야기 나누기 활동을 할 때 적절한 발문과 상호작용을 하는 데 어려움과 부담을 경험하고 있다(이성희, 2015). 따라서 논리 · 논술교육에 적합한 이야기 나누기 활동을 위해서 유아교사는 유아들의 사고를 확장할 수 있는 발문을 계획하며, 교수활동 시 유아들의 반응에 따라 발문을 재구성한다. 좋은 발문을 구성하기 위해서 유아교사는 끊임없이 노력해야 한다.

자, 그럼 유아들의 논리적 사고력의 향상을 위해서 여름을 주제로 하여 유아들에게 할 수 있는 발문을 생각하여 글을 쓰다! ㊱ 에 적어보자.

글을 쓰다! ㊱

※ 주제가 즐거운 여름일 때, 유아의 사고를 촉진할 수 있는 유아교사의 발문을 적어보자.

또한 유아교사의 발문뿐 아니라 유아의 질문이나 반응에 대한 교사의 상호작용도 유아의 사고력 개발에 중요하다(김수향, 2007). 유아교사는 유아의 반응을 칭찬하고 격려하며, 유아의 응답에 대해 사고력을 확장할 수 있는 재질문을 통해 유아들이 답을 찾아갈 수 있도록 한다.

넷, 유아교사는 이야기 나누기 주제에 대해 유아 스스로 생각하고, 표현할 수 있는 충분한 시간을 제공한다.

유아교사는 이야기 나누기의 주제와 관련하여 유아가 자신의 생각을 준비하여 이야기할 수 있도록 충분한 시간을 제공해야 한다. 유아와 이야기 나누기를 할 때는 주제나 내용에 대해 바로 소통하기보다는 유아들이 생각을 떠올리며 정리할 수 있는 준비 시간을 가져야 한다. 이 준비 시간은 유아가 이해하기 어려운 추상적인 이야기 나누기 주제나 유아의 현 상황에서 동떨어져 있는 내용일수록 더욱 충분히 제공한다. 물론 유아교사가 던진 발문에 대해 생각하지 않고 말을 하는 유아도 있다. 이때는 "다시 생각해 보겠니?"라고 발문하거나 "다른 생각도 해 보겠니?"라고 물으며, 생각을 정리할 수 있는 시간을 가진다.

마찬가지로 유아교사는 유아에게 생각을 이야기할 수 있는 충분한 시간을 주도록 한다. 자신의 생각을 거리낌없이 이야기하는 유아가 있는가 하면 자신의 생각을 이야기하려고 손을 들었지만 쉽게 말을 꺼내지 못하는 유아도 있다. 유아교사는 유아 스스로 말을 할 수 있도록 기다려 준다. 만약 그럼에도 유아가 말을 하지 않아 그 사이 다른 유아들이 오랜 기다림으로 인해 산만해진다면 유아교사는 귓속말로 이야기하도록 하거나 중요한 단어를 이야기하도록 격려하여, 스스로의 생각을 표현할 수 있는 기회를 갖는다.

정진성, 최남정, 그리고 임부연(2013)은 우리나라 유아교사들이 유아에게 질문을 한 후 답을 기다리는 데 걸리는 시간이 3~5초라고 언급하며, 교육적인 분위기 조성을 위해서 유아교사가 기다림과 여유를 가질 필요성을 제시하였다. 유아교사들이 유아들의 생각을 듣기 위해서 충분히 여유를 가질 때, 좋은 이야기 나누기가 이루어질 것이다.

다섯, 유아교사는 유아들의 주의집중 시간을 고려하고 여러 가지 방법을 활용하여 활동에 참여할 수 있도록 한다.

이야기 나누기 활동의 성공을 결정하는 또 하나의 요인은 유아들의 집중력이다. 유아가 이야기 나누기 하는 주제에 대해 관심을 갖고 집중한다면 유아교사는 주제에 대한 유아들의 생각을 더욱 확장할 수 있게 된다. 반면 유아가 이야기 나누기 활동에 집중하지 못하고 산만한 분위기가 조성된다면 유아교사는 주제에 대해 시작도 하지 못한 채 활동을 마치게 된다. 따라서 유아교사는 이야기 나누기 활동 시 유아들의 주의집중에 관심을 갖는다.

유아의 주의집중 시간은 여러 요인에 영향을 받는다. 유아의 발달과 주의집중 시간은 관련 있다. 유아들은 주의집중 시간이 길지 않은데 연령이 어릴수록 주의집중 시간은 더욱 짧다. 따라서 만 5세 유아들보다는 만 3~4세 유아들의 이야기 나누기 시간을 짧게 한다. 또한 주의집중 시간은 서서히 늘어나므로, 동일 연령에서는 학기 초보다 학기 말의 이야기 나누기 시간을 길게 한다.

유아들의 주의집중 시간은 이야기 나누기 하는 주제와도 관련된다. 유아의 일상생활과 관련된 주제, 흥미 있는 주제, 호기심을 유발하는 주제는 유아들의 이야기 나누기를 촉진한다. 유아들은 조금 더 긴 시간 집중하며 이야기 나누기 활동에 참여한다. 이러한 이야기 나누기 주제가 유아가 알고 있는 지식에 새로운 지식을 추가할 수 있을 때 유아들의 호기심을 자극하여 주의집중 시간은 길어진다.

이야기 나누기에서 활용되는 자료도 유아들의 주의집중 시간에 영향을 미친다. 이야기 나누기를 준비하는 유아교사들은 유아가 지속적으로 관심을 갖고 참여할 수 있도록 실물자료, 사진자료와 같은 시각자료를 준비한다. 김경철과 박혜정(2016)의 질적 연구결과 저경력 교사들은 이야기 나누기 시 여러 가지 어려움을 경험하는데 그중 도입, 전개, 마무리에서 모두 말로 하는 이야기 나누기가 진행되는 경우를 언급하며 다양한 교수매체를 활용한 이야기 나누기 활동이 이루어져야 한다고 보았다. 활동에 대한 유아의 끊임없는 집중을 통해 유아 중심의 이야기 나누기 활동을 위해서 유아교사는 유아의 적극적인 참여를 유도할 수 있는 자료를 활용한다.

더욱이 그림이나 사진자료와 같은 시각자료를 준비할 때는 유아의 집중을 방해할 수 있는 요소를 배제한다. 그림에서 이야기 나누기 하고자 하는 산의 모습보다 놀이터의 모습이 더 크게 보인다면 유아들의 관심은 놀이터에 대한 경험으로 흘러간다. 모든 시각자료가 주의집중을 돕지 않으며 활동에 맞는 자료를 선택한다.

유아가 집중하지 못하고 산만해진 경우, 유아교사는 여러 가지 방법을 활용하여 집중할 수 있도록 격려한다. 김경철, 박혜정, 그리고 이성주(2017)에 따르면, 유아교사들은 이야기 나누기를 하는 과정에서 노래 부르기, 손유희, 목소리 조절하기, 집중 약속 이행하기, 챈트와 행동적 전략, 감정에 호소하기, 칭찬하기와 같은 감정적 전략, 질문하기, 지명하기 등과 같은 이성적 전략으로 주의집중을 유도하고 있었다. 따라서 유아교사는 상황에 따라 적합한 주의집중 방법을 활용하여, 유아들이 이야기 나누기에 집중할 수 있도록 한다.

3 이야기 나누기에 다다르기

논리 · 논술교육을 위해 이야기 나누기를 할 때는 유아들이 충분히 집중하며 자신의 생각을 말할 수 있도록 한다. 이에 이야기 나누기에 다다르기에서는 활동 시작 부분과 활동 중간에 다양한 주의집중 방법과 교사의 발문, 그리고 사진, 그림책 등 다양한 이야기 나누기 자료를 활용하여 유아들과 함께 할 수 있는 방법들을 소개한다.

활동명 무인도에 간다면?

활동 대상	만 5세	활동 유형	이야기 나누기
활동 목표	• 여름을 즐길 수 있는 방법을 안다. • 주어진 상황에 맞게 자신의 생각을 표현한다. • 자신의 생각에 따른 이유 말하기를 즐긴다.		
활동 자료	'즐거운 여름' 노래 음원, 무인도 사진, 화이트보드, 보드마카(검정, 초록, 빨강, 파랑)		

활동 방법

1. '즐거운 여름' 노래를 따라 부르며, 유아들이 주의집중할 수 있도록 한다.

- ('즐거운 여름' 노래 음원을 들려주며), 이 노래를 아는 어린이들은 함께 불러보세요.
- 이 노래의 제목은 '즐거운 여름'이랍니다. 우리 어린이들 모두 함께 즐거운 여름 노래를 불러보기로 해요.
- 모두 즐겁게 노래를 불러 주었어요.

2. 여름을 즐겁게 보낸 경험에 대해 이야기 나눈다.

- 행복반 어린이들은 이 더운 여름을 어떤 방법으로 즐겁게 보냈나요? 앉은 자리에서 함께 말해 볼까요?
- 그래요. 선생님이 어린이들의 이야기를 들어보니 바다에서 수영을 하며 보낸 어린이도 있고, 캠핑을 했던 어린이도 있었어요.
- 또 다른 경험을 했던 어린이는 손을 들어 발표해 볼까요?
- ○○이는 기차를 타고 할머니 댁에 다녀왔대요.
- 더운 여름을 즐겁게 보내려면 수영을 할 수 있고, 캠핑도 할 수 있고, 할머니 댁에도 가볼 수 있어요. 또 어떻게 하면 여름을 아주 신나고 즐겁게 보낼 수 있을까요?

– 그래요. 계곡처럼 시원한 곳에 가서 쉴 수도 있어요. 다양한 방법으로 여름을 즐겁고 시원하게 보낼 수 있어요.

– 이번 시간에는 우리가 만약 이곳에 가게 된다면 무엇을 하며 여름을 즐겁게 보낼 수 있을지 그 방법에 대해 이야기 나눠보기로 해요.

3. 무인도에 가면 볼 수 있는 것들에 대해 이야기 나눈다.

– (무인도 사진을 화이트보드에 붙이며), 이곳은 어디일까요?

– 그래요. 무인도예요. 왜 무인도라는 이름을 갖게 되었을까요?

– ○○의 이야기처럼 사람들이 아무도 살지 않는 섬이라고 해서 무인도라고 해요.

– 이 사진을 함께 자세히 들여다볼까요? 사람은 없지만 무인도에 가면 볼 수 있는 여러 가지 것들을 찾을 수 있어요. 무엇이 있나요?

– 이 사진을 보며 무인도에 가면 볼 수 있는 것들을 찾아서 검정 보드마크로 동그라미 해 보기로 해요.

– ○○이는 어떤 것을 찾아 동그라미 했나요?

– 그래요. 아주 큰 나무를 동그라미 하였어요.

– 또 무인도에 가면 무엇이 있을지 상상해 보세요. 그럼 '무인도에 가면' 노래를 부르며 무인도에 가면 볼 수 있는 것을 한 가지씩 이야기해 보기로 해요.

– 선생님부터 시작할게요. 다음은 ○○입니다. 그럼 시작! 무인도에 가면 나무도 있고, 열매도 있고, 모래도 있고, 물고기도 있고, 돌멩이도 있고, 동굴도 있지.

– 이번에는 무인도에 가면 볼 수 없는 것들을 '무인도에 가면' 노래로 불러보기로 해요.

– 무인도에 가면 사람도 없고, 장난감도 없고, TV도 없고, 과자도 없고, 화장실도 없고, 유치원도 없지.

– 만약, 여름에 배를 타고 우리 행복반 어린이들이 함께 무인도에 간다면 어떨까요?

– 재미있을 것 같다고 생각한 어린이도 있고, 무서울 것 같다고 말한 어린이도 있었어요.

– ○○이는 왜 무섭다고 생각했나요?

4. **무인도에서 여름을 즐겁게 보낼 수 있는 방법에 대해 이야기 나눈다.**

- 무인도에 도착을 하면 가장 먼저 무엇을 하고 싶나요? 하고 싶은 것을 나와서 발표하거나 화이트보드에 초록 보드마카로 표현해 보기로 해요.
- ○○이는 무인도에 가면 나무에 올라가 열매를 따고 싶다고 했어요.
- 또 무인도에서 무엇을 하며 즐겁게 보낼 수 있을까요?
- 선생님이 발표한 어린이들의 생각을 이 빨강 보드마카로 적어줄게요.
- 그래요. 모래놀이, 뗏목 만들기도 할 수 있어요. 또 다른 생각이 있는 어린이가 발표해 볼까요?

5. **무인도에 갈 때 가지고 가고 싶은 물건에 대해 이야기 나눈다.**

- 만약 '무인도에 갈 때 한 가지 물건을 가지고 갈 수 있어요.'라고 한다면 무엇을 가지고 가고 싶나요?
- ○○이는 자동차를 가지고 가고 싶대요.
- 무인도에 가지고 가고 싶은 물건 한 가지와 왜 그 물건을 가지고 가고 싶은지 함께 이야기 나눠보기로 해요.
- 이 파랑 보드마카로 가고 싶은 것을 적고 친구들에게 이야기해 주기로 해요.
- 어린이들이 발표한 가져가고 싶은 물건들을 적었어요. 무엇이 있나요?
- 그래요. 과자도 있고, 장난감도 있고, 물도 있어요.
- 왜 ○○이는 장난감을 가지고 가고 싶나요?

6. **무인도에 대해 이야기 나눈 내용을 회상해 보며, 마무리한다.**

- 우리 함께 이곳에 가서 할 수 있는 것들에 대해 이야기 나누었어요.
- 이곳은 어디였나요?
- 그래요. 무인도예요. 무인도에서 하고 싶은 것들은 무엇이 있었나요?
- 그래요. 열매를 따고, 수영도 하고 싶다고 했어요.
- 무인도에 갈 때 가지고 가고 싶은 것에는 무엇이 있었나요?

- 그래요. 과자, 물이 있어요. 이렇게 우리 행복반 어린이들이 무인도에 갔을 때를 생각하며 하고 싶은 것 그리고 가지고 가고 싶은 것에 대해 이야기를 나누었어요.
- 무인도에 대해 이야기 나누기를 하며 재미있었던 점은 무엇이었나요?
- ○○이는 진짜 무인도에 간 것처럼 생각이 되어서 재미있었대요.
- 이야기 나누며 아쉬웠던 점이 있나요?
- 무인도에 가면 하고 싶은 것을 발표하지 못해서 △△이는 아쉬웠대요.
- 발표하지 못해 아쉬웠던 어린이들을 위해서 언어영역에 무인도에 가서 하고 싶은 놀이 그리고 가지고 가고 싶은 물건 생각하기 종이를 배치해 줄게요. 그곳에서 자신의 생각을 자유롭게 표현한 다음 커다란 무인도 그림에 붙여보기로 해요.
- 이제는 각 모둠 자리에 앉아 주세요. 화장실에 다녀오고 싶은 어린이들은 화장실을 다녀오도록 해요.

활동 시 주의점

- 어린이들이 무인도에서 즐겁게 보낼 수 있는 방법에 대해 다양한 생각을 할 수 있도록 지원하며 무인도에 있는 것(예: 열매, 나무 등)을 활용하여 즐겁게 보낼 수 있는 방법을 찾아볼 수 있도록 격려한다.
- '무인도에 가면' 노래는 '시장에 가면'을 응용하여 부른다.

확장 활동

- 신체표현: 무인도에 도착하여 모래놀이를 하고, 수영을 하며, 열매를 따고, 뗏목을 만드는 과정과 같은 하루 일과를 몸으로 표현해 본다.

활동명 청개구리야 왜?

활동 대상	만 4세	활동 유형	이야기 나누기
활동 목표	• 전래동화를 집중하여 듣는다. • 이야기 속 주인공의 행동을 추론해 본다. • 개방적인 태도로 자신과 다른 생각을 나눈다.		
활동 자료	개구리 소리, 전래동화(청개구리), 청개구리 머리띠		

활동 방법

1. **개구리 소리를 들으며 유아들이 집중할 수 있도록 한다.**

- (개구리 소리를 작게 들려주며), 무슨 소리일까요?
- 우리 어린이들이 이야기한 자동차 소리일까요? 아니면 매미 소리일까요?
- 선생님이 한 가지 단서를 줄게요. 이것은 동물 소리예요. 이번에는 조금 더 크게 들려줄게요. 어떤 동물 소리인지 생각해 보세요.
- 무슨 소리일까요? 다 함께 이야기해 보세요.
- 그래요. 개구리 소리예요.

2. **청개구리에 대해 이야기 나눈다.**

- 어린이들은 개구리 소리를 들으며 그 모습을 상상해 보았나요? 개구리의 어떤 모습이 떠올랐는지 자유롭게 이야기해 보기로 해요.
- 개구리 색, 모양, 그리고 울음소리, 먹이 등 아주 많은 이야기를 해 주었어요.
- 우리가 이야기 나눈 것 중에서 오늘 만날 청개구리도 □□이가 이야기해 주었어요. 청개구리는 어떻게 생겼을까요?
- ○○이가 말한 것처럼, 다른 개구리에 비해서 크기가 작고 등은 녹색이고 배는 하얀색인 개구리를 청개구리라고 해요.
- 청개구리의 울음소리는 어떨까요?

- ○○이는 개굴개굴개굴 소리라고 하였어요.
- 그럼 청개구리는 왜 울까요?
- 우리 어린이들이 이야기한 것처럼 배고파서 우는지, 친구를 찾아 우는지 오늘은 우리 청개구리의 이야기를 만나, 생각해 보기로 해요.

3. **청개구리 이야기를 듣는다.**

- 동화 들을 준비가 되었나요? 그럼 다 함께 이야기 동화 나와라 뚝딱!
- (청개구리 이야기 전래동화를 보여주며), 어떤 이야기일까요?
- 청개구리가 친구들에게 장난을 할 것 같다고 이야기해 주었어요.
- 그럼 왜 말 안 듣는 청개구리라고 했을까요?
- 친구의 말도 듣지 않고, 선생님의 말도 듣지 않아서 청개구리라고 했을지 선생님과 함께 말 안 듣는 청개구리 이야기 만나보기로 해요.
- 이야기 들을 준비가 되었으면 허리를 바르게 펴고 앉아보세요.
- 이제 이야기 시작합니다.
- (유아를 한 번씩 쳐다보며 제목을 읽는다.) 청개구리.
- (청개구리 동화를 듣는다.)

4. **말 안 듣는 청개구리 이야기의 내용을 회상해 본다.**

- 청개구리 이야기를 집중하며 잘 들어주었어요.
- 어떤 이야기이었나요?
- 그래요. 청개구리가 엄마 이야기를 듣지 않았어요.
- 청개구리는 엄마의 이야기를 듣고 어떻게 했나요?
- 그래요. 청개구리는 무엇이든 거꾸로 했어요.
- 걸으라고 하면 청개구리는 어떻게 했나요?
- 그래요. 뛰어갔어요.
- 누가 나와서 청개구리처럼 해 볼까요? 청개구리를 하고 싶은 어린이는 나와서 이 청개구리 머리띠를 쓰고 청개구리가 되어보세요.

- 청개구리가 된 ○○이에요. 청개구리는 어떻게 울었나요?
- 그래요. 만약에 엄마가 "세수하자."라고 했으면 청개구리는 어떻게 했을까요? 청개구리처럼 표현해 볼까요?
- ○○이는 얼굴에 낙서를 하고 있어요.
- 만약에 엄마가 "이제 청개구리 유치원 가자."라고 했으면 청개구리는 어떻게 했을까요?
- ○○이는 잠을 자고 있어요.
- 청개구리가 되어 준 ○○이에게 칭찬의 박수!
- 왜 청개구리는 엄마의 이야기와 반대로 했을까요?
- 우리 어린이들은 재미있어서 반대로 했다고 생각했어요.
- 엄마의 이야기와 거꾸로 하는 청개구리를 보며 엄마의 마음은 어땠을까요?
- 그래요. 엄마는 속상했을 것 같아요.
- 만약에 여러분이 엄마라면 청개구리에게 어떤 이야기를 해 주었을까요?
- "엄마 말을 잘 듣기로 약속해."라고 했을 것 같군요.
- 왜 엄마는 청개구리에서 죽으면 냇가에 묻어달라고 했을까요?
- 그래요. 청개구리는 무엇이든 반대로 하니깐 냇가에 묻어달라고 했어요.
- 청개구리는 왜 엄마를 냇가에 묻었을까요?
- 그래요. 엄마가 돌아가시고 슬퍼서 엄마가 부탁했던 대로 냇가에 묻었어요.
- 청개구리는 어떤 마음을 가지게 되었을까요?
- ○○이는 말을 잘 들으며 착하게 살자라고 생각했을 것 같대요.
- 여러분이 청개구리가 된다면 어떻게 했을까요?
- 우리 행복반 어린이들은 부모님 이야기를 잘 들어주고 싶다고 생각했네요.

5. **청개구리와 자신의 모습을 생각하며 이야기 나눈다.**

- 이야기에서처럼 부모님 말을 안 듣는 아이를 청개구리라고 해요.
- 어린이 여러분은 청개구리인가요? 왜 그렇게 생각하나요?
- △△이는 아빠가 하시는 말에 "싫어요"라고 이야기를 해서 청개구리라고 생각

했대요.

- 그럼 저는 청개구리가 아니에요 생각하는 어린이가 발표해 볼까요?
- ○○이는 부모님의 이야기를 잘 들어주어서 청개구리가 아니라고 생각했대요.

6. 청개구리에 대해 이야기 나누며 다음 활동을 안내한다.

- 우리 오늘 함께 만나본 이야기는 무엇이었나요?
- 그래요. 청개구리라는 전래동화를 보았어요.
- 전래동화를 듣고 무엇을 했나요?
- 그래요. 청개구리에 대해 이야기 나누었어요. 청개구리의 이야기를 함께 듣고, 무엇이든 거꾸로 행동하는 청개구리에 관해 생각해 보았어요.
- 활동을 하면서 어떤 생각을 했나요?
- ○○이는 청개구리가 말을 잘 들었으면 좋겠다고 생각했대요.
- 이 이야기의 다음이 있다면 어떤 이야기가 이어질까요?
- □□이는 열심히 살아가는 청개구리 이야기가 나올 것 같대요.
- 다음에 이어질 이야기 내용을 생각해 보며, 다음 이야기를 각자 자기 자리에서 그려보기로 해요.
- 자리로 돌아가 앉으면 그림 그릴 종이를 나눠줄게요. 각 모둠 꼬마 선생님이 색연필과 사인펜을 미술영역에서 가져다 책상 가운데에 두도록 해요.

활동 시 주의점

- 청개구리의 행동에 대해서 다양한 관점에서 생각해 볼 수 있도록 한다.

확장 활동

- 음악: 청개구리 송을 함께 불러본다.

활동명 다양한 가족이 있어요

활동 대상	만 4세	활동 유형	이야기 나누기
활동 목표	• 다양한 가족이 있음을 안다. • 다양한 가족에 대한 자신의 생각을 명료하게 표현한다.		
활동 자료	유아 가족사진, 다양한 가족 ppt 자료		

활동 방법

1. **유아들의 가족사진을 보며 주의집중할 수 있도록 한다.**

- 우리 반 어린이들의 가족사진이랍니다. 누구의 가족인지 이야기해 보기로 해요.
- (가족사진의 일부분만 보이며) 누구의 가족일까요?
- □□이의 가족 모습일까요?
- 이번엔 전체 사진을 보며 누구의 가족인지 이야기해 보기로 해요. (가족사진의 전체를 보이며) 누구의 가족인가요?
- 그래요. ○○이의 가족이에요.
- 다음은 누구의 가족일지 사진을 보도록 해요.
- 이렇게 ○○, □□, △△의 가족사진을 보았어요.
- 다 보지 못한 가족사진은 오후 대집단활동에서 보기로 해요.

2. **가족 구성원에 대해 이야기 나눈다.**

- ○○는 누구와 함께 살고 있나요?
- 그래요. 아빠, 엄마, ○○이가 함께 살고 있었어요.
- 어린이들은 누구와 함께 살고 있나요?
- △△이처럼 동생이 있는 어린이도 있고, □□이처럼 할머니와 함께 사는 어린이도 있어요.
- 우리 행복반 어린이들은 다양한 가족 구성원과 함께 행복하게 살고 있어요.

- 전 세계에는 다양한 가족들이 있어요. 이번 시간에는 다양한 가족에 대해 더 자세히 이야기 나눠보기로 해요.

3. **다양한 가족에 대해 이야기 나눈다.**

- (다양한 가족 ppt 자료를 보며), 제목을 함께 읽어볼까요?
- 그래요. 다양한 가족이에요. 어떤 가족의 모습을 볼 수 있을까요?
- ○○이는 엄마와 아빠와 함께 사는 가족의 모습을 생각했대요.
- 자 첫 번째 만나볼 가족이에요. 누가 있나요?
- 아빠, 엄마, 그리고 아이가 함께 사는 가족이에요. ○○의 가족처럼 부모님과 아이가 함께 살아가고 있어요. 이 가족을 핵가족이라고 불러요.
- 핵가족에 대해서 궁금한 점이 있나요?
- 다음 자료를 볼까요? 이번 가족은 사람 수가 많아요.
- 가족 구성원이 몇 명인지 우리 함께 세어보기로 해요.
- 그래요. 할아버지, 할머니, 엄마, 아빠, 삼촌, 나, 동생 이렇게 모두 7명이 함께 살아가고 있어요. 이 가족의 이름을 무엇이라고 할까요?
- 그래요. 대가족이라고 해요. 우리 반에도 대가족인 어린이가 있어요.
- 우리 대가족인 ♡♡이는 누구와 함께 살고 있는지 들어보기로 해요.
- ♡♡이는 할아버지, 아빠, 엄마, 고모, 오빠랑 함께 살고 있대요.
- 대가족은 어떤 점이 좋을까요?
- 그래요. 할아버지에게 옛날이야기를 들을 수 있고, 아빠와 엄마가 바쁠 때는 고모랑도 놀 수 있어요.
- 대가족의 어려운 점은 무엇일까요?
- 그래요. 어디를 가려면 큰 차가 있어야 해요.
- 다음 만나볼 가족은 조손 가족이에요. 어떤 가정을 조손 가족이라고 할까요?
- 그래요. 할머니와 할아버지와 아이가 함께 살아가는 조손 가족이에요.
- 이번에는 어떤 가족인가요?
- 그래요. 아빠와 아이 또는 엄마와 아이 이렇게 함께 살아가는 한부모 가족이에요.

- 왜 한부모 가족이라고 부를까요?
- 한부모의 한은 온전하다라는 뜻을 갖고 있어요. 그래서 온전한 하나의 가족을 뜻해 한부모라고 부르고 있어요.
- 다음은 어떤 가족일까요? 우리나라에서 태어난 아빠나 엄마가 다른 나라에서 태어난 엄마나 아빠와 결혼한 가정을 다문화 가족이라고 해요.
- 다음은 입양 가족이에요. 어떤 가족일까요?
- 그래요. 부모가 아이를 가슴으로 낳아 기르는 가족이에요.
- 이처럼 다양한 가족이 함께 살아가고 있어요.

4. **가족의 소중함에 대해 이야기 나눈다.**
- 어린이들은 가족이 있어서 어떤가요?
- 그래요. 따뜻하고, 좋아요.
- 만약 우리 가족이 모두 사라진다면 어떨까요?
- 그래요. 만약 내 가족이 사라진다면 슬플 거예요. 가족과 함께 할 때 기쁘겠죠. 그래서 모두에게 소중한 가족이에요.
- 만약, 나와 다른 가족으로 구성된 친구를 만나면 어떻게 해야 할까요?
- 그래요. 그 친구의 가족 모습도 존중해 주어야 해요.
- 우리 가족이랑 다르니깐 놀리는 것은 바람직하지 않아요. 모두 소중한 가족이에요.

5. **다양한 가족 활동을 평가하며 마무리한다.**
- 이번 시간에는 다양한 가족에 대해 알아보았어요. 어떤 가족이 있었나요?
- 그래요. 핵가족, 대가족, 조손 가족, 한부모 가족, 다문화 가족, 입양 가족이 있었어요.
- 우리 가족에게 어떤 마음을 가져야 할까요?
- 그래요. ○○이처럼 사랑하는 마음을 가져야 해요.
- 오늘 유치원 마치고 집에 가면 우리 가족에게 어떤 말을 해 주고 싶나요?

- 그래요. 그럼 사랑해요, 고마워요라고 꼭 이야기해 주기로 해요.
- 이제 자리에서 일어나 화장실 다녀온 다음에 자유놀이를 하도록 해요.

활동 시 주의점

- 편견적 요소가 없는 다양한 가족 ppt 자료를 선택한다.

확장 활동

- 동화: '악어오리 구지구지' 그림책을 읽는다.

활동명 변화하는 탈것들

활동 대상	만 4세	활동 유형	이야기 나누기
활동 목표	• 시대별 교통기관의 변화에 호기심을 갖는다. • 시대별 교통기관의 특징을 안다. • 미래의 교통기관을 창의적으로 표현한다.		
활동 자료	옛날 교통기관 사진(가마, 마차, 뗏목, 돛단배), 오늘날 교통기관 사진(자동차, KTX, 여객선, 비행기), 미래의 탈것 종이, 매직		

활동 방법

1. '간다간다' 노래를 부르며 주의집중한다.

- 선생님과 함께 '간다간다' 노래를 불러보기로 해요.
- 이번에는 간다간다 부분을 선생님이 부르면 골목길 부분은 우리 어린이들이 불러보기로 해요. 이렇게 번갈아 가며 노래를 다시 불러보기로 해요.

2. 여러 가지 탈것들에 대해 이야기 나눈다.

- 어린이들은 유치원에 올 때나 여행을 갈 때 무엇을 타보았나요?
- ○○이는 기차를 타고 여행을 가보았대요.
- 기차 말고 또 다른 교통수단을 타본 경험이 있는 어린이가 이야기해 볼까요?
- △△이는 아빠와 함께 바다를 갈 때 무엇을 탔다고 이야기했나요?
- 그래요. 자동차이었어요.
- 그럼 만약, 우리가 아주 먼 나라에 사는 친구를 만나러 가기 위해서는 무엇을 타고 가야 할까요?
- 그래요. 비행기예요.
- 그런데 아주 먼 옛날에는 자동차도 없고 기차도 없고, ○○이가 이야기한 비행기도 없었대요.

- 이번 활동 시간에는 옛날과 오늘날의 탈것들에 대해서 알아보고, 미래의 탈것들을 상상하여 이야기 나눠보기로 해요.

3. 옛날과 오늘날의 탈것에 대해 이야기 나눈다.

- 우리가 여행을 가거나 유치원에 올 때 타는 것에는 무엇이 있나요?
- (오늘날 교통기관 사진을 하나씩 붙이며), 그래요. 자동차, 기차, 여객선, 비행기를 타고 여행을 갈 수 있어요.
- 자동차에 타면 어떤 느낌이 드나요?
- 그래요. 푹신하고 편안해요.
- 기차의 모양은 어떤가요?
- 그래요. 네모 칸이 연결 연결되어 아주 길어요.
- 기차는 자동차보다 어떤 점이 더 좋을까요?
- 그래요. 한 번에 많은 사람들을 태울 수 있어요.
- 그럼 여객선에서는 어떻게 사람들이 여행을 갈까요?
- 그래요. 강물이나 바다를 따라 배가 이동하며 도시를 구경할 수 있고, 배에서 잠을 잘 수도 있어요.
- 비행기를 타고 여행을 가면 어떤 점이 좋을까요?
- 그래요. 기차보다 빨리 가고 싶은 곳으로 갈 수 있어요.
- 그럼 아주 먼 옛날에도 자동차, 기차, 여객선, 비행기가 있었을까요?
- 그래요. 아주 먼 옛날에는 이런 기차, 여객선, 비행기가 없었대요.
- 그럼 어떻게 여행을 가거가 가족이나 친구를 만나기 위해 멀리 갈 수 있었을까요?
- (옛날 교통기관 사진을 붙이며), 가마, 마차, 뗏목, 돛단배로 이동을 했대요.
- 옛날의 탈것들 중에서 어떤 것부터 이야기 나눠볼까요?
- 그래요. 가마부터 이야기 나눠보기로 해요. 이 가마는 어떻게 생겼나요?
- □□이는 작은 집 같다고 생각했어요.
- 가마의 가운데 네모난 부분이 있고, 앞과 뒤로 사람이 잡을 수 있는 가마채가 있어요.

- 가마는 어떻게 탔을까요?
- 그래요. 가마에 있는 문을 열고 사람이 타면, 앞에 2명 뒤에 2명의 사람이 이 가마채를 잡고 일어났어요.
- 어린이들이 가마를 타고 간다면 어떨 것 같아요?
- ○○이는 재미있을 것 같고 □□이는 가마가 흔들리면 불편했을 것 같다고 생각했어요.
- 이제 마차를 보기로 해요. 마차는 어떻게 생겼나요?
- 그래요. 커다란 바퀴가 4개가 있고, 앉을 수 있는 의자가 있어요.
- 마차는 언제 사용했을까요?
- 그래요. 사람들이 먼 거리를 이동하거나 짐을 옮겨야 할 때 사용했어요.
- 마차를 타고 어떻게 먼 곳으로 갔을까요?
- 그래요. 마부가 말에게 신호를 주어 마차가 움직일 수 있도록 해요. 지금은 마차가 사람들의 관광을 돕기 위해서 이용되고 있어요.
- 다음은 뗏목이에요. 뗏목은 어떻게 만들었을까요?
- 그래요. 나무들을 가지런히 놓은 다음 끈으로 엮어서 만들어요.
- 뗏목은 어떻게 저을까요?
- 그래요. 노를 저어 바다를 건너갈 수 있어요.
- 뗏목은 왜 만들었을까요?
- 그래요. 옛날에는 지금처럼 다리를 만들어 자동차로 갈 수 없었던 곳이 많았어요. 이때는 강이나 바다를 건너가야 했는데 이때 사용하기 위해 뗏목을 만들었어요.
- 이것의 이름은 무엇인가요?
- 그래요. 돛단배예요. 돛단배는 어떻게 생겼나요?
- 그래요. 돛이 있어요.
- 돛단배는 어떻게 움직일까요?
- 그래요. 바람의 영향을 받은 돛으로 움직였어요.
- 돛단배는 여객선과 어떻게 다른가요?

- 그래요. 여객선은 더 많은 사람을 태울 수 있어요.
- 만약 돛단배를 탄다면 어디로 가보고 싶나요?
- ○○이는 다른 나라에 가보고 싶대요.
- 가마, 마차, 뗏목, 돛단배의 공통점은 무엇일까요?
- 그래요. 나무와 같은 자연물로 만들었어요. 그리고 자연이나 사람의 힘으로 움직이는 것이었어요.
- 옛날 탈것들이 불편했던 점은 무엇일까요?
- 그래요. 탈 수 있는 사람의 수가 적어요. 그리고 비나 눈이 오면 타기가 힘들어요.

4. **미래의 탈것에 대해 이야기 나눈다.**

- 옛날부터 오늘날까지 사람이나 짐을 실어 나른 다양한 탈것이 있었어요.
- 그럼 어린이들이 8살, 9살, 나중에 30살이 된 미래에는 어떤 탈것들이 있을까요?
- 어떤 어린이가 나와서 상상한 탈것을 이 미래의 탈것이라는 종이에 매직으로 그려보기로 해요.
- ○○이는 자동차에 날개가 달려서 길이 막히면 날아갈 수 있을 것 같다고 했어요.
- 이 여객선은 미래에 어떤 모양일까요?
- △△이는 바다뿐 아니라 땅에서도 다닐 수 있을 것 같다고 이야기해 주었어요.

5. **여러 가지 탈것에 대해 회상하며, 활동한 느낌을 이야기 나눈다.**

- 이번 시간에는 여러 가지 탈것에 대해 이야기 나누었어요. 여러 가지 탈것에는 무엇이 있었나요?
- 그래요. 자동차, 기차, 여객선, 비행기 등 여러 가지가 있었어요.
- 이 탈것들은 우리가 멀리 여행을 갈 수 있도록 도와주지만, 안전약속을 지키지 않으면 다칠 수 있어요.
- 어떤 안전약속이 있을까요?
- 그래요. 안전벨트를 하고 제자리에 앉아 있어야 해요. 마음대로 만지지 않아요.
- 그럼 우리 행복반 어린이들은 안전약속을 잘 지키기로 해요.

- 이제 놀이계획표에 하고 싶은 놀이를 표시한 후 자유놀이를 하기로 해요. ○○, □□, △△, ♡♡ 먼저 일어나 주세요.

활동 시 주의점

- 사진 속에 없는 탈것에 대해 이야기를 했을 때도 발문을 통해 사고할 수 있도록 한다.
- 미래의 탈것에 대해 이야기 나누기를 할 때는 옛날과 오늘날의 탈것과 비교해 어떤 부분이 달라졌으면 하는지를 생각하며 상상할 수 있도록 한다.

확장 활동

- 쌓기놀이: 미래의 자동차를 블록으로 표현해 본다.

그림 9-2 미래의 자동차

활동명 소중한 물을 아껴요

활동 대상	만 5세	활동 유형	이야기 나누기
활동 목표	• 다양한 물의 쓰임을 안다. • 물을 절약할 수 있는 독창적인 방법을 표현한다.		
활동 자료	물인형, 물 그림자료(물 마시는 그림, 손 씻기 그림, 식물에게 물을 주는 그림, 설거지 하는 그림, 세차하는 그림), 물방울 그림 카드, 매직		

활동 방법

1. 물고기 한 마리 손유희를 하며 주의집중할 수 있도록 한다.

– 물고기 한 마리 손유희 다 함께 해 볼까요?

– 준비됐나요? 시작!

– 이번엔 조금 천천히 물고기 한 마리 손유희를 해 보기로 해요.

– 자, 모두 손은 무릎에 하였네요.

2. 물인형의 이야기를 듣고 활동을 소개한다.

– 우리 교실에 슬픈 표정을 한 친구가 찾아왔어요. 우리 이 친구를 만나볼까요?

– 자, 우리 다함께 '친구야 나와라'라고 외쳐요.

– 이 친구는 누구인지 들어볼까요?

– 안녕, 난 물인형이라고 해요.

– 이 친구의 이름은 물인형이래요.

– 왜 우리 교실에 왔을까요? 다 함께 물인형의 이야기를 들어보기로 해요.

> 행복반 어린이들 만나서 반가워. 나는 물을 아주 많이 사랑하는 물인형이라고 해. 내가 너희들을 찾아 온 이유는 사람들이 물을 아껴 쓰지 않아 속상

하기 때문이야. 사람들은 필요할 때마다 물을 아주 많이 쓰며 낭비하고 있어. 물을 아껴 쓰지 않으면 꼭 필요할 때 물을 사용할 수 없게 될지도 몰라. 행복반 어린이들이 물을 아껴 쓰는 방법을 찾아서 사람들에게 알려줘. 그럼 안녕.

- 물인형이 왜 우리 교실에 왔나요?
- 그래요. 물을 아껴 쓰는 방법을 찾아달라고 이야기했어요.
- 그럼 이번 시간에는 물이 언제 사용되는지 이야기 나누며 어떻게 아껴 써야 할지 알아보기로 해요.

3. **물의 쓰임에 대해 이야기 나눈다.**

- 우리는 언제 물을 쓸까요?
- 그래요. 세수하고 양치할 때 물을 써요. 그림자료를 보며 이야기 나눠보기로 해요.
- (물 그림자료를 하나씩 보여주며), 어떤 그림인가요?
- 그래요. 물을 마시고 있어요. 목이 마를 때 물을 마시게 돼요.
- 또 어떤 그림인가요?
- 그래요. 손을 씻고 있어요. 밖에 나갔다 들어왔을 때나 식사를 하기 전에는 손을 씻으며 물로 헹궈요.
- 만약 물이 없어 손을 씻지 못하면 어떻게 될까요?
- 그래요. 감기 같은 병으로부터 우리 몸을 건강하게 지키지 못해요.
- 다음 그림이에요. 무엇을 하고 있나요?
- 꽃에 물을 주고 있어요. 꽃에 물을 주지 않거나 너무 많이 주면 어떻게 될까요?
- 그래요. 꽃이 시들어 죽게 돼요.
- 그럼 엄마나 아빠는 언제 물을 쓸까요?
- 그래요. 그림에서처럼 설거지를 할 때 물이 필요해요.

- 또 세차를 할 때도 물이 필요해요.
- 물이 없어 설거지나 세차를 하지 못하면 어떨까요?
- 그래요. 깨끗하게 식사를 할 수 없어요. 아주 지저분한 차를 타야 해요.
- 이처럼 우리가 건강하기 위해서 또는 깨끗하게 생활하기 위해서 물은 꼭 필요해요.
- 이런 물을 낭비하게 되면 어떻게 될까요?
- 그래요. 우리가 꼭 필요할 때 쓸 수 없게 된답니다. 세수를 할 수 없고, 꽃에 물도 줄 수 없어요.

4. 물을 절약할 수 있는 방법에 대해 이야기 나눈다.

- 그럼 물을 아껴 쓸 수 있는 방법은 무엇일까요?
- 그래요. 필요한 만큼만 받아서 써야 해요.
- 물을 마시려고 할 때는 어떻게 해야 할까요?
- 어떤 어린이가 나와서 이 물방울 그림카드에 매직으로 표현해 볼까요?
- ○○이는 컵을 그렸어요. ○○이는 마실 만큼의 물을 컵에 담아 마셔야 한다고 생각했대요.
- 그럼 손을 씻을 때는 어떻게 해야 할까요? 이번에는 □□이가 그림을 그려보세요.
- □□이는 사람마다 손 크기에 맞는 상자를 만들어 상자에서 정해 주는 물만큼 담아서 손을 씻어야 한다고 생각했대요.
- 꽃에 물을 줄 때는 어떻게 물을 아낄 수 있을까요?
- ○○이는 꽃마다 물의 양을 재주는 것을 발명해서 물을 사용해야 한다고 했어요.
- 설거지를 할 때는 어떻게 물을 아껴 쓸 수 있을까요?
- □□이는 통에 담아서 설거지를 해야 한다고 생각했어요.
- 세차를 할 때는 어떻게 물을 아껴 쓸 수 있을까요?
- △△는 세차를 할 때 앞에서 한 번 뒤에서 한 번만에 세차가 되는 장비를 만들면 좋을 것 같다고 이야기해 주었어요.

5. 물인형의 부탁을 상기하며 사람들에게 홍보할 수 있는 방법에 대해 이야기 나누고 마무리한다.

- 우리 교실에 찾아온 물인형의 부탁을 들어주기 위해서 물의 다양한 쓰임에 따라서 아껴 쓸 수 있는 방법을 생각해 보았어요.
- 물을 아껴 쓰는 방법에 대해 이야기 나누며 어떤 생각을 했나요?
- ○○이는 앞으로 손을 씻을 때 물을 아껴 써야겠다고 다짐했대요.
- 우리가 이야기 나눈 방법들을 어떻게 하면 사람들에게 전할 수 있을까요?
- 그래요. 그림을 그려서 이야기할 수도 있고, 동영상을 만들어 이야기할 수도 있어요.
- 가장 먼저 오늘 집에 가면 부모님께 물을 아껴 쓸 수 있는 방법을 안내하여 집에서부터 물 아끼기를 실천해 보기로 해요.
- 그럼 이제 의자 친구들부터 일어나 자기 모둠으로 가 주세요. 다음으로 미술활동을 하기로 해요.

활동 시 주의점

- 상황에 맞게 물을 아껴 쓸 수 있는 방법들을 찾아볼 수 있도록 한다.
- 유아가 이야기한 내용은 그림이나 글로 표현하며 유아가 글로 적기 어려워할 경우 교사가 도와준다.

확장 활동

- 게임: 팀을 나누어 물을 운반하는 게임을 해 본다.

09 | 종합

9장에서는 유아논리 · 논술교육을 위한 구체적인 방법을 안내하기 위한 첫 번째 방법으로 이야기 나누기에 대해 다루었다. 유아교육기관에서 실시되고 있는 이야기 나누기에 대한 기본지식을 바탕으로 논리 · 논술교육을 위한 실제에 대해 살펴보았다. 이야기 나누기는 유아교육기관에서 가장 많이 활용되는 교육방법이다. 따라서 유아교사는 유아논리 · 논술교육을 위한 이야기 나누기라는 점을 고려하여 적합한 주제와 교사의 발문을 고려하여 이야기 나누기를 해야 한다.

CHAPTER

10

토의하기와 유아논리 · 논술교육

유아들은 일상생활에서 부딪히는 여러 가지 문제 상황을 알고 문제를 해결할 수 있는 방안에 대해 자신의 생각을 언어로 표현한다. 예를 들어, 역할놀이를 하던 유아들은 교사 역할을 바꿔야 할 때가 되면 교사 선정을 두고 고민한다. 교사 역할을 하고 싶은 유아들이 많을 경우 서로 하겠다고 우기기보다는 나름의 이유를 들어 자신의 생각을 말한다. 유아들은 서로 번갈아 가며 교사 역할을 하기로 했으니, 자신의 차례라고 말하기도 하고, 가위, 바위, 보에서 이겼으니 자신이 할 차례라고 이야기하기도 한다.

개별 유아가 그린 그림을 합쳐서 하나의 미술작품으로 완성해야 하는 집단미술활동을 할 때도 마찬가지이다. 유아들은 각자 그린 그림의 조합 방식을 놓고 자신들의 생각을 말한다. 친구들과 함께 생각을 나눈 유아들은 여러 가지 의견 중에서 미술작품을 빛나게 할 가장 좋은 방법을 선택한다. 이처럼 다툼이 발생한 상황이든, 공동작품을 하는 상황이든 유아들은 직면한 문제를 해결하고자 자신의 생각을 이야기한다. 문제 상황을 알고 이를 해결하기 위한 방법에 대해서 자신의 생각을 말하기는 토의하기의 기초이다.

10장에서는 토의하기에 대해 다룬다. 유아들은 다른 사람의 이야기를 듣고, 자신의 생각을 말할 수 있는 토의하기 경험을 통해 사고하는 힘을 기르게 된다. 이에 10장에서는 유아들의 논리 · 논술교육을 위한 토의하기에 대해 다루며, 생각 말하기와 기다림의 중요성에 대해 짚어본다.

1 토의하기로 다가가기

토의하기는 집단에 주어진 공동의 문제를 해결하는 가장 좋은 방안을 찾아내고자 구성원 서로 간의 의견을 나누는 과정이다. 토의하기에서 구성원들은 해결해 나가야 하는 하나의 목표점을 두고 서로의 생각을 공유한다. 구성원들은 이 과정에서 자신이나 다른 사람의 의견에서 모순점을 찾고, 의견에 의견을 더해 더 좋은 생각을 도출한다. 토의는 온전히 다양한 문제해결방법들 중에서 최선책을 찾는 협의의 과정이다.

토의하기는 문제에 대해 찬성과 반대를 결정하여 주장을 펼치는 토론하기와 다르다(김영실, 윤진주, 2012). 제시된 두 가지 문제 상황을 보며 토의하기와 토론하기를 구분해 본다.

- 유아들의 스마트 기기 과몰입을 예방하기 위해 꼭 실시해야 하는 교육은 무엇인가? (　　　　)
- 유아의 스마트폰 사용은 바람직한가? (　　　　)

첫 번째로 제시된 문제 상황은 토의하기에 해당된다. 유아들이 스마트 기기를 지나치게 오랜 시간 동안 집중하여 사용할 경우 유아들의 시력 저하 및 신체 발달의 저해가 우려된다. 첫 번째 문제 상황은 이를 예방하기 위한 가장 좋은 교육방법을 찾는 데 주 목적이 있다. 모색한 최선책은 교육현장에 적용되어 그 효과성을 검증하게 될 것이다. 두 번째로 제시된 문제 상황은 토론에 해당된다. 토론에서는 주어진 주제나 문제 상황에 대해 자신의 주장을 정하고 주장을 뒷받침하는 근거를 들어 다른 주장을 하는 사람을 설득하게 된다. 주어진 문제 상황에서는 유아들의 스마트폰 사용이 바람직하다는 입장과 바람직하지 않다는 입장을 정하면서 토론이 시작된다. 토론은 자신과 반대되는 주장을 하는 사람을 설득하기 위해 근거를 들어 자신의 생각을 논리적으로 말하면서 활기를 띠게 된다. 첫 번째에 제시된 예 또한 그 교육을 실시해야 하는가라고 문제를 던졌다면 토론이 된다. 교육을 실시해야 한다는 찬성과 교육을 실시하지 않아야 한다는 반대의 입장으로 나뉘어져 자신의 입장을 내세워야 하기 때문이다. 이처럼 토의와 토론은 주어진 문제에 대해 생각을 나누고, 다른 사람의 의견을 수렴하는 과정을 거친다는 점에서 공통점을 갖는다. 그러나 찬성과 반대라는 입장을 정한 후 주장을 뒷받침하는 근거를 제시해 나가는 과정에서 토론과 토의의 차이점이 발견된다.

토의활동은 유아들의 비판적 사고 및 창의력 증진에 도움을 준다. 동화를 활용한 토의활동은 유아의 비판적 사고를 증진하고(김현경, 2002), 이야기 중에서도 포스트모던 그림책을 활용한 반응 중심 토의활동은 이야기 속 주요 사건의 옳고 그름에 대해 유아들이 의견을 나눔으로써 비판적 사고력 증진에 효과적이다(유지윤, 김수영, 2018). 또한 송주진과 전일우(2006)는 토의할 만한 주제가 있거나 갈등 상황이 있는 그림책을 활용한 토의활동이 유아의 창의성과 문제해결력을 향상시킨다고 하였다. 김윤정(2013)은 음악에 대한 개념, 음악 소리와 음악이 아닌 소리, 악기, 연주자, 음악의 느낌 등에 대한 토의활동이 유아의 비판적 사고력을 증진시킬 수 있다고 하였다. 이처럼 유아들에게 친숙한 그림책이나 음악활동을 토의와 연계하여 실시할 때, 유아들의 사고력은 증진된다.

유아들을 위한 토의하기 활동의 주제는 여러 가지가 있다. 글을 쓰다! ㊲ 을 통해서 유아교육기관에서의 교실 상황을 떠올린 후 유아들과 함께 교육하기 좋은 토의 주제에 대해 생각해 보자.

글을 쓰다! ㊲

※ 유아들과 함께 할 수 있는 토의 주제를 찾아 적어보자.

토의 주제 1.

토의 주제 2.

토의 주제 3.

유아교육기관에서 유아와 함께 하는 토의하기는 여름 방학을 건강하게 보내는 방법, 우리의 전통문화를 소중히 여기는 방법과 같이 주제에 관한 내용을 다룰 때 실시해 볼 수 있다. 토의하기는 교구 사용으로 발생된 갈등을 해결하기, 우리 교실 교구를 소중히 다루기와 같은 일상생활에서 자주 발생하는 문제에 대한 유아들의 실천방법을 찾고자 할 때도 유익하다. 이 외에 유아들과 함께 하는 프로젝트 주제를 정하거나, 행사(소풍, 부모참여수업 등)에 관해 의견을 수렴할 때, 사회적 이슈(자연재해 등)가 발생했을 때에도 유아들과 함께 토의하기를 진행한다면, 유아들의 생각을 존중하며 유아 중심의 교육을 실천하는 데 도움이 된다.

토의하기가 논리 · 논술교육으로서 가치를 갖기 위해서는 유아들의 생각과 그 생각을 뒷받침해주는 이유가 마련되어야 한다. 동시에 유아들은 다른 사람의 생각을 경청하는 시간을 갖도록 한다.

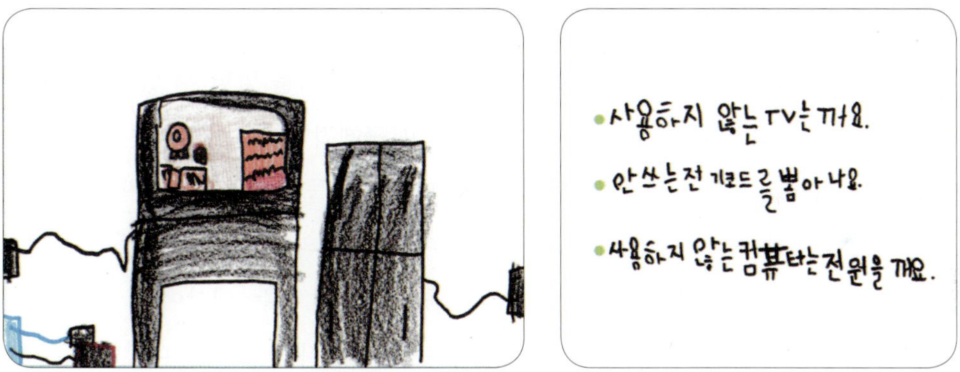

그림 10-1 전기를 절약하는 방법 토의

2 토의하기를 다듬기

다양한 유치원 상황에서 교사는 유아와 함께 토의하기를 진행한다. 유치원에서 일어난 일상과 관련된 문제에 대해 토의하기를 실시하거나, 유아들이 마주하지 않은 가상의 상황에 대해 생각하며 토의하기를 진행한다. 유아논리 · 논술교육을 위한 방법으로도 토의하기를 진행한다. 유아들의 사고력 함양을 위한 방법으로 이루어지는 토의하기를 유아교육기관에서 활용하고자 한다면, 고려해야 할 사항들이 있다. 이에 대해 살펴본다.

하나, 유아교사는 유아들에게 적합한 토의 주제를 선정한다.

유아들과 함께 할 토의 주제를 정하는 방법은 여러 가지이다. 토의 주제는 주체에 따라 유아교사나 유아들이 원하는 주제를 정할 수 있다. 토의 내용에 따라서 유아들이 흥미를 느끼는 주제를 선정하는 방법과 사회적 관심사에 따라 선정하는 방법도 있다. 어떤 방법으로 주제를 선정하든, 유아들의 논리적인 사고력을 함양하기 위해서는 유아들에게 적합한 토의 주제를 선정해야 한다.

유아들에게 적합한 토의 주제는 유아가 적극적으로 생각을 말할 수 있는 주제이어야 한다. 유아들의 생활과 밀접히 관련되어 있고 구체적일 때, 유아들은 그 주제에 맞는 실현 가능한 문제해결책을 제시할 수 있다. 예를 들어, ○○반 동생들을 도와주는 방법에 대한 토의 주제와 남을 돕는 방법에 대한 토의 주제 중 유아들에게 교육하기 더 적합한 토의 주제를 생각해 보자. 도움을 주어야 하는 대상이 더 명확한 전자의 주제가 유아들에게 더 적합하다. 남을 돕는 방법에 대한 토의는 대상이 되는 남을 누구로 정할 것인지를 먼저 생각해야 할 뿐만 아니라 그 대상에게 필요한 것이 무엇인지 찾아낼 때 원만한 토의가 이루어진다. 반면 ○○반 동생들을 돕는 방법에 대한 토의에서는 알고 있는 동생반의 특징을 최대한 활용하여 토의를 진행할 수 있다. 따라서 토의 주제는 유아들이 충분히 다룰 수 있는 것인가를 고려해 보아야 한다. 만약 유아교사가 추상적인 주제로 토의를 하고 싶다면 유아들 스스로 토의를 진행할 수 있을 만큼 익숙해졌을 때 시도한다.

유아들에게 적합한 토의 주제를 선정하기 위해서는 유아들의 관심사와 사전 지식 및 경험 정도를 고려한다. 만약, 유아들과 꼭 다루어야 하는 토의 주제이지만 토의가 원활히 진행될 만큼 유아들의 경험이 부족하다면, 유아교사는 토의를 진행하기 이전부터 관련 지식이나 경험을 유아들에게 제공한다.

둘, 유아교사는 유아로 하여금 토의 주제를 이해하고, 문제 상황에 초점을 두어 생각할 수 있도록 유도한다.

토의하기의 결과로 주제에 맞는 문제해결책이 제시되어야 한다. 따라서 유아들은 토의시간을 활용하여 문제해결을 위한 다양한 생각을 공유해야 한다. 유아들은 토의를 잘 진행하다가도 다른 주제나 관련 없는 내용으로 이야기한다. 유아들은 토의해야 하는 주제를 정확히 이해하지 못했거나, 교실 밖에서 갑자기 소리가 발생한 경우 또는 다른 유아들이 제시한 의견에 관한 자신의 경험이 있을 경우 토의 주제에서 벗어난다. 이때 유아교사는 토의 중재자로 유아들의 관심이 바뀐 이유를 파악한 후, 다시 문제 상황으로 돌아올 수 있도록 안내한다.

유아교사는 토의를 시작하기 전에 주제에 대해 쉽게 설명해 주고 "오늘의 토의 주제는 ○○○입니다."라고 유아와 함께 말해, 유아들이 토의 주제를 인식하도록 도와야 한다. 갑자기 소리가 발생하거나 토의 주제와 관련 없는 유아의 경험으로 토의 내용이 흘러갈 경우 "○○이는 이런 의견을 제시하였습니다. 또 다른 생각을 가진 어린이가 있으면 이야기해 볼까요?"라고 주제와 관련된 의견을 다시 언급해 준다.

주제에 벗어나지 않고 원만하게 토의를 진행하기 위해서는 토의 중재자가 필요하다. 토의를 처음으로 진행하는 과정에서 유아교사는 중재자의 역할을 수행한다. 유아들이 토의하기에 익숙해지면, 유아들 중에서 중재자를 선정하여 활동해 보도록 한다. 유아끼리 토의하기를 진행하면 유아들은 각자에게 주어진 역할을 수행하며, 친구들과 동등한 입장에서 다양한 생각을 공유할 수 있게 된다.

셋, 유아교사는 유아들끼리 폭넓고 깊은 생각을 나눌 수 있도록 한다.

토의하기 경험이 없는 유아들에게는 토의의 과정에서 자신의 생각을 말하는 기회를 갖는 그 경험이 매우 중요하다. 지나치게 논리성을 강조하다 보면 유아들은 자신의 생각을 표현하려는 마음을 닫게 된다. 처음으로 토의하기를 시도하는 유아들에게는 다양한 생각을 폭넓게 다룰 수 있도록 한다. 즉, 토의 주제와 관련되어 있다면, 유아들의 어떤 생각이든 존중해 준다.

생각 말하기에 익숙해지면, 유아 간의 질문을 통해 더 다양한 생각을 공유할 수 있도록 한다. 즉, 유아교사와 유아 간의 주고받기식 토의가 아니라 유아와 유아 간의 토의가 진행될 수 있도록 한다. 이를 위해서는 유아교사와 유아가 원형을 이루어 함께 앉아 토의할 수 있도록 한다. 원형으로 토의할 경우 유아들은 이야기하는 친구의 말에 더 귀 기울이게 되며, 순서대로 한 명씩 번갈아 가며 자신의 이야기를 할 수 있다.

넷, 유아교사는 유아가 자신의 생각을 정리하여 이유와 함께 표현할 수 있도록 격려한다.

토의하기의 과정에서 주제에 대해 자신의 생각을 표현하는 유아는 그렇게 생각한 이유도 설명하는 기회를 갖도록 한다. 자신의 생각을 표현할 기회가 많지 않았거나 자신감이 부족한 유아들은 그 이유에 대해 "그냥요."라고 대답을 하거나 앞서 친구가 말한 이유를 그대로 따라 말한다. 그래도 유아교사는 자신의 생각을 표현하고자 한 노력에 대해 격려해 준다. 유아교사는 유아 스스로 그러한 생각을 하게 된 이유를 표현하는 데 익숙해질 때까지 강요하지 않는다. 이유를 생각해 보는 시간을 갖는 반복적인 경험은 유아가 자신의 생각을 표현하면서 자신감을 갖도록 한다.

다섯째, 유아교사는 다른 관점을 지닌 이야기를 통해 유아들의 생각이 확장될 수 있는 경험을 제공한다.

유아들은 토의하기를 통해 동일한 문제에 대해 개개인마다 생각이 다를 수 있음을 경험하는 기회를 갖는다. 더 나아가 유아들은 토의과정에서 동일한 사건이나 사물일지라도 바라보는 시각이 달라지거나 주인공이 바뀌면 문제를 바라보는 시각 또한 달라진다는 사실을 알게 된다. 이는 패러디한 이야기를 통해서 유아들에게 접근해 보면 이해 가능하다. 기존의 이야기를 패러디한 경우 발생한 문제 상황이나 주인공에 대해 유아가 자연스럽게 생각해 볼 수 있는 시간을 가지게 되어 사고력 발달에 도움이 된다. 유아의 흥미, 발달적 특징, 교육적 가치를 고려하여 선정한 패러디 동화를 활용한 교육활동으로 동화 속 주인공이나 사건에 대해 토의해 보면 유아의 비판적 사고력은 향상된다(전유영, 이은영, 2008). 따라서 동일한 소재를 활용하였으나 관점이 다른 이야기를 통해 유아가 다양한 관점에서 생각할 수 있도록 한다. 다음은 패러디 동화 목록이다.

표 10-1 패러디 동화 목록

그림책	특징
상어를 사랑한 인어공주	인어공주를 원작으로 하며 주인공이 달라진 이야기
펭귄 신데렐라	신데렐라 이야기를 원작으로 하며 주인공이 달라진 이야기
개구리 왕자 뒷이야기	개구리 왕자 원작의 뒷이야기
슈퍼 거북	토끼와 거북이 원작의 뒷이야기
호랑이가 들려주는 팥죽 할멈과 호랑이 이야기	팥죽 할멈과 호랑이를 원작으로 하며 호랑이 입장에서 쓴 이야기
늑대가 들려주는 아기돼지 삼형제 이야기	아기돼지 삼형제 이야기를 원작으로 하며 늑대의 입장에서 쓴 이야기

3 토의하기에 다다르기

다양한 주제에 대한 토의하기는 유아들의 사고력 함양에 도움을 준다. 특히, 주어진 문제를 발견하고, 이를 해결하는 과정에서 유아들은 자신감을 갖게 된다. 이에 토의하기에서는 다양한 문제 상황 속에서 유아들이 즐겁게 토의할 수 있는 주제들을 선정하여 소개한다.

활동명 사이좋은 우리

활동 대상	만 4세	활동 유형	토의
활동 목표	• 토의를 하며 교실에서 친구와 사이좋게 지내는 다양한 방법을 찾는다. • 사이좋게 지내야 하는 이유를 명료하게 표현한다.		
활동 자료	사이좋은 우리(기록판), 보드마카		

활동 방법

1. 우리반 친구를 찾아본다.

– 행복반을 부르면! (네네 선생님)

– 선생님이 이름을 부르는 어린이들은 큰 소리로 대답해 볼까요?

– 바르게 앉은 ○○, □□, 멋지게 앉은 △△, ♡♡

– 이번에는 선생님의 이야기를 듣고 누구인지 이야기해 보기로 해요.

수수께끼

이 친구는 누구일까요?

이 친구는 오늘 노란색 옷을 입고 왔어요.

이 친구는 머리가 길어요.

이 친구는 안경을 쓰고 있어요.

이 친구는 누구일까요?

– 이 친구의 이름을 다 함께 불러볼까요?

– 그래요. 이 친구의 이름은 □□이었어요.

2. **유치원에서의 생활에 대해 이야기 나눈다.**

- 이제 우리 행복반 어린이들이 즐겁게 활동할 준비가 되었어요.
- 우리 유치원에서 친구들과 함께 지낸 지 3주가 되어가요.
- 그동안 유치원에서의 생활이 어땠나요?
- 그래요. 친구들이 있어서 좋았다는 어린이도 있고, 행복했다는 어린이도 있어요.
- 즐거웠던 점이나 재미있었던 경험을 이야기해 볼까요?
- □□이는 친구와 함께 병원놀이를 해서 좋았대요.
- 유치원에서 친구들과 지내며 속상했던 적은 언제인가요?
- ○○이는 친구가 놀잇감을 가져가서 속상했대요.
- 우리 친구들과 함께 유치원에서는 어떻게 지내야 할까요?
- 그래요. 사이좋게 지내야 해요.
- 사이좋게 지내지 않으면 어떻게 될까요?
- 그래요. 친구가 마음의 상처를 입을 수 있어요.
- 그럼 우리 친구들과 사이좋게 지내기 위해서는 어떻게 해야 하는지 우리 함께 토의해 보기로 해요.

3. **친구들과 사이좋게 지내는 방법에 대해 토의한다.**

- (사이좋은 우리 기록판을 보이며), 제목을 함께 읽어볼까요?
- 그래요. 사이좋은 우리예요. 우리가 친구들과 유치원에서 사이좋게 지내기 위해서 무엇을 해야 할지 토의하면 선생님이 이 판에 보드마카로 적어주기로 해요.
- 친구들과 사이좋게 지내기 위해서는 어떻게 해야 할까요?
- (기록판에 보드마카로 적으며), 그래요. 놀잇감을 나눠 써요.
- 만약 놀잇감을 나눠 쓰지 않는다면 어떻게 될까요?
- 그래요. 놀이하고 싶은 다른 친구가 속상할 거예요.
- 또 사이좋게 놀이하기 위해서는 어떻게 해야 할까요?
- 그래요. 친구의 이야기를 잘 들어줘야 해요.
- 친구의 이야기를 경청하면 어떤 기분이 들까요?

- 그래요. 아주 기분이 좋을 것 같아요.
- 그럼 화장실에서는 어떻게 해야 할까요?
- 그래요. 먼저 하겠다고 친구를 밀지 않아야 해요.
- 화장실에서 친구를 밀면 어떻게 될까요?
- 또 친구와 사이좋게 지내기 위해서는 어떻게 해야 할까요?
- 놀이터에 나갔을 때는 어떻게 해야 할까요?
- 그래요. 친구의 놀이를 방해하지 않고 또 친구가 미끄럼틀을 탈 때 기다려야 해요.

5. **한 주 동안 꼭 지켜야 하는 약속에 대해 토의한다.**

- 우리가 유치원에서 친구와 사이좋게 지내기 위해 토의한 내용을 함께 읽어볼까요?
- 토의를 하면서 친구와 사이좋게 지낼 수 있는 방법을 10가지 찾았어요.
- 이 중에서 우리 반 어린이들이 친구와 사이좋게 지내기 위해서 잘 실천하고 있는 방법은 무엇인가요?
- △△이는 친구들이 화장실에서 밀지 않는다고 이야기해 주었어요.
- 그럼 10가지 중에서 우리 반 어린이들이 앞으로 꼭 지켜야 하는 약속은 무엇일까요?
- □□이는 친구들의 이야기를 잘 들어주어야 한다고 했어요.
- 이 중에서 우리 반 친구들이 이번 한 주 동안 꼭 지켰으면 하는 한 가지 약속을 정해 보기로 해요.
- 어떤 약속을 하면 좋을까요?
- □□이는 놀잇감을 친구와 사이좋게 정리하기로 했으면 좋겠대요. 왜 그렇게 생각하는지 이유를 들어보기로 해요.
- □□이는 친구들과 함께 사이좋게 놀잇감을 정리하면 빨리 정리정돈을 할 수 있을 것 같다고 생각했대요.
- 그럼 이번 주에는 놀잇감을 친구와 꼭 사이좋게 정리하는 어린이가 되어보기로 꼭꼭 약속해요.

6. 사이좋은 우리 활동을 평가하며 마무리한다.

- 이번 시간에는 우리 유치원에서 친구와 사이좋게 지내기 위한 방법에 대해 토의를 해 보았어요.
- 토의를 하면서 어떤 친구가 되고 싶다고 생각했나요?
- □□이는 좋은 친구가 되고 싶다고 생각했대요.
- 토의를 하면서 아쉬웠던 점이 있나요?
- △△이는 친구들이 자신이 말할 때까지 기다려주지 않아 속상했대요.
- 그럼 우리가 토의한 기록판은 어디에 걸어둘까요?
- 그래요. 그럼 언어영역에 두기로 해요.
- 이제는 바깥놀이를 할 시간이에요. 의자에 앉은 어린이들은 자기 자리에 정리한 다음에 한 줄 기차를 해요.

활동 시 주의점

- 교사가 규칙을 제시하기보다는 유아들 스스로 다양한 방법을 생각해 보도록 격려한다.
- 다양한 상황(놀이, 교육활동, 화장실 등)에서 유아들이 친구와 사이좋게 지낼 수 있는 방법에 대해 생각해 볼 수 있도록 발문한다.

확장 활동

- 미술놀이: 사이좋은 친구들을 그림으로 표현한다.

활동명 교통안전 약속

활동 대상	만 4세	활동 유형	토의
활동 목표	• 토의하며 교통기관을 안전하게 이용하기 위한 다양한 방법을 표현한다. • 교통안전 약속을 지켜야 하는 필요성을 안다.		
활동 자료	여러 가지 교통기관 그림자료(자동차, 유치원 통학 버스, 기차, 비행기, 배), 교통기관별 교통안전 약속판, 우리반 교통안전 약속판, 매직, 종		

활동 방법

1. 여러 교통기관 소리를 내며 집중할 수 있도록 한다.

– 선생님이 내는 소리를 듣고 무슨 소리인지 이야기해 보기로 해요.

– 빠빵~씽~ 무슨 소리일까요?

– 그래요. 자동차 소리예요.

– 쓩~ 무슨 소리일까요?

– 그래요. 비행기 소리예요.

2. 유치원 통학 버스를 타본 경험에 대해 이야기 나눈다.

– 유치원에 올 때 우리는 무엇을 타고 오나요?

– 그래요. 노란색 유치원 통학 버스를 타고 와요.

– 통학 버스에 타면 우리는 가장 먼저 무엇을 하나요?

– 그래요. 안전벨트를 해요. 만약 안전벨트를 하지 않으면 어떻게 될까요?

– 이야기한 것처럼 통학 버스가 갑자기 멈췄을 때 몸이 앞으로 나가 얼굴을 다칠 수 있어요.

– 오늘은 유치원 통학 버스뿐만 아니라 우리가 자주 이용하는 탈것들을 안전하게 이용할 수 있는 방법에 대해 토의해 보기로 해요.

3. **여러 가지 탈것들 그림자료를 보며 교통기관에 대해 이야기 나눈다.**

- 여러 가지 탈것은 무얼까요?
- (여러 가지 탈것들 그림자료를 하나씩 보며), 이것은 무엇인가요?
- 그래요. 자동차예요.
- 다음은 유치원 통학 버스, 기차, 비행기, 배랍니다.
- 이처럼 하늘, 땅, 그리고 바다를 통해서 사람이 이동할 수 있도록 하거나 물건을 옮겨 주는 탈것들을 교통기관이라고 해요.

4. **토의를 통해 교통안전 약속판을 만든다.**

- 만약에 자동차도 없고, 비행기와 같은 교통기관이 없다면 어떨까요?
- 그래요. 유치원을 올 때도 시간이 많이 걸리고, 아주 먼 곳으로 여행을 가기도 어려워요. 그래서 이 교통기관들은 우리가 살아가는 데 꼭 필요해요.
- 하지만 우리가 규칙을 잘 지켜야 안전하게 교통기관을 이용할 수 있어요.
- 어떤 안전규칙을 지켜야 할까요?
- 우리가 모둠별로 그림자료에 있는 교통기관 중 하나를 선정하여 지켜야 하는 안전약속을 이 교통안전 약속판에 적어보기로 해요.
- 그럼 먼저 어떤 교통기관을 하고 싶은지 모둠별로 정해 보기로 해요.
- 자동차를 하고 싶은 모둠은 손 들어 볼까요?
- 자동차를 하고 싶은 모둠으로 딸기모둠과 토끼모둠이 있어요. 어느 모둠에서 안전규칙을 만들어야 할까요?
- 그래요. 가위, 바위, 보로 정해 보기로 해요.
- 이제 하고 싶은 교통기관이 정해졌어요. 그럼 토끼모둠부터 자리로 돌아가 앉으세요.
- 자 모둠별로 앉았나요? 토의를 하기 전에 역할을 정해야 해요.
- 토의가 잘 되려면 누가 있어야 할까요?
- 그래요. 토의를 끌어가는 친구와 토의한 내용을 적을 친구가 있어야 해요.
- 그럼 두 친구를 정해 볼까요?

- 이제 토의를 시작해 보세요. 자동차를 고른 모둠은 자동차 교통안전 약속판을 완성하고, 비행기를 고른 모둠은 비행기 교통안전 약속판을 완성하세요.
- 토의를 할 때는 모둠에 있는 친구들의 생각을 모두 잘 들어주기로 해요.
- 준비가 되었다면 토의를 시작해 보세요.
- 이제 시간이 5분 남았어요. 종소리가 들리면 토의를 마무리하세요.
- 친구들과 함께 토의한 약손판을 발표해 보기로 해요.
- 어느 모둠부터 발표할까요?
- 각 모둠에서 생각한 교통안전 약속을 모두 들어보았어요.
- 각 모둠에서 토의한 이야기들을 떠올리며 자동차, 유치원 통학 버스, 기차, 비행기 그리고 배를 탈 때 안전을 위해서 지켜야 하는 공통된 안전약속을 찾아 이 우리반 교통안전 약속판에 매직으로 적어보기로 해요.
- 모든 모듬에서 있었던 약속은 무엇이었나요?
- 그래요. '안전벨트를 해요'라는 약속이 있었어요. 또 어떤 약속이 있었나요?
- 우리반 교통안전 약속판이 완성되었어요.

5. **교통안전 약속판을 읽으며, 다짐한다.**

- 우리가 만든 우리반 교통안전 약속판을 선생님이 먼저 읽으면 우리 행복반 어린이들이 이어서 읽어보기로 해요.
- 교통안전 약속판대로 앞으로 유치원 통학 버스나 자동차를 타면 어떻게 해야 할까요?
- 그래요. 안전벨트도 잘 매고, 뛰지도 않아야 해요. 이 약속을 잘 지켜가야 해요.
- 우리 옆에 있는 친구와 교통안전 약속 잘 지키기로 손가락 걸어 약속해 볼까요?

6. **교통안전 약속활동을 평가하며 마무리한다.**

- 우리 다 함께 여러 가지 교통기관과 안전하게 교통기관을 이용하기 위한 약속판을 모둠별로 그리고 다 함께 만들어 보았어요.
- 모둠별로 토의해 보니 어땠나요?

- □□이는 친구들과 즐겁게 토의할 수 있어서 좋았대요.
- 토의를 하면서 어려웠던 점은 무엇이었나요?
- △△는 똑같은 생각을 하고 있었는데 말할 차례가 되었을 때 이야기를 못해 속상했대요.
- 오늘 유치원 하루 일과가 끝나고 통학 버스를 타고 갈 때 어떤 약속을 꼭 지키고 싶나요?
- 우리 행복반 어린이들이 함께 약속한 것처럼 언제든 교통안전 약속을 잘 생각하고 꼭꼭 실천할 수 있길 바라요.
- 우리가 만든 교통안전 약속판은 매일 볼 수 있도록 교실 문 앞에 붙여두기로 해요.

활동 시 주의점

- 교통기관 유형에 따라 이용 시 지켜야 하는 안전약속을 토의한다.
- 교통안전 약속을 생각하지 못할 경우 평소 유아들의 교통이용 습관을 제시하여 토의한다.

확장 활동

- 신체표현: 유치원 통학 버스를 타고 내리는 과정을 몸으로 표현하며 약속 지키기를 해 본다.

- 토의를 할 때는 어떻게 해야 할까요?
- 그래요. 순서를 정해서 차례대로 자신의 생각을 이야기해요. 친구가 말할 때는 귀 기울여 잘 들어주기로 해요.
- 그럼 어떤 이야기를 구성할 수 있는지 토의해 보세요. 씩씩이는 "토의를 시작하겠습니다."라고 크게 외쳐주세요.
- 친구들과 함께 이야기를 나눈 것 같아요. 이 중에서 가장 좋은 모둠의 생각을 정하거나 친구들의 생각을 정리해서 다음에 이어지는 하나의 이야기를 만들어 보세요.
- 이 책의 작가였다면 어떤 이야기를 선택했을까요?

5. **'그건 내 조끼야' 그림책의 다음 이야기를 그림으로 표현한 후 발표한다.**

- 선정된 다음 이야기를 준비된 종이와 색연필을 사용하여 그림으로 그려보세요.
- 그림을 다 그린 모둠의 씩씩이는 "토의를 마치겠습니다."라고 크게 외쳐주세요.
- 다 그린 모둠의 그림은 앞에 있는 전시공간에 걸어주세요.
- 지금은 긴 바늘이 어디에 있나요? 각 모둠은 긴 바늘이 7에 갈 때까지 모두 전시해 주세요.
- 전시된 그림을 보세요. 어떤 이야기가 있나요?
- 그래요. 딸기 모둠은 쥐돌이에게 새로운 조끼를 만들어주는 그림을 표현해 주었어요. 포도 모둠은 어떤 이야기를 그림으로 표현했나요?
- 그래요. 각 모둠마다 다른 이야기를 구성했어요. 그럼 각 모둠의 이야기를 들어보기로 해요.
- 그럼 왜 이렇게 이야기를 구성했는지도 소개해 볼까요?

6. **우리도 작가 활동을 평가하며 마무리한다.**

- 함께 본 그림책은 무엇이었나요?
- 그래요. '그건 내 조끼야'이었어요.
- 그림책을 본 후 우리가 작가가 되어 쥐돌이를 기쁘게 해줄 방법을 찾아 다음 이

야기를 구성해 보았어요.
- 어떤 이야기가 있었나요?
- 그래요. 새로 조끼를 짜준다는 이야기, 가위로 작게 오린다는 이야기도 있었어요.
- 이 책의 작가는 어떻게 이야기 했을까요? 우리 그림책의 정말 마지막 부분을 찾아서 볼까요?
- 자 이렇게 그건 내 조끼야 이야기가 마무리되어요.
- 이야기를 구성하기 위해 친구들과 토의를 해 보았는데 어땠나요?
- 즐거웠던 어린이도 있고, 재미있었다는 어린이도 있었어요.
- 다음에는 어떤 이야기로 토의를 하고 싶나요?
- □□이는 우리가 지난주에 본 무지개 물고기 이야기로 토의를 해 보고 싶대요.
- 전시한 그림들은 어떻게 할까요?
- 그래요. 그럼 일주일 동안 이 전시공간에 두며 감상해 보기로 해요.
- 목에 하고 있는 이름표는 바구니에 넣어 정리해 주세요.
- 모둠에 있는 색연필은 미술영역에 가져다 놓기로 해요.
- 이제 손을 씻고, 점심 식사를 하도록 가방에서 도시락을 꺼내 가져오세요.

활동 시 주의점

- 토의의 과정에서 누구나 자신의 생각을 말하며 다양하게 의견을 나눌 수 있도록 한다.
- 쥐돌이의 기분을 좋게 해줄 수 있는 방법을 찾는 다음 이야기라는 문제 상황을 잊지 않도록 한다.

확장 활동

- 동극: 이야기를 각색하여 동극을 해 본다.

활동명 요술 항아리를 어떻게 해야 할까?

활동 대상	만 5세	활동 유형	토의
활동 목표	• 전래동화에 나타난 문제 상황에 관심 갖는다. • 토의를 하며 다양한 문제해결방법을 찾는다.		
활동 자료	전래동화(요술 항아리), 요술 항아리 모양 종이, 색연필		

활동 방법

1. **항아리 수수께끼를 통해 유아들이 활동에 관심 갖도록 한다.**

– 선생님이 들려주는 수수께끼를 잘 듣고 무엇인지 함께 이야기해 보기로 해요.

> 수수께끼
> 이것은 무엇일까요?
> 이것은 진한 갈색이나 검정색처럼 보여요.
> 이것 안에는 물건이나 된장, 고추장 등을 넣어 둘 수 있어요.
> 이것은 가운데로 갈수록 볼록해지고 다시 아래로 내려가면서 좁아져요.
> 이것은 무엇일까요?

– 이것은 무엇일까요?

– 그래요. 항아리랍니다.

– 우리가 만날 전래동화는 요술 항아리래요. 어떤 이야기인지 함께 읽어보기로 해요.

2. **요술 항아리 전래동화의 이야기를 상상해 본다.**

– 표지를 보세요. 어떤 그림인가요?

- 그래요. 항아리가 있어요.
- 어떤 이야기일까요?
- □□이는 항아리에서 지니처럼 누군가가 나타날 것 같다고 생각했대요.
- 그럼 왜 그림책의 제목을 요술 항아리라고 했을까요?
- △△의 이야기처럼 항아리가 마술을 부릴까요?

3. 요술 항아리 전래동화를 듣는다.

- 자, 그럼 함께 요술 항아리 전래동화를 읽어보기로 해요.
- 이야기를 잘 들으며 왜 요술 항아리인지 생각해 보기로 해요.
- 그럼 이야기 나라로 출발!

4. 요술 항아리 전래동화 이야기를 회상한다.

- 모두 긴 이야기를 잘 들어주었어요. 어떤 이야기이었나요?
- 그래요. 착한 농부와 심술쟁이 영감이 요술 항아리 주인이라고 싸우며 원님을 찾아간 이야기예요.
- 요술 항아리를 발견한 농부는 어떻게 했나요?
- 심술쟁이 영감은 왜 요술 항아리가 자기 것이라고 주장했나요?
- 그래요. 그 땅이 자기 것이었기 때문에 요술 항아리도 자기 것이라고 했어요.
- 결국 농부와 영감은 문제를 해결하기 위해 누굴 찾아갔나요?
- 그래요. 원님을 찾아갔어요.
- 원님은 요술 항아리를 어떻게 해야 한다고 했나요?
- 반으로 나누어야 한다고 했어요.
- 결국 요술 항아리는 어떻게 되었나요?
- 왜 이 항아리를 요술 항아리라고 했을까요?
- 그래요. 무언가를 넣으면 더 많은 것이 나와서 요술 항아리라고 했어요.
- 만약에 요술 항아리에 신발을 넣으면 어떻게 될까요?
- 그래요. 요술 항아리 속에서 아주 많은 신발이 튀어나올 것 같아요.

- 여러분이 이 요술 항아리를 갖고 있다면 무엇을 넣고 싶나요? 왜 넣고 싶나요?
- □□이는 장난감을 넣어 친구들에게 하나씩 주고 싶다고 했어요.

5. 요술 항아리를 사용하는 방법에 대해 토의한다.

- 왜 요술 항아리가 깨지게 되었나요?
- 그래요. 심술쟁이 영감뿐 아니라 원님도 요술 항아리를 탐냈어요. 그래서 결국 요술 항아리가 깨지게 되었어요.
- 심술쟁이 영감도 원님도 모두 욕심이 많은 사람들이었어요. 어떤 마음을 욕심이라고 할까요?
- 그래요. 너무 많이 가지려고 탐내는 마음을 욕심이라고 해요.
- 욕심이 많으면 어떻게 될까요?
- 그래요. 사람들은 욕심이 많은 사람과 친구를 하지 않으려고 할 거예요.
- 여러분이 원님이라면 어떻게 했을까요? 우리 함께 토의해 보기로 해요.
- 이 요술 항아리의 주인은 누구일까요? 농부일까요? 아니면 심술쟁이 영감일까요?
- □□는 왜 농부가 주인이라고 생각하나요?
- 이 요술 항아리는 어디에 두고 사용해야 할까요?
- △△이야기처럼 마을 한 가운데에 요술 항아리는 두면 어떻게 될까요?
- 이 요술 항아리는 어떻게 사용해야 할까요? 모든 마을 사람들이 함께 사용해야 할까요?
- 자신의 생각을 이 항아리 그림 종이에 색연필로 적거나 그려보세요.
- 어린이들 모두 자신의 생각을 표현해 보았나요?
- 어떤 생각을 했는지 소개해 보기로 해요.
- 우리 어린이들이 많은 생각을 이야기해 주었어요.
- 만약 농부라면 이 중에서 어떤 방법을 가장 먼저 실천해 보면 좋을까요?

6. 요술 항아리를 어떻게 해야 할까 활동을 되돌아보며, 마무리한다.

- 요술 항아리 전래동화를 듣고, 요술 항아리를 어떻게 사용해야 하는지 토의해 보았어요.
- 어떤 점이 즐거웠나요?
- □□이는 내가 요술 항아리 주인공이라면 어떨까 생각해 보는 게 재미있었대요.
- 만약에 우리 교실에 항아리가 생긴다면 어떤 요술 항아리였으면 좋겠나요?
- △△이는 무엇이든 크게 만들어주는 요술 항아리가 있었으면 좋겠대요.
- 그 항아리는 어떻게 사용해야 할까요?
- 그럼 자유놀이시간이 되면 미술영역으로 가서 여러분이 우리 교실에 있었으면 하는 요술 항아리를 만들어 보기로 해요.

활동 시 주의점

- 유아들이 다양한 관점에서 요술 항아리의 사용방법에 대해 토의해 볼 수 있도록 필요시 육하원칙을 적용하며 이야기 속 상황을 살펴본다.

확장 활동

- 미술놀이: 여러 가지 미술자료로 항아리를 만든다.

활동명 이웃을 돕는 세 가지 소원

활동 대상	만 4세	활동 유형	토의
활동 목표	• 토의하며 이웃을 돕는 다양한 방법을 찾는다. • 독창적인 자신의 생각을 표현한다.		
활동 자료	요술램프, 쪽지, 종이, 매직, 스티커		

활동 방법

1. 유아들에게 요술램프와 쪽지를 소개하며 집중할 수 있도록 한다.

– 선생님이 아침에 우리 교실에 들어오려는 순간 문 앞에 놓인 요술램프와 쪽지를 발견했어요.

– 우리 행복반 어린이들과 함께 쪽지를 읽고 싶어 이렇게 준비해 두었어요. 적혀 있는 내용을 함께 읽어보기로 해요.

> 행복반 어린이들 안녕하세요.
> 저는 이 요술램프 주인입니다.
> 행복반 어린이들이 평소 친구들과 사이좋게 지냈다는 이야기를 듣고
> 요술램프를 선물하기 위해 찾아왔어요.
> 이 요술램프는 이웃을 돕는 세 가지 소원을 들어준답니다.
> 우리 친구들이 어려운 이웃을 돕는 방법을 찾아
> 이 요술램프에 기도해 보세요.
> 그럼 언젠간 그 기도가 이루어질 것입니다.

2. 요술램프에 대해 이야기 나누며 활동을 안내한다.

– 어떤 요술램프인가요?

– 그래요. 세 가지 소원을 들어주는 요술램프예요.
– 우리 행복반 어린이들은 어떤 소원을 빌고 싶나요?
– □□는 기쁨을 줄 수 있는 선물을 소원으로 빌고 싶대요.
– 이웃을 돕고 싶은 방법을 토의해 보고, 그중 세 가지를 정해 요술램프에 함께 기도해 보기로 해요.

3. **이웃을 돕는 방법에 대해 토의한다.**

– 어떻게 이웃을 돕고 싶나요? 자신의 생각을 이야기해 보세요.
– ○○이는 이웃에게 물건을 나누고 싶다고 했어요. 어떤 물건을 나누고 싶은지 구체적으로 이야기해 볼까요?
– 왜 그림책을 나누고 싶나요?
– ○○이의 생각을 이 종이에 매직으로 적을게요.
– 이웃을 돕는 또 다른 방법은 무엇일까요?
– 그래요. 집에서 사용하지 않는 물건을 나눠줄 수 있어요.
– 우리 행복반 어린이들이 함께 이야기 나눈 방법이 열 가지예요.
– 어떤 방법들이 있는지 하나씩 읽어보기로 해요.

4. **요술램프에 기도하고 싶은 방법 세 가지를 선정한다.**

– 이웃을 돕는 다양한 방법에 대해 토의해 보았어요.
– 그런데 요술램프는 몇 가지의 소원을 들어준다고 했나요?
– 그래요. 세 가지예요.
– 우리 행복반 어린이들의 소원은 몇 가지이었나요?
– 그래요. 우리 행복반 어린이들은 이웃을 돕기 위해 열 가지 소원을 생각했어요.
– 어떤 방법으로 열 가지 중에서 세 가지 소원을 정할까요?
– 우리가 이야기 나눈 방법 중에서 자신이 빌고 싶은 소원 한 가지를 정해 이 스티커를 붙여보기로 해요. 그 다음 가장 많은 스티커를 받은 소원 세 가지를 찾아 함께 빌어보기로 해요.

5. 요술램프를 두고, 소원을 함께 빌어본다.

- 세 가지 소원이 정해졌어요.
- 그럼 선생님이 이야기하면 우리 행복반 어린이들도 첫 번째 소원을 빌어보세요.
- 다음으로 두 번째 소원을 빌어줄 어린이는 손을 들어볼까요?
- 마지막 세 번째 소원은 모두 함께 빌어보세요.
- 행복반 어린이들의 세 가지 소원이 꼭 이루어지길 바라요.

6. 이웃을 돕는 세 가지 소원 활동을 평가하며 마무리한다.

- 우리 반에 온 요술램프를 보며 이웃을 돕는 세 가지 소원에 대해 토의해 보았어요.
- 활동해 보니 어땠나요?
- □□는 이웃을 돕는다는 생각에 뿌듯했대요.
- 활동하면서 어려웠던 점은 무엇인가요?
- 세 가지 소원을 정하는 게 힘들었군요.
- 우리 친구들이 매일 소원을 빌 수 있도록 요술램프를 교실에 둔다면 어디에 놓으면 좋을까요?
- 그럼 요술램프는 언어영역에 둘게요. 우리가 생각한 소원을 말해 보기로 해요.

활동 시 주의점

- 유아들이 실천 가능한 이웃을 돕는 방법을 선택한다.

확장 활동

- 언어놀이: 요술램프에게 소원을 담은 편지를 쓴다.

10 | 종합

10장에서는 유아논리 · 논술교육을 위한 방법으로 토의하기에 대해 다루었다. 이 과정에서는 토의와 토론의 차이점을 먼저 살펴보았다. 그 후 토의가 논리 · 논술교육의 목적을 실현하는 방향으로 진행될 수 있도록 돕는 유의점을 짚어보았다. 토의하기는 생각을 듣고 말하기로 문제를 해결하는 데 필요한 유아들의 참신한 아이디어를 이끌도록 돕는다. 따라서 유아들 스스로 주체가 되어 토의하기에 참여할 수 있도록 유아교사의 실천적 노력이 필요하다.

CHAPTER

11

창의적 사고기법과 유아논리 · 논술교육

창의적 사고기법은 주어진 상황이나 문제해결에 필요한 새롭고 참신한 아이디어를 생각하도록 돕는 방법을 말한다. 그동안 창의적 사고기법은 다양한 아이디어의 발상을 필요로 하는 여러 직업군에서 활용되어 왔다. 대표적으로 광고계가 그 예이다. 기존과 차별되는 새롭고 참신한 광고를 제작하고자 했던 광고계에서는 창의적 사고기법을 활용하여 구성원 간 의사소통을 촉진하여 왔다.

창의적 사고기법은 창의성 교육의 필요성을 인식한 사회적 분위기와 그것의 효과성을 검증한 여러 연구결과들이 발표되면서 교육 분야에도 적용하고자 시도되었다. 유아 창의성에 대한 연구는 2000년대 후반 대폭적으로 증가한 가운데 창의적 사고기법에 대한 연구는 브레인스토밍 및 스캠퍼 등과 같은 확산적 사고기법을 중심으로 꾸준히 진행되어 왔다(김선진, 최인수, 2013). 창의적 사고기법의 효과성에 대한 연구들도 꾸준히 보고되었는데, 이경화와 김정연(2016) 및 이경화와 양혜진(2015)은 브레인스토밍, 강제결합법 등의 창의적 사고기법을 적용하여 교육하였을 때 유아의 창의적 능력과 창의적 성향이 향상되었다고 보고하였다. 따라서 유아교사는 유아들의 창의적 사고력 증진을 위해서 창의적 사고기법을 이해하고 실제에 적용하여 보도록 한다.

11장에서는 유아기에 적용 가능한 창의적 사고기법에 대해 알아보며, 유아교육기관에서 창의적 사고기법을 적용할 때 고려해야 할 사항들을 점검한다. 11장을 학습한 유아교사는 각각의 창의적 사고기법에 대한 기초 지식을 습득하게 될 것이다. 이를 통해 본 장에서는 유아교사 스스로 유아교육기관에서 활용할 수 있는 여러 가지 창의적인 교수방법들을 고안해 내길 기대해 본다.

1 창의적 사고기법으로 다가가기

여러 분야에서 사용되고 있는 창의적 사고기법은 스캠퍼, 강제결합법, 열거법, 브레인스토밍, 브레인라이팅 등이 있다. 실시 대상, 주제, 장소, 시간에 따라서 실행 가능한 창의적 사고기법은 달라진다. 그러므로 유아를 대상으로 실시하는 창의적 사고기법은 유아의 발달 특성을 우선적으로 고려하여 쉽게 적용 가능한 방법이어야 한다.

창의적 사고기법으로 다가가기에서는 유아들에게 적용해 볼 수 있는 창의적 사고기법의 핵심적인 내용들을 간략히 살펴본다. 제시된 기법들은 유아교육현장에서 적용하고 있거나 연구를 통해 적용 가능성이 입증된 방법들이다. 따라서 유아교사는 각각의 창의적 사고기법에 대해 살펴보며, 유아들에게 적용할 수 있는 방안을 모색해 본다.

1) 스캠퍼(SCAMPER)

밥 에벌(Bob Eberle)이 개발한 스캠퍼는 아이디어를 끌어내는 질문의 첫 영문자인 SCAMPER로 구성한 창의적 사고기법이다. 각각의 영문자는 Substitute(대체하기), Combine(결합하기), Adapt(적용하기), Modify, Magnify, Minify(수정하기, 확대하기, 축소하기), Put to other uses(다른 용도로 사용하기), Eliminate(제거하기), Reserve, Rearrange(뒤집기, 재배열하기)이다(천미애, 황희숙, 2015). 구체적으로 S는 성분, 재질 또는 재료를 바꾸거나 다른 무언가로 변경해 본다를 의미한다. C는 어떤 것과 어떤 것의 기능이나 용도를 결합한다를 말하며, A는 어떤 원리를 전혀 다른 무언가에 응용해 본다를 뜻한다. M은 기존의 색이나 모양 등을 바꾸거나 더 크게 또는 더 작게 한다를 말하며 P는 본래의 용도가 아니라 다른 곳에 사용해 본다를 의미한다. E는 어떤 부분을 없애기이며 R은 방향을 뒤집거나 순서를 바꿔본다이다. 각 질문에 충실한 스캠퍼는 새로운 아이디어를 적용하여 문제를 해결하는 데 간단하고 쉽게 적용될 수 있는 방법으로 아이디어 생성을 시도할 수 있도록 돕는다(김유정, 강미선, 홍영식, 2015).

유아교육기관 및 일상생활에서 접하는 문제를 해결하기 위해 스캠퍼를 적용하기 원하는 유아교사는 스캠퍼의 각 질문내용을 먼저 숙지해야 한다. 이를 연습해 보길 바라는 유아교사는 유아교육기관의 물리적 환경이나 교육자료를 찾은 다음, 스캠퍼의 각 문항과 연관 지어 생각해 본다. 이를 돕기 위해 제시된 스캠퍼 예는 유아교육기관에서 볼 수 있는 자료들과 스캠퍼 간의 관계성을 보여준다.

표 · 11-1 유아교육기관에 있는 자료들로 거꾸로 찾아가는 스캠퍼

구분	스캠퍼
S	스테인리스 소꿉놀이(플라스틱 재질에서 스테인리스 재질로 대체함)
C	유치원용 이불(베개와 요와 이불을 하나로 결합함) 접착 색종이(접착제와 색종이를 하나로 결합함)
A	벨크로(우엉씨를 적용함)
M	핑킹 가위(일반 가위를 변형함) 유아용 배드민턴채와 공(배드민턴채를 크게 함) 유아용 가위(일반 가위를 작게 함)
P	스펀지 물총(백업을 물총으로 사용함)
E	무선 청소기(유선 청소기에서 선을 없앰) 날개 없는 선풍기(선풍기의 날개 부분을 없앰)
R	왼손잡이용 가위(오른손과 왼손의 모양을 재배열함)

그림 11-1 유아용 배드민턴채와 공

유아교사는 교육실에 있는 사물들을 떠올린 다음 스캠퍼의 각 요소에 대입하다 보면 유아교육기관에도 스캠퍼의 각 질문과 연관된 다양한 자료들을 발견한다. 스캠퍼의 각 물음에 조금 더 다가가기 위해서는 시야를 넓혀 우리 주변에서 볼 수 있는 스캠퍼를 적용한 예들을 찾아본다. 이 과정에서는 7가지 알파벳 첫 자와 총 10가지의 질문을 떠올리며 생각해도 좋고, 주변에 있는 물건들을 가지고 온 후 어떤 스캠퍼의 물음과 연관되어 있는지 거꾸로 찾아가도 좋다. 제시된 글을 쓰다! ㊳ 은 스캠퍼의 각 질문과 우리 주변에 있는 사물을 연결해 보도록 촉진한다.

글을 쓰다! ㊳

※ 스캠퍼의 각 질문에 따라 우리 주변에서 볼 수 있는 사물들을 찾아보자.

구분	예시
S	
C	
A	
M	
P	
E	
R	

작성한 글을 쓰다! ㊳ 은 다른 유아교사와 함께 공유해 본다. 유아교사는 이 과정에서 일상생활 곳곳에서 스캠퍼와 관련된 사례를 발견하며 스캠퍼의 각 질문에 익숙해져 간다.

스캠퍼는 다른 창의적 사고기법에 비해 유아들에게 쉽게 활용 가능하며, 유아교사들로 하여금 유아들의 발달 수준에 맞는 여러 가지 발문을 할 수 있도록 도와준다(박이심, 2007). 이러한 이유에서 스캠퍼는 유아교육기관의 다양한 교육 상황에서 적용 가능하다. 스캠퍼는 유아의 예술적 표현 능력을 함양하여 창의성 증진에 긍정적인 효과를 기대할 수 있는 미술 관련 활동에 적용할 수 있다. 김수연과 정가연(2013)은 유아들에게 스캠퍼를 활용한 입체조형활동을 실시할 경우 유아들로 하여금 이야기식의 아이디어를 산출하며 창의적으로 생각할 수 있도록 돕는다고 하였다. 천미애와 황희숙(2015)은 문제 상황을 갖고 있거나 유추할 수 있는 명화를 선정하여 스캠퍼 기법을 활용한 감상활동을 진행한 결과 유아의 창의성이 향상된다고 보고하였다. 이윤영과 유영의(2018)는 허용적인 분위기에서 실시된 유아교사의 스캠퍼 기법에 기초한 발문과 결합된 미술활동이 유아의 창의성 향상에 긍정적인 영향을 미친다고 하였다. 미술활동뿐 아니라 이정인과 장영숙(2017), 임홍재와 황보영란(2007)은 스캠퍼 기법을 활용하여 이야기 나누기 활동을 실시했을 때 유아의 창의성에 긍정적인 영향을 미친다고 보았다. 이러한 연구결과를 아울러 정혜윤과 이경화(2017)는 이야기 나누기, 조형, 새 노래 등과 같은 대집단활동에서 스캠퍼 기법을 활용하여 유아교사들이 발문할 경우 유아의 창의적 능력을 길러준다고 보고하였다. 이처럼 다양한 교육적 상황에서 스캠퍼를 활용하여 교육하면, 유아의 창의적 사고력을 증진하는 데 도움이 된다.

스캠퍼를 활용하여 교육할 때 유아교사의 발문은 교육의 성패를 좌우할 만큼 중요하다. 단순히 유아들이 알고 있는 지식을 확인하는 목적이 아니라 유아의 지식과 생각을 확장하기 위해서 유아교사는 스캠퍼에 맞는 발문을 구성해야 한다. 제시된 예는 유아교사의 발문을 돕는 과정으로 유아들을 위한 좋은 유치원 만들기라는 교육 주제를 선정하여, 스캠퍼의 질문에 대해 적용한 예이다(표 11-2 참조).

표 11-2 스캠퍼 질문 적용 예

구분	질문	적용 예
S	무엇을 무엇으로 대체한다면?	– 숲속을 유치원으로 대체한다면? – 유치원 계단을 점토로 대체한다면?
C	무엇과 무엇을 결합한다면?	– 유치원과 놀이동산을 결합한다면?
A	다른 곳에 적용한다면?	– 큐브를 유치원에 적용한다면?
M	수정, 확대, 또는 축소한다면?	– 유치원에 있는 교실이 작아지고, 계단이 커진다면? – 쌍둥이 유치원이 연결되어 있다면?
P	다른 곳에 사용한다면?	– 유치원을 기숙사로 사용한다면?
E	부분을 제거한다면?	– 유치원의 흥미영역을 없앤다면?
R	뒤집거나 다시 배열한다면?	– 유치원이 땅속에 있다면?

두 명이 짝을 이룬 후, 한 명은 유아교사 또 다른 한 명은 유아가 되어본다. 그 다음 유아교사가 표 11-2에 제시된 스캠퍼 기법을 적용한 예시 발문을 읽어본다. 유아는 교사의 발문에 답한다. 유아교사는 상상력 넘치는 유아의 답에 귀 기울인다.

글을 쓰다! 39 에서는 유아교육기관에서 볼 수 있는 두 가지 놀이 주제를 제시하였다. 유아교사는 해결해야 하는 문제를 생활 주제와 스캠퍼에 맞는 발문으로 적어본다. 먼저, 각 알파벳이 의미하는 핵심어를 질문에 적으며 스캠퍼의 의미를 되새겨 본다. 그 다음 각 놀이 주제에 맞게 7가지 발문을 구성해 본다. 계절은 봄, 여름, 가을, 겨울 중 선택하여 발문을 생각한다. 나와 우리 가족은 나를 소개해요, 내가 좋아하는 것, 우리 가족을 소개해요, 다양한 가족이 있어요 등 주제를 구체화하여 작성한다.

글을 쓰다! ㊴

※ 놀이 주제와 스캠퍼에 맞는 발문을 적어보자.

		적용 예	
		계절	나와 우리 가족
S			
C			
A			
M			
P			
E			
R			

[낙하산]은(는) [민들레 홀씨]를(을) 본 따 만들었어요.

[포크레인]은(는) [두더지]를(을) 본 따 만들었어요.

[헬리콥터]은(는) [잠자리]를(을) 본 따 만들었어요.

[흡착판]은(는) [문어발판]를(을) 본 따 만들었어요.

[찍찍이]은(는) [도꼬마리 열매]를(을) 본 따 만들었어요.

그림 11-2 스캠퍼의 A를 적용한 예

스캠퍼를 활용하여 교육하면 유아교사의 발문은 더욱 다양해지며, 이에 반응하는 유아들의 상상력도 더욱 풍부해진다. 그러나 스캠퍼의 7가지 질문은 모든 문제 상황에서 다 적용 가능하지 않다. 유아교사는 7가지 질문을 모두 다 사용해야 한다는 부담감을 갖지 않아야 하며 교육 상황에 맞게 필요한 질문을 구성하여 스캠퍼를 적용한다.

유아논리 · 논술교육에서 스캠퍼는 유아가 생활에서 불편한 점을 찾고 이를 해결하기 위한 방법을 모색하며 발명가가 되어보는 과학활동과 통합적으로 실시해 볼 수 있다. 예를 들어, 유아교사는 유아들과 함께 어린이 통학차량에 대해 알아보며 차량 이용 시 나타나는 불편함을 해소할 수 있는 방법들을 찾아 새로운 어린이 통학차량을 발명해 본다. 과학자가 된 유아들은 자신들의 시각에서 어린이 통학차량 이용 시 불편했던 점을 찾고 이를 해소하기 위한 방법을 찾아가게 된다. 이러한 생활발명활동은 유아의 창의성과 과학적 문제해결력을 증진시킨다(조형숙, 김정숙, 2013).

생활발명활동이란 유아들이 평소 생활 주변에서 볼 수 있는 연필, 컵뚜껑, 의자, 휴지통을 가지고 그 불편함에 대해 이야기 나눈 후 자신이 원하는 방향에 맞게 발명해 보는 교육방법이다. 따라서 생활발명활동에서 스캠퍼를 적용한다면 유아들은 사물이나 사건을 더 다각적으로 접근하여 살펴보며 그 문제점을 찾아내고 새로운 도구를 발명하게 된다.

또한 유아와 함께 생활주변에 있는 도구와 기계를 조사하고, 만든 배경이나 방법을 찾는 활동을 실시해 본다. 예를 들어, 유아들은 자주 사용하는 색연필에 대해 조사해 보고, 자신들이 바라는 색연필을 만들어 본다. 각 상황에 스캠퍼를 적용해 본다면 유아들은 문제를 더욱 다양한 관점에서 이해하고자 노력하며, 문제해결을 위한 여러 가지 아이디어를 산출해 낸다.

2) 강제결합법

찰스 화이팅(Charles S. Whiting)이 개발한 기법으로 알려진 강제결합법은 겉으로 보기에 관련성이 부족한 두 개 이상의 사물이나 아이디어를 억지로 연결하여 새로운 아이디어를 산출하는 방법이다. 강제결합법은 주어진 여러 가지 사물들을 개방된 시선으로 보며 새로운 생각을 끌어내도록 돕는다. 제시된 예는 문구점에서 볼 수 있는 종류로 강제결합법을 적용한 예이다.

표 · 11-3 강제결합법 예

강제결합법 예
동물무늬 색종이: 기존 색종이에 동물무늬를 새겨 만듦
지팡이 모양 볼펜: 지팡이 모양으로 만들어 걸 수 있도록 함(분실 예방)

강제결합법은 사물에 대한 시각을 넓혀 예측하지 못한 새로운 무언가를 만들 때나 문제 상황을 해결할 수 있는 신선한 아이디어를 얻을 때 활용된다. 강제결합법을 조금 더 이해하기 위해서는 글을 쓰다! ㊵ 에 제시된 문제 상황을 읽고 자신의 창의적인 생각을 표현해 본다.

글을 쓰다! ㊵

※ 문제 상황을 읽고 목록을 활용하여 문제해결방법을 적어보자.

문제 상황	지혜는 노래를 잘하는 민지를 부러워한다. 노래를 잘하고 싶었던 지혜는 동요를 자주 들었고, 매일 10분씩 동요를 부르며 연습했다. 하지만 지혜의 생각대로 되지 않았다. 지혜가 노래를 잘 부를 수 있는 방법은 무엇일까? 제시된 목록에서 두 가지를 선택한 후 방법을 찾아본다.
목록	다듬이와 다듬이 방망이, 산타, 나비, 가위, 주사위, 물
선택	
방법	

지혜가 노래를 잘할 수 있도록 돕는 방법은 여러 가지이다. 우리는 우선 지혜에게 일상생활에서 노래를 더 자주 들으며 따라 부르면 언젠가 노래를 잘하게 될 것이라고 말한다. 몇몇은 지혜에게 전문가의 도움을 받으며 훈련하라고 조언한다. 우리는 흔히 알고 있는 노래 잘하는 방법들을 지혜에게 말한다.

그러나 강제결합법에 따라 주어진 방법으로 문제를 해결하는 과정에서의 노래 잘하는 방법은 기존의 방법과 다르다. 목록에서 무엇을 선택했는가에 따라서 지혜가 노래를 잘하도록 돕는 방법이 달라진다. 동일한 목록을 선택했다 하더라도 보는 시각에 따라 또 다른 아이디어를 산출한다. 그만큼 우리는 기존에 생각하지 못한 참신한 문제해결방법을 찾게 된다.

강제결합법에서 제시된 문제해결목록은 유아교사 또는 유아가 제시할 수 있으며, 그 활용방법도 다양하다. 첫 번째 방법은 관련 없는 두 단어를 선택한 후 유아에게 무엇을 만들 수 있을지 생각해 보게 하는 것이다. 예를 들어, 유아교사는 유아에게 스스로 선택한 크레파스와 바나나를 연결하여 무엇을 만들 수 있을지 상상해 보도록 한다. 유아는 바나나의 껍질처럼 열 수 있는 크레파스나 바나나 향이 나는 크레파스를 만들 수 있다고 답한다. 두 번째 방법은 문제점을 지닌 사물을 선정한 후, 이 사물과 연결하고 싶은 사물을 선택하여 적용해 보는 것이다. 예를 들어, 유아들이 조작하기 어려운 색연필을 지퍼와 연결해 본다. 그 결과 유아들은 실 대신 지퍼식으로 열고 닫는 색연필을 상상해 낸다. 세 번째 방법은 유아들이 자주 접하는 장소에서 경험하는 문제 상황을 발견하도록 하는 것이다. 그 다음 관련성이 부족한 두 가지를 생각하게 한 후 그 두 가지로 각 장소에 필요한 무언가를 만들어 보게 한다. 예를 들어, 유아교사가 화장실에서 자주 미끄러진다는 문제 상황을 제시한 후, 유아들에게 크레파스와 신발처럼 관련성이 부족한 두 가지를 떠올리게 한다. 그 다음 유아들은 떠올린 두 가지로 화장실에서 이용 가능한 크레파스처럼 각진 신발을 상상한다. 네 번째 방법은 궁금이 상자를 활용하는 것이다. 궁금이 상자 안에 사람, 사물, 사건, 배경과 관련된 단어를 적은 카드를 넣어 둔 후, 2장을 뽑고 그 카드로 새로운 아이디어를 생성하도록 한다. 예를 들어, 유아들은 도서관과 어린이를 궁금이 상자에서 뽑은 후 어린이 전용 도서관을 만들면 좋겠다고 제안한다.

박인영, 손승민, 그리고 전경원(2019)은 강제결합법의 목록을 작성하는 방법 이외에 유아에게 적용할 수 있는 방법으로 다음의 아이디어를 제시한 바 있다.

- 주사위 강제결합법: 주사위 각각의 면에 서로 다른 그림을 붙인 후, 주사위를 돌려 나온 그림으로 강제결합
- 다트 강제결합법: 다트 판에 있는 사물을 무작위로 선택하여 강제결합
- 이야기 릴레이: 하나의 이야기를 만들기 위해 각각 다른 장면을 강제결합
- 강제결합 요리: 새로운 음식을 만들기 위해 서로 관련성 없는 재료를 강제결합

유아들의 흥미를 끌 수 있는 강제결합법 방법은 다양하다. 제시된 글을 쓰다! ㊶ 에서는 강제결합법을 적용하기 위한 시도로 유아들과 함께 할 수 있는 교육 주제를 생각해 보자.

글을 쓰다! ㊶

※ 강제결합법을 활용한 교육 주제를 적어보자.

관련성이 부족한 두 가지 이상의 사물이나 사건을 통해, 새로운 아이디어를 얻기

는 유아들에게 쉽지 않은 접근으로 여겨진다. 따라서 유아교사들은 조금 더 쉽게 강제결합법을 적용하기 위해서 실물, 점토를 통해 직접 조작해 보며 아이디어를 낼 수 있도록 유아들을 격려한다.

3) 열거법

열거법은 사물의 속성을 나열하여 새로운 아이디어를 산출하는 방법이다. 속성열거법, 단점열거법, 희망열거법이 창의적 사고기법으로 활용된다.

먼저 로버트 크로포드(Robert Crawford)가 고안한 속성열거법은 사물의 속성을 여러 방향에서 다양하게 나열한 후 문제해결을 위해 새로운 생각을 끌어내는 기법이다. 속성열거법을 적용할 때는 우선 주어진 사물을 자세히 탐색하고 관찰하며 사물의 속성을 재질, 재료, 성질, 모양, 사용용도와 같은 특성에 관해 자세히 기록한다. 그 다음 기록을 바탕으로 주어진 사물이 더 유용하고 가치 있어지며 기존에 지닌 문제를 해결할 수 있는 더 나은 방향으로의 아이디어를 제안한다. 제시된 예는 유아들의 미술활동 시 꼭 필요한 가위를 속성열거법으로 적용한 경우이다.

표 · 11-4 속성열거법 예

속성열거법 예	
가위의 속성	아이디어 산출
- 가위 날이 스테인리스로 되어 있다. - 앞이 길쭉하다. - 손가락 넣는 부분은 둥글다. - 자를 때 사용한다.	- 플라스틱이나 나무로 만드는 가위 날 - 자르는 부분이 짧은 가위 - 타원형으로 된 손가락 넣는 부분이 있는 가위 - 모양 찍기도 할 수 있는 가위

기존에 유아들이 사용하는 가위를 변화시킬 수 있는 다양한 방법에 대해 아이디어를 구했다면, 이제는 글을 쓰다! 42 를 통해서 자신이 희망하는 물건으로 속성열거법을 적용해 보자.

글을 쓰다! ㊷

※ 희망하는 물건을 떠올려 그 속성을 적은 후 아이디어를 적어보자.

(　　　　　)의 속성	아이디어 산출

글을 쓰다! ㊸ 에서는 유아들이 자주 사용하는 놀잇감의 이름을 적은 후, 그 특성을 나열하고 변화 가능한 방법을 찾아 적어보자. 이를 통해 유아들의 관심을 끌며 안전하게 놀이할 수 있는 놀잇감을 발견하게 될 것이다.

글을 쓰다! ㊸

※ 유아들의 놀잇감을 떠올려 그 속성을 적은 후 아이디어를 적어보자.

(　　　　　)의 속성	아이디어 산출

속성열거법은 사물을 자세히 살펴보지 않을 시에 지나칠 수 있는 특성들을 파악하여 새로운 아이디어를 산출할 수 있도록 돕는다. 따라서 평소 관찰하기를 즐긴 유아뿐 아니라 그렇지 않은 유아들에게도 사물을 자세히 보는 기회를 제공하여, 사물에 대한 지식을 확장할 수 있도록 한다.

단점열거법은 사물의 단점이나 환경의 제약점을 나열하여 이를 개선하는 방향으로 아이디어를 이끌어 내는 방법이다. 제시된 단점열거법 예는 유아들의 안전하고 건강한 생활에 관한 내용이다.

표 11-5 단점열거법 예

단점열거법 예
유아가 교사의 서랍장을 열지 않도록 끈으로 묶어 두는 것은 불편해: 서랍잠금장치
책상 모서리가 각이 져서 유아들에게 위험해: 둥근 책상 또는 코너 보호대
우산이 앞을 가려서 유아들이 위험해: 투명비닐우산

글을 쓰다! 44 에서는 우리 주변에서 볼 수 있는 한 가지 사물을 정해 그 단점을 제시하고 이를 개선할 수 있는 방법을 고안해 보자. 이 과정에서는 단점을 그대로 수용하기보다는 문제 개선을 위해 노력하는 능동적인 모습을 보게 될 것이다.

글을 쓰다! 44

※ 주변 사물을 정해 불편한 점과 이를 개선할 수 있는 방법을 적어보자.

불편한 점	개선할 점

희망열거법은 사물에 대해 바라고 기대하는 바를 나열하여 아이디어를 이끌어내는 방법이다. 즉, 희망열거법은 변화되었으면 하는 희망사항을 떠올려 문제해결방법을

찾는 것이다. 다음에 제시된 희망열거법 예는 교실에서 볼 수 있는 상황을 나타낸다.

표 · 11-6 희망열거법 예

희망열거법 예
의자와 책상이 하나로 되면 좋겠어요: 일체형 책상
키 성장에 맞게 의자를 조절할 수 있으면 좋겠어요: 높낮이 조절 의자
책상이 보관하기 편했으면 좋겠어요: 접이식 책상

유아교사들은 현장에서 교육적 효율성 및 업무의 편리성을 위해서 기존에 있던 교재교구가 더 나은 방향으로 변화하길 희망한다. 예를 들어 유아교사는 글루건을 사용하지 않고 펠트지를 붙일 수 있길 바라고, 풀칠을 하지 않아도 되는 종이를 희망한다. 교사들의 희망사항이 반영되었듯 유아교육기관에서는 접착펠트지와 접착색종이를 보게 된다. 이는 유아교육기관에 종사하며 경험을 통해 느낀 교사들의 희망사항이 유아교육기관을 변화하게 만든 것이다. 이제는 글을 쓰다! ㊺ 를 통해서 일상생활에서 희망했던 바를 떠올리며, 희망이 이루어질 수 있는 아이디어를 적어보자.

글을 쓰다! ㊺

※ 각 내용별 바라는 바를 기술한 후 아이디어를 적어보자.

내가 쓰는 학용품이 이랬으면 좋겠어요.			
희망		아이디어	

우리 교실이 이랬으면 좋겠어요.			
희망		아이디어	

희망열거법은 주변 사물과 환경에 대한 관심에서 비롯된다. 더 나은 것에 대한 희망이 생활을 변화하게 하는 것이다.

속성열거법을 시작으로 단점열거법, 희망열거법에 대해 알아보았다. 사물의 특성에 대한 이해는 그것의 단점이나 제한점을 알게 하고 이를 개선할 수 있는 희망들을 가져오게 한다. 글을 쓰다! ㊻ 에서는 유아들이 희망하는 세상을 떠올리며 유아들로부터 아이디어를 구할 수 있는 교육 주제에 대해 생각해 보자.

글을 쓰다! ㊻

※ 열거법을 활용하여 유아들과 할 수 있는 교육 주제를 적어보자.

열거법은 무에서 유를 산출하는 아이디어 생성이 아니라 유에서 유를 산출하는 방법이다. 유아교사들은 유아들의 일상생활 속에서 다양한 사물과 사건에 대한 경험을 나누고, 이를 개선할 수 있는 방법들을 찾아갈 수 있도록 한다.

4) 브레인스토밍

브레인스토밍은 광고회사를 운영하던 알렉스 오스본(Alex Osborn)이 개발한 기법으로 두뇌(Brain)와 폭풍(Storm)을 합친 용어 그 자체에서처럼 두뇌에서 마치 폭풍이 몰아

치듯 특정한 문제나 주제에 대해 생각나는 아이디어를 모두 내놓는다는 의미를 갖는다(이윤옥, 2004; 최정빈, 최인수, 2008). 이러한 브레인스토밍은 많은 양의 아이디어를 창출하기 위해 사용된다.

유아교사에게 '자기의 장점을 살려 자기소개를 작성해 보세요.'라는 문제 상황이 주어졌다고 생각해 보자. 이 과제에 접근하기 위해서 유아교사는 먼저 자신의 장점을 찾아야 한다. 으뜸으로 뽑히는 자신의 장점을 찾은 유아교사는 다음 단계로 하나씩 나아가며 문제 상황을 해결해 간다. 글을 쓰다! 47 은 자신의 장점을 찾도록 돕는 방법 중 하나를 나타낸다.

글을 쓰다! 47

※ 자신의 장점을 생각하여 적어보자.

유아교사는 자신의 장점이라는 말을 들었을 때 떠오르는 많은 단어를 네모 칸에 적는다. 그 다음 이 중에서 내세울 수 있는 장점을 찾은 유아교사는 자기소개서를 천천히 작성해 간다. 이처럼 브레인스토밍은 주어진 문제에 대해서 많은 양의 아이디어를 생산하도록 돕는다. 쏟아지는 많은 아이디어 중에서 접근 가능한 최선의 아이디어를 구하도록 하는 기법이 바로 브레인스토밍이다.

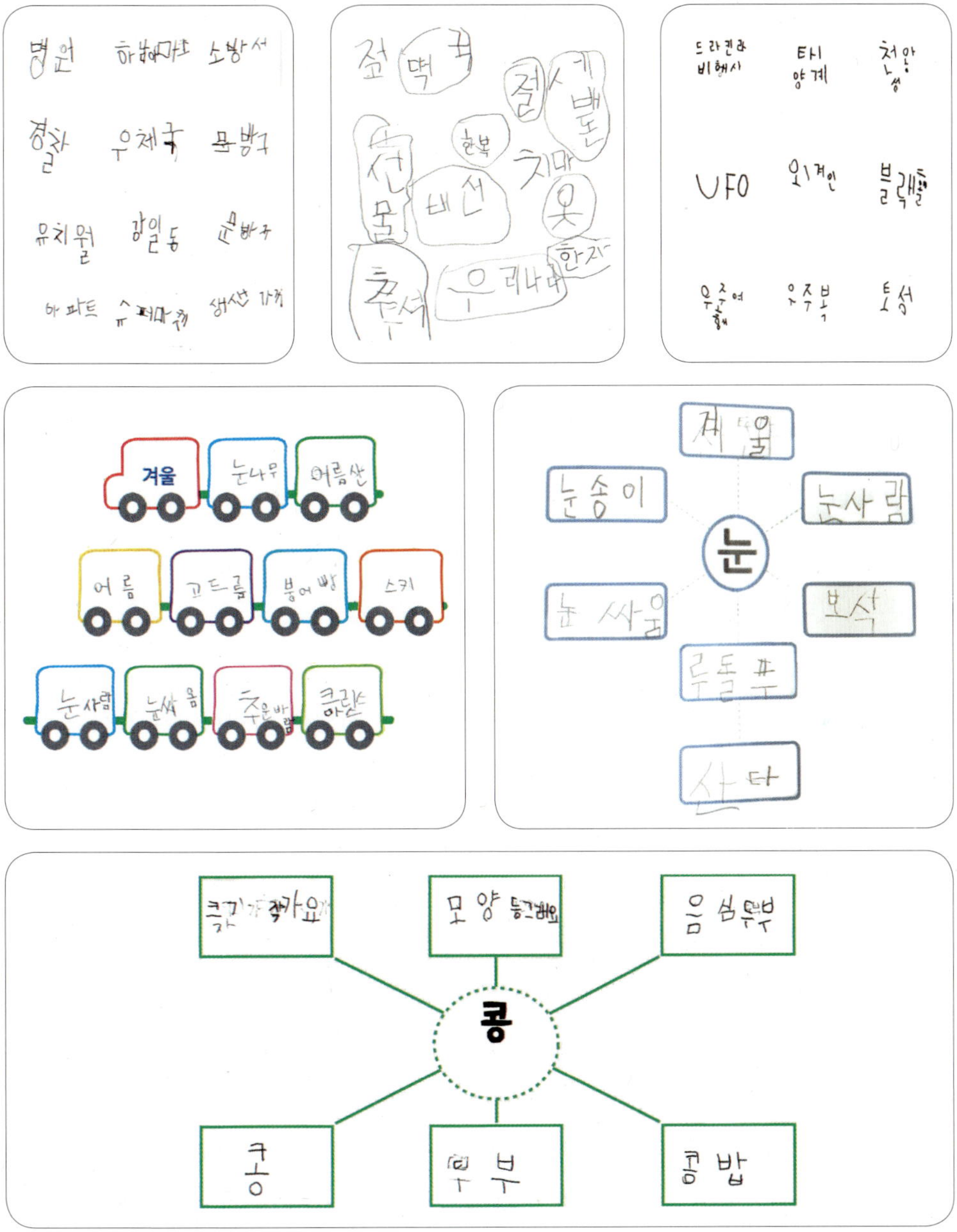

그림 11-3 여러 가지 주제(우리 동네, 한복, 우주, 겨울, 눈, 콩)와 브레인스토밍

브레인스토밍은 실시하는 방법에 따라 아이디어 산출 결과가 달라진다. 브레인스토밍을 실시하는 방법은 크게 약식 브레인스토밍과 종합 브레인스토밍으로 나뉜다(김형민, 유봉현, 2001).

약식 브레인스토밍은 중요한 네 가지 규칙만을 준수하는 방법을 의미한다(김형민, 유봉현, 2001). 첫째 규칙은 아이디어의 다다익선이다. 브레인스토밍에서는 아이디어를 많이 산출할수록 좋다. 따라서 브레인스토밍을 진행할 때는 아이디어의 양을 제한하지 않고 문제해결을 위해 많은 양의 아이디어를 낼 수 있도록 한다. 둘째 규칙은 아이디어에 대한 비판 · 비난 배제이다. 브레인스토밍에 참여한 사람들은 다른 사람의 아이디어에 대해서 비난하거나 평가하지 않는다. 만약, 자신의 아이디어에 대해 누군가로부터 비난받게 되면 자신의 차례가 되어도 아이디어를 이야기하기 어렵다. 브레인스토밍의 과정에서는 편안하게 자신의 아이디어를 표현할 수 있어야 한다. 셋째 규칙은 아이디어의 자유분방이다. 브레인스토밍을 할 때는 엉뚱한 아이디어뿐만 아니라 자신의 생각이 이끄는 대로 마음껏 아이디어를 내고 이를 수용한다. 넷째 규칙은 아이디어의 무임승차이다. 브레인스토밍은 다른 사람의 아이디어와 자신의 생각을 결합하여 참신한 새로운 아이디어를 끌어낼 수 있도록 한다.

종합 브레인스토밍은 네 가지 규칙뿐 아니라 브레인스토밍의 전체 이론(원리, 세부절차, 내용 및 과정)과 보조기법들(예: 브레인라이팅)을 종합적으로 활용하는 방법이다(김형민, 유봉현, 2001). 브레인스토밍을 실시하기 위한 절차를 살펴보면 문제를 확인한 후, 집단을 구성한다. 브레인스토밍을 실시할 때 적합한 집단의 크기에 대해서는 여러 의견이 있으나 집단의 크기는 참여하는 구성원의 연령과 발달을 고려하여 결정해야 한다. 유아들과 함께하는 브레인스토밍에서는 4~8명으로 조를 구성한 후, 리더와 기록자를 정한다. 그 다음 아이디어를 내야 하는 문제나 주제를 명확히 정하고, 차례에 따라 한 사람씩 자신의 아이디어를 말한다. 유아들은 기록한 아이디어를 공유하고 정리하며 브레인스토밍을 진행한다. 유아들과 함께하는 브레인스토밍에서 리더나 기록자는 유아교사나 유아이다. 또한 유아는 아이디어를 문자로 기록하는 대신 그림으로 표현할 수 있다.

브레인스토밍은 유아교육기관에서 유아들의 아이디어 산출을 위해 가장 보편적으로 사용되는 방법이다(권혜진, 2015). 예를 들어 프로젝트 활동을 할 때 유아교사들은 프로젝트 주제에 대한 유아들의 사전지식이나 생각을 듣기 위해서 브레인스토밍을 한다. 이 결과는 유목화를 통해 정리되어, 유아들이 알고 싶은 질문 목록을 생성할 수 있도록 돕는다. 따라서 기존에 알고 있는 경험들을 브레인스토밍으로 끌어내어 프로젝트를 더욱 활성화한다.

더욱이 기존에 실시되어오던 교수방법에 브레인스토밍을 접목하여 실시할 경우, 유아들의 사고는 더욱 확장된다. 구체적으로 최미숙, 김미영, 그리고 민순옥(2009)은 기존에 진행되어 오던 동시활동이 아니라 주제와 관련한 브레인스토밍을 통한 동시 짓기 활동이 유아들로 하여금 자신의 경험을 확장해 감으로써 창의성 향상에 효과적이라고 보았다. 전순희(2011)는 전래동화에 나오는 단어를 가지치기 해 보는 브레인스토밍을 포함한 창의적 교수활동을 유아들에게 실시한 결과 유아의 창의성이 향상되었다고 보고하였다. 최정빈과 최인수(2008)의 연구에서도 유아들에게 명화와 관련한 브레인스토밍을 진행하면서 창의성이 향상될 수 있다고 보았는데, 예를 들어 르누아르의 우산을 감상하며 '비가 오는데 우산이 없다면'이라는 주제로 진행한 브레인스토밍은 유아들에게 긍정적인 교육적 효과를 가져올 수 있다고 하였다. 이처럼 그동안 유아교육기관에서 실시된 교육내용에 브레인스토밍이라는 방법을 적용할 경우, 유아들의 활동은 더욱 풍부해진다.

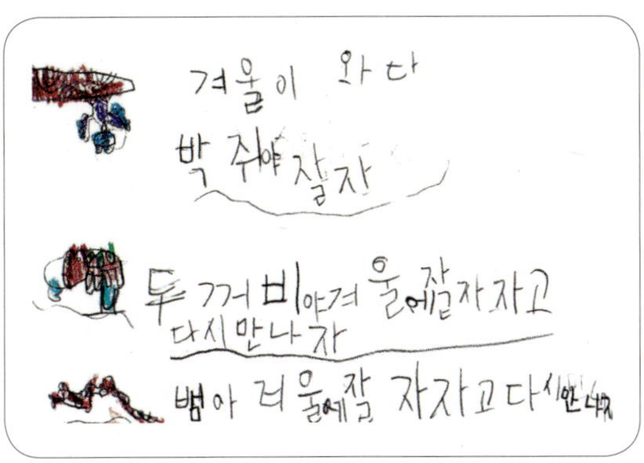

그림 11-4 동시 재구성

글을 쓰다! ㊽ 은 유아교육기관에서 브레인스토밍을 활용할 수 있도록 유아와 함께하는 주제를 찾는 과정이다. 이 과정에서는 관심 있는 주제를 정해 유아들에게 적용해 볼 수 있는 브레인스토밍 주제를 적어본다.

글을 쓰다! ㊽

※ 유아와 함께할 수 있는 브레인스토밍 주제를 적어보자.

브레인스토밍은 유아들로 하여금 머릿속에 떠오르는 무언가를 끊임없이 끌어낼 수 있도록 돕는다. 브레인스토밍을 통해 자신의 생각을 표현할 수 있는 충분한 시간을 주어 모든 유아들이 참여할 수 있도록 유아교사가 격려한다면, 유아들은 스스로 생각하고, 표현하고, 다시 생각하는 어린이로 성장하게 될 것이다.

2 창의적 사고기법을 다듬기

유아교육기관에서 창의적 사고기법을 적용한 유아논리 · 논술교육을 실시하기 위해서 주의해야 할 사항에 대해 살펴본다.

하나, 유아교사는 개방적인 분위기를 조성한다.

창의적 사고기법은 유아들이 갖고 있는 참신한 아이디어를 도출할 수 있도록 한다. 이를 위해 유아교사는 유아의 생각을 적극적으로 수용하는 개방적인 분위기를 형성한다. 어떤 이야기를 해도 수용될 수 있는 교육실의 분위기가 조성될 때, 유아들은 각자의 생각을 자유롭게 표현한다. 유아교사는 아이디어의 현실 적용 가능성에 초점을 둔 비판에 앞서 유아들이 마음껏 생각을 표현할 수 있도록 격려한다.

둘, 유아교사는 실물자료를 제공하여 유아들이 탐색할 수 있도록 한다.

유아들이 참신하고 새로운 아이디어를 표현하기 위해서는 표현하고자 하는 사물이나 상황에 대한 정보가 있어야 한다. 예를 들어, 샌들에 대한 정보가 없을 때 유아들이 선호하는 샌들을 만들기 어렵다. 유아교사는 샌들의 실물자료를 준비하여 유아가 세심하게 살펴볼 수 있도록 한다. 유아들은 위, 아래, 옆과 같이 여러 방향에서 샌들에 대해 살펴보며, 더 좋은 샌들을 만들기 위한 생각을 키우게 된다.

창의적 사고기법을 활용한다면, 유아교사는 사진자료보다 실물을 준비할 수 있는 방법을 고민해야 한다. 사진자료보다는 3차원 형태를 띤 실물자료가 유아의 사고를 더욱 구체화하고 창의적으로 표현할 수 있도록 돕는다(김수연, 정가연, 2013). 따라서 유아교사는 창의적 사고기법을 활용한 활동에 앞서 유아들에게 실물자료를 활용하여 탐색할 수 있는 기회를 제공한다.

그림 11-5 나뭇잎 관찰 후 창의적으로 나무 꾸미기

셋, 유아교사는 유아들의 아이디어를 구체적으로 표현하여 창의적인 결과물을 산출하도록 격려한다.

유아들은 아이디어를 구체적으로 표현할 때 사물이나 상황에 대해 더 잘 이해한다. 예를 들어, 유아들이 새로운 색종이를 만든다고 가정해 보자. 유아교사는 기존에 있던 색종이를 종류별로 준비하여 유아들이 먼저 관찰하도록 한다. 그 다음 유아들이 희망하는 색종이를 생각해 보게 한 후 색종이를 직접 만들어 보게 한다. 즉, 유아교사는 기존에 판매되는 한지 색종이, 스티커 색종이, 꽃무늬 색종이 등을 구비한 후, 유아에게 색종이의 특징을 탐색해 보게 하여, 만들고 싶은 색종이를 생각해 보게 한다. 색종이의 한 면이 노트처럼 줄무늬가 있었으면 좋겠다고 아이디어를 낸 유아에게 색종이의 한 면에 노트를 직접 오려 붙여보게 한다. 이렇게 구체적으로 표현하며 산출한 창의적인 결과물을 보면서 유아들은 또 다른 아이디어를 얻는다.

3 창의적 사고기법에 다다르기

창의적 사고기법은 스캠퍼, 강제결합법, 속성열거법, 단점열거법, 희망열거법, 브레인스토밍 등 여러 가지이다. 이러한 방법들은 교사의 발문을 촉진하여 유아들로부터 정보를 마음껏 끌어내고, 유아들이 다양하게 상상할 수 있도록 돕는다.

유아교육기관에서 창의적 사고기법은 대소집단 또는 개별 활동 속에서 통합적으로 실시된다. 예를 들어, 유아교사는 스캠퍼 기법을 적용하여 이야기 나누기 활동이나 미술활동을 하거나, 강제결합법을 통해 요리활동을 하고, 열거법으로 과학활동을 한다. 브레인스토밍은 이야기 나누기, 신체표현뿐 아니라 동시와 동화활동에서 활용된다. 따라서 창의적 사고기법에 다다르기에서는 기존의 교육과정 속에서 창의적 사고기법이 적용될 수 있는 교육활동들을 소개한다.

다만 권혜진(2015)은 모든 학습자에게 동일한 방법으로 창의적 사고기법을 적용할 수 없음을 지적하며, 학습자의 연령뿐 아니라 특성, 흥미, 교과 특성을 포함하는 대상과 상황 맥락을 고려하여 적절한 교수-학습 방법을 탐색해야 한다고 보았다. 따라서 유아교사는 창의적 사고기법에 다다르기에서 안내된 활동들을 참고하여 유아교육현장에 맞게 활동을 재구성해 보길 바란다.

활동명 나만의 마스크

활동 대상	만 4세	활동 유형	미술활동(스캠퍼)
활동 목표	• 마스크의 특성을 안다. • 자신만의 마스크를 창의적으로 표현한다.		
활동 자료	유아용 마스크 실물자료, 안경, 손수건, 종이, 색연필		

활동 방법

1. **마스크 수수께끼를 통해 활동에 관심을 갖도록 한다.**

– 선생님이 수수께끼를 준비해 왔어요.

– 선생님이 내는 수수께끼를 잘 듣고, '무엇인지 알겠어요.' 하는 어린이들은 손을 들어 주세요.

> 수수께끼
> 이것은 무엇일까요?
> 이것은 하얀색 또는 검은색이에요.
> 이것은 두 개의 구멍이 있어요.
> 이것은 감기에 걸렸을 때 사용해요.
> 이것을 하고 있으면 입속으로
> 미세먼지도 들어오지 않아요.
> 이것은 무엇일까요?

– 이것은 무엇일까요? 우리 행복반 어린이들이 다 함께 이야기해 보기로 해요.

– 그래요. 이것은 마스크예요.

– 오늘은 마스크에 대해서 이야기 나누고, 내가 만들고 싶은 마스크를 그림으로

표현해 보기로 해요.

2. **마스크 실물자료를 보며 마스크의 특성을 탐색한다.**

- 어린이들은 마스크를 해 보았나요? 어떤 마스크를 해 보았나요?
- □□이는 로봇 그림이 그려진 하얀색 마스크를 해 보았대요.
- 마스크는 어떤 모양이었나요?
- 그래요. 네모 모양인 마스크도 있고, 툭 튀어 나와 둥근 모양처럼 보이는 마스크도 있어요.
- (유아용 마스크 실물자료를 보여주며), 이 마스크는 어떤 모양인가요?
- 그래요. 네모 모양도 있고, 구멍이 난 부분도 있어요.
- 마스크를 하면 어떤 느낌이 들까요?
- □□이는 답답한 느낌이 든다고 했어요.
- 마스크는 직접 손으로 만져보며 어떤 느낌인지 친구들에게 소개해 줄 어린이는 손을 들어보세요.
- △△이가 나와서 마스크를 만지면 어떤 느낌인지 이야기해 보세요.
- △△이는 마스크가 부드럽다고 이야기해 주었어요.
- 마스크를 한 후 숨을 마셨다가 내쉬면 어떻게 될까요?
- 사람들은 언제 마스크를 쓸까요?
- 그래요. 추운 겨울이 되거나 미세먼지가 심할 때 또는 공사장에서 일할 때도 마스크를 사용해요.
- 왜 우리는 감기에 걸리거나 미세먼지가 심할 때 마스크를 쓸까요?
- 그래요. 세균이나 미세먼지가 입 안으로 들어오지 않도록 하려면 마스크를 해야 해요.

3. **스캠퍼를 활용하여 내가 만들고 싶은 마스크를 상상해 본다.**

- 만약 어린이 여러분이 마스크를 직접 만든다면 어떻게 만들고 싶나요?
- △△이는 세모 모양의 마스크를 만들고 싶대요.

- 무엇으로 마스크를 만들고 싶나요?
- □□는 왜 종이로 마스크를 만들고 싶은지 이야기해 볼까요?
- (안경을 준비하며) 마스크와 안경을 합치면 어떤 마스크가 될까요?
- 그래요. 눈사람 모양이거나 코에도 걸 수 있는 마스크가 될 것 같아요.
- 안경 말고 무엇을 마스크와 합쳐 마스크를 만들면 좋을까요?
- (손수건을 준비하며) 만약 손수건으로 마스크를 만들면 어떨까요?
- 그래요. 더 가벼운 마스크를 만들 수 있을 것 같아요.
- 어린이들은 어떤 모양으로 만들고 싶나요?
- 우리 행복반 어린이들은 동그란 모양, 세모 모양, 하트 모양, 꽃 모양의 마스크를 만들고 싶다고 이야기해 주었어요.
- 마스크를 별 모양으로 바꾸면 어떨까요?
- 마스크를 얼굴 크기만큼 크게 만들면 어떻게 될까요?
- 그래요. 앞을 보기도 힘들고 숨 쉬기도 어려울 것 같아요.
- 마스크의 끈을 없애면 어떻게 될까요?
- 그래요. 마스크를 귀에 걸 수 없을 거예요. 우리가 마스크를 하려면 무엇이 필요할까요?
- 마스크의 끈이 가운데로 오면 어떨까요?
- 그래요. 꼭 거미줄처럼 보일 것 같아요.
- 어린이 여러분은 어떤 마스크를 만들고 싶은지 상상해 보세요.

4. **활동자료를 안내하며 내가 만들고 싶은 마스크를 표현해 본다.**

- (종이, 색연필을 보여주며), 자신이 만들고 싶은 마스크를 색연필로 이 종이에 그려보세요.
- 만들고 싶은 마스크의 모양도 생각해 보고, 무엇으로 만들면 좋을지도 적어보세요.
- 그럼 어떤 마스크를 만들지 생각한 어린이들은 그림으로 표현해 보세요.
- 마스크를 그린 어린이들은 마스크의 이름도 적어주세요.
- 그림을 다 그린 어린이들은 색연필과 종이를 정리해 주세요.

5. 표현한 마스크를 소개한다.

- 행복반 어린이들 모두 다른 마스크를 그려 주었어요.
- 그림으로 표현한 마스크를 친구들에게 소개하고 싶은 어린이는 손을 들어 보세요.
- 자신이 그린 마스크와 어떤 점이 같은가요? 다른가요?

6. 표현한 마스크를 떠올리며 활동을 평가하고 마무리한다.

- 함께 마스크에 대해 알아보고, 여러 다양한 질문으로 만들고 싶은 마스크도 상상해 보았어요.
- 활동하면서 어떤 점이 즐거웠나요?
- □□이는 마스크를 자세히 볼 수 있어 좋았대요.
- 만약 여러분이 상상한 마스크가 개발된다면 어떨까요?
- 그래요. 아주 신날 것 같아요.
- 어린이들이 그린 마스크 그림은 어디에 전시하여 함께 보면 좋을까요?
- 그럼 미술영역 전시 공간에 그림을 걸어두기로 해요.

활동 시 주의점

- 스캠퍼를 활용해서 질문을 할 때는 유아의 이해를 돕기 위해 실물자료를 이용하거나 그림을 그려 직접 표현해 준다.
- 유아들이 스스로 생각한 마스크를 그림으로 표현할 때 유아교사는 스캠퍼 질문을 하며 개별 유아의 생각을 넓히도록 돕는다.

확장 활동

- 미술놀이: 그림으로 표현한 마스크를 미술자료로 직접 만든다.

활동명 내가 그린 해바라기

활동 대상	만 4세	활동 유형	미술활동(스캠퍼)
활동 목표	• 고흐의 해바라기를 즐겁게 감상한다. • 해바라기 그림을 창의적으로 표현한다.		
활동 자료	해바라기의 꿈 동요, 해바라기 그림자료, 도화지, 색연필		

활동 방법

1. 해바라기의 꿈 동요를 들으며 주의집중한다.

– (작은 소리로 동요를 들려주며), 어떤 동요인지 잘 들어보세요.

– 다시 동요를 한 번 들으며 허밍으로 따라 해 보세요.

– 이제 활동할 준비가 되었으면 선생님을 보세요.

2. 해바라기를 본 경험을 이야기 나눈다.

– 여름에 볼 수 있는 꽃은 무엇일까요?

– 그래요. 여름에는 나팔꽃을 볼 수 있고, 해바라기도 볼 수 있어요.

– 그럼 어린이들은 해바라기를 본 적 있나요? 언제 해바라기를 보았는지 이야기 해 볼까요?

– □□이는 할머니 집에 가는 길에 엄마와 함께 해바라기를 보았대요.

– 여러분은 해바라기를 보면 어떤 생각이 드나요?

– 그래요. 선생님도 해바라기를 보면 여러분처럼 환하게 웃는 사람이 떠올라요.

– 태양을 좋아했던 한 화가는 태양을 닮은 해바라기를 그림으로 그렸대요.

– 어떤 그림인지 만나보기로 해요.

3. **해바라기 그림을 보며 자유롭게 이야기 나눈다.**

- (해바라기 그림자료를 보이며)이 그림을 보세요. 어떤 그림인가요?
- 그래요. 꽃병에 담긴 해바라기가 있어요.
- 이 해바라기를 보니 어떤 느낌이 드나요?
- □□는 따뜻한 느낌이 든다고 이야기해 주었어요.
- 이 그림의 제목은 무엇일까요?
- 그래요. 해바라기예요. 이 그림은 빈센트 반 고흐라는 화가가 그렸어요.

4. **스캠퍼를 적용하여 해바라기 그림을 감상하고 생각을 표현해 본다.**

- 만약 여러분이 태양을 아주 좋아했다면 어떤 그림을 그렸을까요?
- ○○이는 동그란 무지개 사탕을 그렸을 것 같대요.
- 만약 이 화병에 해바라기 대신 장미꽃을 그렸다면 어땠을까요?
- 만약 여러분이 고흐라면 해바라기 대신 어떤 꽃 그림을 그리고 싶나요?
- 왜 진달래를 그리고 싶나요?
- 만약 화가가 진짜 해바라기로 그림을 표현했다면 어떨까요?
- 그래요. 해바라기가 더 실감나게 보였을 것 같아요.
- 이 해바라기 그림을 우리 유치원과 합쳐 그리면 어떨까요?
- 그래요. 해바라기 유치원이 되어 해님을 따라 움직일 수도 있을 것 같아요.
- 해바라기 그림 속에 또 무엇이 그려져 있으면 좋을까요?
- □□이는 왜 해님이 있었으면 좋겠어요?
- 가운데 있는 해바라기만 그림을 아주 크게 그린다면 어떨까요?
- ○○이는 왜 이상할 것 같다고 생각했나요?
- 해바라기 꽃이 하나만 남으면 어떨까요?
- 그래요. 해바라기가 심심할 것 같아요.
- 해바라기 그림에 있는 화분 대신 흙으로 그림을 그린다면 어떨까요?
- 해바라기 그림 뒤에 있는 벽이 없어진다면 어떤 느낌일까요?
- 해바라기 꽃이 모두 활짝 피어 있으면 어떨까요?

5. 해바라기 그림을 바꾸어 그려본다.

- 여러분이 고흐라면 어떤 그림을 그렸을지 상상해서 이 도화지에 색연필로 그려보세요.
- 우리가 나누었던 이야기를 떠올리며 자유롭게 그림을 그려보세요.
- 그림을 다 그린 어린이들은 그림의 제목을 생각해 보세요.

6. 표현한 자신만의 해바라기 그림을 소개한다.

- 모두 그림을 완성하였어요.
- 어떤 그림을 그렸는지 소개해 보기로 해요.
- ○○이는 태양 해바라기를 제목으로 하여 그림을 그렸대요.
- ○○이가 그린 그림과 해바라기 그림의 다른 점은 무엇인가요?

7. 해바라기 그림을 다양하게 표현해 본 느낌을 이야기 나눈다.

- 해바라기 그림을 감상한 후 여러분이 직접 그림으로 표현해 보니 어땠나요?
- □□이는 진짜 화가가 된 것 같아 기분이 좋았대요.
- 어떤 부분이 가장 재미있었나요?
- △△는 해바라기를 크게 그려보는 게 재미있었대요.
- 그림을 그릴 때 힘들었던 점은 무엇인가요?
- □□는 해바라기를 많이 그리고 싶었는데 다 그리지 못해 아쉬웠대요.
- 우리가 그린 이 그림을 게시판에 전시할 수 있도록 토끼 모둠부터 앞으로 가져오기로 해요.
- 전시를 마친 모둠 어린이들은 손을 씻고 모여주세요. 산책을 나가 해바라기를 보기로 해요.

활동 시 주의점

– 유아가 해바라기 그림을 표현하기 어려워할 경우, 스캠퍼를 활용하여 개별적으로 질문한다.

확장 활동

– 쌓기놀이: 블록으로 해바라기를 표현한다.

활동명 여름을 시원하게 보내요

활동 대상	만 5세	활동 유형	이야기 나누기(강제결합법)
활동 목표	• 여름을 시원하게 보내는 방법을 안다. • 창의적으로 자신의 생각을 표현한다.		
활동 자료	여름을 시원하게 보내는 방법 그림카드(물놀이, 에어컨, 아이스크림, 빈 그림카드 5장), 주사위, 여러 가지 사물 그림카드(나뭇잎, 돌멩이, 연필, 가위, 블록, 동화책, 옷, 우산, 빈 그림카드 2장), 보드마카		

활동 방법

1. '즐거운 여름' 노래를 부르며 집중할 수 있도록 한다.

– 선생님과 함께 '즐거운 여름' 노래를 불러보기로 해요.

– 노래 제목처럼 즐겁게 다시 불러보기로 해요.

2. 여름 날씨에 대해 이야기 나눈다.

– 어린이들이 신나게 물놀이를 할 수 있는 여름이 왔어요.

– 여름이 되니 어떤가요?

– 그래요. 우리 어린이들은 여름이 되니 신나고 재미있을 것 같대요. 왜 재미있을 것 같다고 생각했나요?

– □□이는 수영을 할 수 있어서 재미있을 것 같대요.

– 그럼 여름 날씨는 어때요?

– 그래요. 여름은 아주 더워요. 그래서 물놀이를 하며 더위를 식히기도 해요.

– 또 여름 날씨는 어떨까요?

– 장마로 비가 많이 내려서 습하기도 하고, 태풍이 불기도 해요.

– 태풍이 오기도 하지만 대부분 더운 여름을 보내게 돼요. 아주 더운 때를 폭염이라고도 이야기해요.

- 갈수록 여름 온도가 올라가 밤에도 잠을 제대로 자지 못하는 사람들이 늘고 있어요. 그래서 오늘은 이 더운 여름을 시원하게 보낼 수 있는 방법을 이야기 나눠보기로 해요.

3. **여름을 시원하게 보내는 방법을 이야기 나눈다.**

- 더운 여름을 시원하게 보내기 위해서 무엇을 했었나요?
- □□이는 선풍기를 쐬며 있었대요.
- 선생님이 준비한 그림카드를 보며 이야기 나눠보기로 해요.
- (여름을 시원하게 보내는 방법 그림카드를 보며), 어떤 그림인가요?
- 그래요. 물놀이를 하고 있어요. 그 옆에는 에어컨 바람을 쐬는 그림도 있어요.
- 또 어떤 방법으로 여름을 시원하게 보낼 수 있을까요?
- 그래요. 시원한 아이스크림을 먹을 수도 있어요.
- (빈 그림카드 5장을 보며), 이 그림카드에 여름을 시원하게 보낼 수 있는 여러 가지 방법을 찾아서 이 빈 그림카드에 표현해 보기로 해요.
- 여름을 시원하게 보낼 수 있는 방법을 어떻게 하면 찾을 수 있을까요?

4. **강제결합법을 활용하여 여름을 시원하게 보내는 방법을 이야기 나눈다.**

- (주사위와 여러 가지 사물 그림카드를 보며), 여름을 시원하게 보낼 수 있는 방법을 생각해 보기 위해서 주사위와 그림카드를 준비해 왔어요.
- 주사위에는 무엇이 있나요?
- 그래요. 주사위의 각 면 가운데에 보들이가 붙어 있어요.
- 그럼 그림카드를 볼까요? 그림카드에는 무엇이 있나요?
- 그래요. 나뭇잎, 돌멩이, 연필, 가위, 블록, 동화책, 옷, 우산이 그려져 있어요. 그리고 그림이 없는 카드가 2장 있어요. 이 그림카드의 뒷면에는 까끌이가 붙어 있어요.
- 이 주사위와 그림카드로 어떻게 여름을 시원하게 보낼 수 있는 방법을 찾을 수 있을까요?

- 먼저, 그림이 없는 카드에 보드마카로 머릿속에 떠오르는 물건을 그릴 거예요.
- 무엇을 그리면 좋을까요?
- 그래요. 그럼 □□이가 이야기한 색연필과 장화를 그려보기로 해요.
- 이제 10장의 그림카드가 완성되었어요. 이 중에서 6장의 그림카드를 뽑아 이 주사위에 붙이기로 해요.
- 누가 나와서 그림카드를 뽑아볼까요?
- 주사위도 완성되었어요. 그럼 이 주사위를 두 번 돌린 후, 나오는 그림을 합쳐서 시원하게 여름을 보낼 수 있는 방법을 이야기 나눠보기로 해요.
- 선생님이 먼저 시범을 보이도록 할게요. 자, 주사위를 돌렸더니 나뭇잎과 우산이 나왔어요. 선생님은 이 우산을 나뭇잎으로 꾸며 동굴을 만들면 시원할 것 같아요.
- 그럼 누가 나와서 주사위를 던져 여름을 시원하게 보낼 수 있는 방법을 찾아볼까요?
- □□이가 나와서 주사위를 던져주세요.
- □□이가 주사위를 던져 나온 그림은 무엇인가요?
- 그래요. 그럼 돌멩이와 동화책으로 여름을 시원하게 보낼 수 있는 방법은 무엇이 있을지 우리 □□이의 이야기를 들어보기로 해요.
- □□이가 이야기한 방법을 빈 그림카드에 선생님이 적어줄게요.
- 이제 빈 그림카드가 4장 남았어요. 이번에는 누가 나와서 주사위를 던져볼까요?
- 이제 여름을 시원하게 볼 수 있는 방법 5가지가 완성되었어요.
- 우리 친구들이 찾아낸 방법이 무엇인지 함께 보기로 해요.

5. **여름을 시원하게 보낼 수 있는 방법을 회상하며 활동을 마무리한다.**

- 주사위에 있는 그림을 결합하여 여름을 시원하게 보낼 수 있는 방법을 찾아보았어요. 어떤 방법들이 있었나요?
- 주사위를 이용해 활동해 보니 어땠나요?
- □□이는 주사위를 던져 재미있었대요.

- 여름을 시원하게 보낼 수 있는 참신한 방법은 무엇이었나요?
- 또 활동을 하게 된다면 주사위 그림카드에 어떤 그림을 그리고 싶은가요?
- △△이는 왜 가방을 그리고 싶나요?
- 다른 그림을 그려 카드를 완성해 보기로 해요. 그럼 이 주사위와 그림카드들은 어디에 두면 좋을까요?
- 그래요. 이 주사위는 언어영역에 둘게요. 더 해보고 싶은 어린이는 자유놀이시간에 해 보기로 해요.

활동 시 주의점

- 주사위를 던질 수 있는 충분한 공간을 마련하고, 주사위는 세게 던지지 않도록 한다.
- 유아가 나온 그림으로 이야기를 하지 못할 경우 주사위를 다시 던질 수 있는 기회를 제공한다.
- 유아가 여름을 시원하게 보내는 방법을 제시하면 교사가 빈 종이에 글을 적어준다.

확장 활동

- 미술놀이: 여름을 시원하게 해 주는 사물을 그려본다.

활동명 종이벽돌블록의 변화

활동 대상	만 5세	활동 유형	자유놀이(강제결합법)
활동 목표	• 종이벽돌블록의 특징을 안다. • 종이벽돌블록의 특징을 변화시킬 수 있는 방법을 찾는다. • 창의적인 방법으로 종이벽돌블록의 변화를 즐긴다.		
활동 자료	다양한 종이벽돌블록 사진, 궁금이 상자, 그림카드(유리, 나뭇잎, 물, 방울, 꽃 그림), 빈 그림카드 5장, 보드마카, 발명결과지, 연필		

활동 방법

1. **초성퀴즈를 알아보며 주의집중한다.**

- 선생님이 우리 교실에 있는 흥미영역 중에서 한 가지를 정해 초성퀴즈를 내려 해요. 잘 듣고 무엇인지 이야기해 보세요.
- 이 흥미영역의 초성은 ㅆㄱ입니다. ㅆㄱ으로 시작하는 흥미영역은 무엇일까요?
- 그래요. 쌓기놀이영역이에요. 이번에는 이 쌓기놀이영역에 있는 교구의 초성을 들려줄게요. ㅈㅇㅂㄷㅂㄹ의 초성을 가진 놀잇감은 무엇일까요?
- 자 다 함께 이야기해 보세요.
- 그래요. 종이벽돌블록이에요.

2. **다양한 종류의 종이벽돌블록을 소개한다.**

- 우리 교실의 쌓기놀이영역에는 종이벽돌블록이 있어요.
- 우리 교실에 있는 종이벽돌블록과 또 다른 종이벽돌블록의 사진을 준비해 왔어요.
- 이 종이벽돌블록은 어떤가요?
- 그래요. 벽돌그림이 아니라 한글이 적혀 있어요.
- 만약 여러분이라면 종이벽돌블록에 어떤 그림이나 무늬를 넣고 싶나요?
- △△이는 동물 그림을 그리고 싶대요.

- 이 종이벽돌블록은 우리 교실에 있는 블록보다 크기가 어떤가요?
- 얼마만한 종이벽돌블록이 있으면 좋을까요?
- □□이는 아주 작은 종이벽돌블록이 있었으면 좋겠대요.
- 종이벽돌블록은 무엇으로 만들었나요?
- 그래요. 아주 두꺼운 종이로 만들어졌어요.
- 만약, 다른 종이벽돌블록을 만든다면 무엇으로 만들고 싶나요?
- ○○이는 나무로 만들고 싶대요. 왜 나무로 만들고 싶나요?
- 우리 어린이들이 이야기한 것처럼 무늬, 크기, 재질 등이 다양한 종이벽돌블록을 만들 수 있어요.
- 이번 놀이시간에는 종이벽돌블록을 어떻게 달라지게 할 수 있을지 생각해 보기로 해요.

3. 강제결합법을 위한 활동자료를 구성한다.

- 궁금이 상자를 준비해 왔어요. 궁금이 상자에 어떤 그림들이 있는지 하나씩 꺼내보기로 해요.
- 그래요. 유리, 나뭇잎, 물, 방울, 꽃이 그려져 있어요.
- 그림이 없는 것도 하나, 둘, 셋, 넷, 다섯, 모두 다섯 장이 있어요. 이 다섯 장에는 그리고 싶은 그림을 보드마카로 표현해 보세요.
- 종이벽돌블록을 보고 떠오르거나 좋아하는 물건의 그림을 그려도 좋아요.
- 이제 모두 그림을 다 그렸네요.
- 이 궁금이 상자에 그림들을 모두 넣기로 해요.

4. 강제결합법으로 종이벽돌블록을 달라지게 할 수 있는 방법을 찾아 발명결과지에 기록한다.

- 이제 새로운 종이벽돌블록을 어떻게 만들 수 있을지 생각하여 발명기록지에 기록해 보기로 해요. 궁금이 상자에 있는 카드를 한 장 뽑은 후 종이벽돌블록과 어떻게 합쳐서 새로운 종이벽돌블록을 만들 수 있을지 생각해 보세요.

- 먼저 선생님이 시범을 보일게요.
- 짜잔, 선생님이 뽑은 그림은 무엇인가요?
- 그래요. 나뭇잎을 뽑았어요. 선생님은 이 나뭇잎 그림카드를 보니깐 종이벽돌블록을 나뭇잎벽돌블록으로 하면 좋을 것 같다는 생각이 들어요. 이 블록으로 숲을 만들 수 있을 것 같아요.
- 이제, 차례대로 그림을 한 장씩 뽑으세요. 그 다음에는 종이벽돌블록을 발명하기 위해 뽑은 그림과 결합하여 만들 수 있는 종이벽돌블록을 생각해 보세요. 마지막으로 발명결과지에 연필로 생각한 종이벽돌블록을 기록해 보세요.

5. **발명결과지를 살펴본다.**

- 친구들이 만든 새로운 종이벽돌블록은 어떨까요? 기록을 함께 보기로 해요.
- 모양이나 크기가 다양한 종이벽돌블록이 있었어요.
- ○○가 생각한 종이벽돌블록이 개발되어 우리 교실에서 사용할 수 있다면 더 즐거운 쌓기놀이가 될 수 있을 것 같아요.

6. **발명결과지를 전시하고, 놀이를 마무리한다.**

- 만약 여러분이 생각한 나뭇잎 종이벽돌블록이 만들어진다면 무엇을 표현해 보고 싶나요?
- 그래요. 새로운 종이벽돌블록을 미술영역에 있는 점토로 표현해 볼 수 있을 것 같아요.
- 그럼 이제 또 다른 종이벽돌블록을 상상하고 싶은 어린이들은 이 놀이를 계속하기로 해요.
- 여러분이 기록한 발명결과지는 게시판에 전시해 두기로 해요.

활동 시 주의점

- 먼저 한 유아가 뽑은 카드를 뽑고 싶은 유아가 있다면 다음 활동에서는 먼저 순서를 할 수 있도록 한다.
- 종이벽돌블록의 무늬, 크기, 무게, 색깔, 느낌, 재질, 소리 등 다양한 방법으로 변화할 수 있는 생각을 끌어낼 수 있도록 발문한다.

확장 활동

- 미술놀이: 새로운 종이벽돌블록을 만들어 본다.

| 활동지 참고용 |

종이벽돌블록 발명기록지

이름:

※ 카드에 나온 그림과 결합하여 새로운 종이벽돌블록을 그림으로 표현해 보세요.

종이벽돌블록	

활동명 연필이 달라졌어요

활동 대상	만 5세	활동 유형	과학활동(속성열거법)
활동 목표	• 연필의 특성을 발견한다. • 새로운 연필 생각하기를 즐긴다.		
활동 자료	여러 종류의 연필, 돋보기, 연필 생각 기록지, 색연필		

활동 방법

1. '요기 여기' 노래를 부르며 집중할 수 있도록 한다.

- 선생님이 교실 물건 이름을 넣어 '요기 여기' 노래를 불러볼게요.
- 선생님의 노래를 듣고, 가리키는 물건들이 교실 어디에 있는지 다 함께 찾아보기로 해요.

2. 우리 교실에 있는 물건을 살펴보며 연필을 찾는다.

- 노래를 부르면서 교실에 있는 어떤 물건들을 찾아보았나요?
- 그래요. 의자도 찾아보고, 그림책도 찾아보고, 컴퓨터도 찾아보았어요.
- 우리 교실에는 또 어떤 물건들이 있을까요?
- 그래요. 책상도 있고, 색연필도 있어요.
- 여러분이 글을 쓸 때 많이 사용하는 이것은 무엇일까요?
- 그래요. 연필이에요.
- 여러분은 어떤 연필을 사용해 보았나요?
- 그래요. 길이도 다양하고 그림도 다양한 연필을 사용하였어요.
- 어떤 연필이 있으면 좋겠어요?
- □□이는 왜 푹신한 연필이 있으면 좋겠다고 생각했나요?
- 오늘은 우리 교실에 있는 물건 중에서 어린이들이 자주 사용하는 연필을 더 자세히 관찰해 보며 우리가 알지 못했던 특징들을 찾아보기로 해요.

– 그리고 새로운 연필을 발명하기 위해 상상하여 표현해 보기로 해요.

3. 속성열거법을 활용하여 연필의 특성을 기록할 수 있도록 활동 방법을 안내한다.

– (연필 생각 기록지를 나눠주며), 연필 생각 기록지예요. 무엇을 기록할까요?

– 그래요. 먼저 연필의 특성을 관찰해서 기록하기로 해요.

– 연필은 어떤 특징이 있는지 돋보기로 자세히 관찰해 보기로 해요.

– 연필의 색, 모양을 관찰하고 기록해요. 또 무엇을 관찰할 수 있을까요?

– 그래요. 연필은 어떤 부분으로 구성되어 있는지 관찰해 보세요.

– 기록지에 연필은 무엇으로 만들었는지, 그리고 어디에 사용되는지 적어보기로 해요.

– 관찰이 끝나고 나면 여러분이 바라는 연필을 생각기록지 아래쪽에 그림과 글로 표현해 보세요.

– 활동을 할 때 주의할 점이 있어요. 연필을 관찰할 때는 그 특성을 많이 찾을 수 있도록 자세히 살펴요.

4. 연필을 관찰하고 연필 생각 기록지에 그 내용을 기록한다.

– 연필이 여러분 앞에 놓여 있어요. 각자 관찰하고 싶은 연필을 고르세요.

– 연필을 골랐다면 돋보기로 연필을 자세히 관찰해 보세요.

– 관찰하면서 궁금한 점은 선생님에게 물어보기로 해요.

– 연필을 관찰해 보았다면 친구와 이야기하면서 연필의 특성을 많이 찾아보세요.

– 관찰이 끝난 어린이들은 더 편한 연필을 만드는 방법을 그림과 글로 표현해 보세요.

5. 연필 생각 기록지를 소개한다.

– 완성한 연필 생각 기록지를 친구들에게 소개해 보기로 해요.

– 발표하고 싶은 어린이는 손을 들어볼까요?

- 마지막으로 ○○ 어린이의 멋진 생각을 들어보기로 해요. ○○ 발표해 볼까요?

6. **상상한 연필을 이야기 나누며 활동을 마무리한다.**

- 어떤 활동을 함께 해 보았나요?
- 그래요. 연필의 특성을 찾아 기록해 보고, 상상한 연필을 그려보았어요.
- 새로 알게 된 연필의 특성은 무엇이었나요?
- □□이는 연필심을 자세히 볼 수 있었대요.
- 우리가 상상한 연필은 어땠나요?
- 그래요. 세모 모양 연필도 있었고, 길이가 길어졌다가 짧아졌다 하는 연필도 있었어요.
- 우리가 상상한 연필을 어떻게 표현해 보면 좋을까요?
- 그래요. 그림으로 그린 연필을 직접 만들어 보면 좋을 것 같아요.
- 연필의 특징을 자세히 관찰하고, 또 생각을 나눈 우리 행복반 어린이 모두에게 칭찬의 박수를 보내 주세요.
- 이제 손을 씻고 간식 먹을 준비를 해요.

활동 시 주의점

- '요기 여기' 노래를 부를 때는 교실에 있는 사물 이름을 넣어 개사하여 부른다.
- 연필의 특성은 기록지에 10가지로 적을 수 있도록 되어 있으나 유아의 특성을 고려하여 더 적게 또는 빈 공간에 더 많이 기록할 수 있도록 한다.

확장 활동

- 수놀이: 연필의 부분과 전체 퍼즐 맞추기를 한다.

| 활동지 참고용 |

연필 생각 기록지

연필 특성	특성 1.	특성 6.
	특성 2.	특성 7.
	특성 3.	특성 8.
	특성 4.	특성 9.
	특성 5.	특성 10.
연필 발명		

활동명 새로운 실내화

활동 대상	만 5세	활동 유형	이야기 나누기(속성열거법)
활동 목표	• 건강한 몸에 관한 생활 도구의 필요성을 안다. • 실내화의 특징을 다양하게 탐색한다. • 창의적으로 실내화를 구성한다.		
활동 자료	실내화, 실내화 병풍책, 색연필		

활동 방법

1. 손놀이로 여러 가지 도구를 찾아본다.

- 행복반 어린이들 매트 어린이들은 매트에, 의자 어린이들은 의자를 가져와서 앉아주세요.
- 선생님과 함께 눈인사해 볼까요?
- 모두 초롱초롱한 눈으로 눈인사를 잘해 주었어요. 선생님이 손으로 무언가를 만들려고 해요. 손동작을 잘 보고 무엇인지 이야기해 보세요.
- (손으로 동그란 모양을 만들어 눈에 가져가며), 이것은 무엇일까요?
- 그래요. 안경이었어요.
- (커다란 동그라미에 숫자를 표현하며), 이것은 무엇일까요?
- 그래요. 시계예요.

2. 우리에게 필요한 도구에 대해 이야기 나눈다.

- 우리 주변에는 우리가 더 편안하고 안전하게 생활할 수 있도록 도와주는 도구들이 많이 있어요. 우리가 이야기한 안경과 시계도 그중 하나이지요.
- 만약 선생님이 이 안경을 쓸 수 없다면 어떨까요?
- 그래요. 우리 행복반 어린이들이 누구인지 알아볼 수 없어요.
- 우리 교실에 시계가 있어서 좋은 점은 무엇일까요?

- 그래요. 시간을 알 수 있어요. 시계가 없으면 언제 놀이하는지 식사하는지 알 수 없어요.
- 그럼 우리 몸이 건강할 수 있도록 도와주는 도구는 무엇일까요?
- 그래요. 칫솔이 있어요. 칫솔은 왜 필요할까요?
- 그래요. 치아가 건강하게 자랄 수 있도록 입안을 깨끗하게 해 줘요.
- 또 우리가 열이 날 때 사용하는 도구는 무엇일까요?
- 그래요. 체온계요. 체온계가 없으면 어떻게 될까요?
- 그래요. 열이 나는지 알 수 없어서 제때 약을 먹지 못할 수도 있어요.
- 우리 교실에 있는 공기 청청기도 깨끗한 공기를 마시며 우리가 놀이할 수 있도록 도와주어요.
- 우리가 신고 있는 실내화는 어떨까요?
- 그래요. 실내화는 뾰족한 물건으로부터 우리의 발을 보호해 주어요.
- 이처럼 다양한 생활 도구들이 있어요. 오늘은 이러한 생활 도구 중에서 실내화에 대해 더 이야기 나눠보기로 해요.

3. **실내화의 특징을 살펴본다.**

- (실내화를 보이며), 이것은 무엇인가요?
- 그래요. 우리가 유치원에서 신는 실내화예요.
- 실내화는 어떤 모양인가요?
- 그래요. 앞부분은 둥글게 생겼어요.
- 실내화 바닥은 어떤 모양인가요?
- 그래요. 눈사람 모양 같기도 해요.
- 실내화의 색은 어때요?
- 왜 실내화는 하얀색일까요?
- 실내화는 어떤 느낌이 드나요?
- 그래요. 푹신푹신한 느낌이에요.
- 실내화는 무엇으로 만들었을까요?

- 그래요. 고무, 면, EVA라는 물질로 실내화를 만들어요.
- 실내화에 구멍은 왜 있을까요?
- 만약 여러분이 실내화를 직접 만든다면 어떤 모양으로 만들고 싶나요?
- 왜 네모 모양으로 만들고 싶나요?
- 그럼 어떤 색으로 만들고 싶나요?
- 왜 분홍색으로 실내화를 만들고 싶나요?
- 어떤 느낌의 실내화가 있으면 좋을까요?
- □□이는 따뜻한 실내화가 있었으면 좋겠대요.
- 실내화를 우리 교실뿐 아니라 밖에 나가서 신을 수 있는 방법은 무엇일까요?

4. **실내화 병풍책을 만든다.**

- 실내화를 자세히 관찰하며 여러분이 어떤 새로운 실내화를 만들 수 있을지 이야기 나눠보았어요.
- 우리가 나눈 이야기로 실내화 병풍책을 만들어 보기로 해요.
- 병풍책에는 무엇을 그리거나 적으면 좋을까요?
- 그래요. 이 4면에는 여러분이 실내화를 관찰하고 그 특징을 적도록 해요.
- 그리고 마지막 면에는 자신이 만들고 싶은 실내화를 그려 표현해 주세요.
- 병풍책의 앞에는 새로운 실내화의 이름을 써 제목을 지어주세요.
- 자 그럼 병풍책에 실내화의 특징을 찾아 적어보세요.

5. **실내화 병풍책을 소개한다.**

- 우리 행복반 어린이들이 만든 병풍책을 함께 보며 이야기 나누기로 해요.
- ○○이는 어떤 실내화 병풍책을 만들었는지 잘 들어보세요.
- ○○이가 소개한 실내화와 다른 실내화를 표현한 어린이가 발표해 보기로 해요.

6. 실내화의 필요성에 대해 이야기 나누며 마무리한다.

- 이번 시간에는 우리가 사용하는 실내화에 대해 이야기 나누고 새로운 실내화를 만들 수 있는 방법을 생각하여 병풍책으로 만들어 보았어요.
- 우리가 생각한 실내화가 만들어지면 어떨까요?
- 그래요. 더 따뜻하고, 미끄러지지 않을 것 같아요.
- 그럼 이제 우리가 만든 병풍책은 가방에 넣어 정리하기로 해요.

활동 시 주의점

- 실내화를 다양한 방향에서 보며 특징을 파악할 수 있도록 한다.
- 실내화에 대한 새로운 아이디어를 산출할 수 있도록 기존의 다양한 실내화를 준비하여 보여준다.

확장 활동

- 역할놀이: 다양한 신발로 패션쇼를 해 본다.

활동명 '동물 농장' 노래를 불러요

활동 대상	만 4세	활동 유형	노래(브레인스토밍)
활동 목표	• 노래 부르기를 즐긴다. • 동물이 사는 곳을 안다. • 브레인스토밍으로 노랫말을 다양하게 바꿔본다.		
활동 자료	'동물 농장' 가사판, 피아노, 종이, 매직		

활동 방법

1. 동물 소리를 듣고 무슨 소리인지 맞춰보며 주의집중한다.

- 선생님이 들려주는 동물 소리를 듣고 어떤 동물인지 맞춰보세요.
- 멍멍! 멍멍!
- 무슨 동물일까요?
- 그래요. 강아지랍니다.
- 다음은 꼬끼오 꼬꼬 무슨 동물일까요?
- 그래요. 닭이에요.

2. 동물이 사는 곳에 대해 이야기 나눈다.

- 어린이들은 어떤 동물을 좋아하나요?
- △△이처럼 "강아지를 좋아해요." 하는 어린이들은 손을 들어볼까요?
- 토끼, 다람쥐, 고양이를 좋아하는 어린이들도 있네요.
- 그럼 토끼는 어디에서 볼 수 있을까요?
- 그래요. 어떤 사람들은 집에서 토끼를 키우기도 하고, 농부는 농장에서 토끼를 키우기도 해요.
- 농장에는 또 어떤 동물이 있을까요?
- 그래요. 닭도 있고, 강아지도 있어요.

- 이번 시간에는 '동물 농장' 노래를 부르며 동물들이 사는 곳도 생각해 보기로 해요.

3. '동물 농장' 노래를 불러본다.

- 우리 함께 '동물 농장' 노래를 들어보기로 해요. 선생님이 피아노를 치며 '동물 농장' 노래를 들려줄게요.
- '동물 농장' 노래를 들으니 어떤 느낌인가요?
- ○○이는 동물들의 모습이 생각 나 재미있었대요.
- 이번에는 선생님이 피아노로 반주를 하면 우리 어린이들은 허밍으로 불러보기로 해요. 어떤 허밍으로 불러볼까요?
- 그래요. 그럼 아~로 불러보기로 해요.
- 이제 우리 '동물 농장' 노래를 함께 배워보기로 해요.
- ('동물 농장' 가사판을 보이며), 제목을 함께 읽어볼까요?
- 동물 농장. 가사를 볼까요?
- 그래요. 암탉, 거위, 염소, 송아지가 나와요.
- 그럼 우리 함께 노래를 불러볼까요?
- 모두 즐겁게 노래를 불렀어요.
- '동물 농장' 노래를 더 신나게 부르려면 어떻게 해야 할까요?
- 그래요. 그럼 선생님의 피아노 반주에 따라 빠르게 불렀다가 느리게 불러보기로 해요.
- 이번에는 선생님과 우리 어린이들이 번갈아 가며 노래를 불러보기로 해요.

4. '동물 농장' 노랫말을 바꾸어 불러본다.

- 이제 노랫말을 바꾸어 불러보기로 해요.
- 어떤 부분을 바꾸면 좋을까요?
- 그래요. 그럼 암탉 대신에 어떤 동물을 넣을까요? 자신의 생각을 마음껏 이야기해 보세요.
- 그럼 병아리를 넣기로 해요. 선생님이 병아리라고 종이에 매직으로 적어 붙여줄

게요.

- 거위 대신에 어떤 동물을 넣을까요?
- 그래요. 그럼 강아지라고 불러보기로 해요.
- 암탉 대신 병아리, 거위 대신 강아지, 염소 대신 개미, 소 대신 돼지를 넣어 불러보기로 해요.
- 바꾼 가사를 넣어 노래를 불러주었어요.
- 이번에는 노랫말의 앞부분을 바꿔보기로 해요.
- 닭장 대신에 무엇으로 할까요?
- 그래요. 그럼 새장으로 해 보기로 해요. 어떤 동물이 새장 안에 있을까요?
- □□이가 이야기한 것처럼 새장 안에는 비둘기를 넣어요.
- 이렇게 모두 가사를 바꿔보았어요. 바뀐 가사에 따라 노래를 불러보기로 해요.
- 이제 자신이 좋아하는 동물 이름을 넣어 노래를 부르며 마무리하기로 해요.
- 어린이들은 어떤 동물 이름을 넣고 싶나요?
- △△이는 공룡을 넣어 불러보기로 해요.

5. **'동물 농장' 노래를 다양한 방법으로 불러본 느낌을 이야기 나누며 다음 활동을 안내한다.**

- '동물 농장' 노래를 다양하게 불러보았어요. 어떻게 불렀을 때가 가장 재미있었나요?
- □□이는 좋아하는 동물을 넣어 불렀을 때 가장 재미있었대요.
- 그럼 이 다음에는 어떻게 노래를 불러보고 싶나요?
- 그래요. 다음에 노래를 부를 때는 악기도 함께 연주해 보기로 해요.
- 마음껏 노래를 개사해 볼 수 있도록 작은 노랫말 판을 음률영역에 준비해 두었어요. 음률영역에서 놀이하고 싶은 어린이들은 개사해서 노래를 불러보기로 해요.
- 이제 모두 하고 싶은 자유놀이를 해요.

활동 시 주의점

- 주의집중을 위해 맞추기 쉬운 동물 소리에서 어려운 동물 소리로 퀴즈를 낸다.
- 유아들이 다양한 동물 이름을 표현할 수 있도록 여러 가지 동물 이름을 안내한다.

확장 활동

- 신체표현: 음악을 들으며 동물의 모습을 몸으로 표현해 본다.

활동명 무엇을 선물할까?

활동 대상	만 4세	활동 유형	동시(브레인스토밍)
활동 목표	• 가족에게 고마움을 표현하는 방법을 안다. • 다양하게 동시를 표현한다. • 동시말을 창의적으로 구성해 본다.		
활동 자료	동시판(무엇을 선물할까?), 종이, 네임펜		

활동 방법

1. **'가족 손가락' 손유희를 하며 주의집중한다.**

- '가족 손가락' 노래에 맞춰 손유희를 해 보기로 해요.
- 선생님을 보며 손유희를 잘해 주었어요.

2. **가족에게 고마움을 표현할 수 있는 방법에 대해 이야기 나눈다.**

- 우리 가족에게 언제 고마움을 느끼나요?
- ○○이는 엄마가 사랑해라고 말하며 아침에 깨워줄 때 고마움을 느낀대요.
- 또 언제 고마움을 느끼나요?
- 우리 어린이들은 부모님이 장난감을 사줄 때, 함께 놀아줄 때 고마움을 느낀다고 이야기해 주었어요.
- 그럼 고마운 우리 가족에게 고마움을 표현할 수 있는 방법은 무엇일까요?
- 그래요. 편지를 써서 고마움을 표현할 수 있고, 꼭 안아줄 수도 있고, 선물을 사줄 수도 있어요.
- 오늘은 고마움을 표현할 수 있는 방법을 생각하여 동시를 지어보기로 해요.

3. **'무엇을 선물할까' 동시판을 보며 이야기 나눈다.**

- 우리가 함께 지어볼 동시판이에요. 제목을 함께 읽어볼까요?
- 그래요. '무엇을 선물할까'라는 동시판이에요.
- 어린이 여러분들은 어떤 선물을 가족에게 하고 싶나요?
- □□이는 엄마에게 그림을 그려서 선물하고 싶대요.
- 그럼 어떤 동시인지 읽어보기로 해요.

무엇을 선물할까?

사랑하는 우리 가족
무엇을 선물할까?
장난감을 선물할까?

사랑하는 우리 엄마
알록달록 그림편지를 선물할까?

다정한 우리 아빠
색종이로 접은 카네이션을 선물할까?

사랑하는 우리 가족
1,000원으로 무엇을 선물할까?
과자를 선물할까?

씩씩한 우리 누나
인형을 선물할까?

귀여운 우리 동생
모자를 선물할까?

- 우리 엄마에게는 어떤 선물을 한다고 했나요?
- 그래요. 그림 편지를 선물하고 싶다고 했어요.
- 여러분은 엄마에게 어떤 선물을 하고 싶나요?
- ○○이는 엄마에게 왜 꽃을 선물하고 싶나요?
- 엄마가 꽃을 좋아해서 선물하고 싶구나.
- 아빠에게는 왜 카네이션을 선물한다고 했을까요?

- 동시에서는 1,000원으로 누나에게 무엇을 선물한다고 했나요?
- 그래요. 1,000원이 있으면 누나에게 인형을 선물하고 싶다고 했어요.
- 동생에게는 무엇을 선물할 수 있을까요?
- 엄마, 아빠, 누나, 그리고 동생이 선물을 받으면 어떤 기분일까요?
- 그래요. 기뻐할 것 같아요.

4. **'무엇을 선물할까?' 동시말을 바꿔본다.**

- 이번에는 우리가 동시말을 바꿔보기로 해요.
- 사랑하는 우리 엄마에게는 어떤 선물로 바꿀까요?
- 그래요. 그럼 꽃을 선물하는 것을 종이에 네임펜으로 적어줄게요.
- 아빠에게는 어떤 선물을 할까요?
- 그래요. 아빠가 좋아하는 노래를 선물해요.
- 1,000원이 있다면 어떤 선물을 할 수 있을까요?
- ○○는 1,000원으로 점토를 산 다음 가족 얼굴을 만들어 선물하고 싶다고 했어요.
- 우리가 바꾼 동시를 함께 읊어보기로 해요.

5. **'무엇을 선물할까' 동시를 들어본 느낌을 이야기 나누며 마무리한다.**

- 우리 가족의 고마움에 대해 이야기 나누고 어떤 선물을 하고 싶은지 브레인스토밍 하며 동시로 표현해 보았어요.
- 활동을 해 보며 어땠나요?
- 그래요. 우리 가족의 소중함에 대해 다시 생각해 볼 수 있었어요.
- 오늘 집에 가면 우리 가족에게 어떻게 고마움을 표현해 볼 수 있을까요?
- 그래요. 꼭 안아주기 선물을 하기로 약속해요.
- 이제 바깥놀이를 나갈 수 있도록 의자를 정리한 다음에 선생님 앞으로 와서 줄 서도록 해요.

활동 시 주의점

- 가족 구성원이 평소 좋아하는 물건이나 상황을 떠올리며 선물을 생각해 볼 수 있도록 한다.
- 동시 중에서 1,000원이라는 부분은 책이 있다면, 연필이 있다면 등 다양한 상황으로 바꾸어 선물을 표현해 볼 수 있도록 한다.

확장 활동

- 미술놀이: 우리 가족을 위한 선물을 만든다.

11 | 종합

11장에서는 유아의 창의성 발달에 도움이 되는 창의적 사고기법에 대해 살펴보았다. 즉, 11장에서는 스캠퍼, 강제결합법, 열거법, 그리고 브레인스토밍의 개념 및 교육방법에 대해 다루며 유아들의 여러 가지 아이디어 산출을 돕는 방법을 소개하였다. 유아교사는 창의적 사고기법을 숙지하여, 다양한 교육 상황에서 활용하길 바란다.

CHAPTER

12

인쇄물활용교육과 유아논리 · 논술교육

정보통신기술이 발달하면서, 사람들은 언제 어디서나 인터넷을 할 수 있게 되었다. 즉, 사람들은 장소나 시간의 영향을 받지 않고 누구나 원한다면 인터넷을 활용하여 비교적 짧은 시간 내에 많은 양의 정보를 찾고 수집할 수 있게 되었다.

교육 분야도 정보화라는 시대적 · 사회적 변화의 영향을 받으며 변화를 겪고 있다. 교육기관에서는 미래 사회에 적응적으로 살아가는 인재를 양성하려는 교육 목적하에 학습자들에게 미디어와 관련된 교육을 실시하고 있다.

교수방법도 발달된 정보통신기술로 다양화되고 있다. 과거 인쇄된 그림자료로 의사소통했던 이야기 나누기 자료는 애니메이션을 적절히 결합한 파워포인트 자료로 대체되고, 유아교사가 만든 동요 가사판으로 지도했던 새 노래는 동영상으로 접근하게 되었다. 유아교사들은 '무엇을 직접 만들어 교육할 것인가?' 또는 '어떤 교수 자료를 구입하여 교육할 것인가?'에서 더 나아가 '어떤 웹사이트에서 어떤 교수자료를 찾아 어떻게 수업할 것인가?'에 대해 고민하게 되었다. 교사들은 인쇄된 교수자료로 교육했던 이전의 시대에서 끊임없이 발전하는 멀티미디어를 활용한 교육으로 변화를 겪고 있다.

그럼에도 유아교육기관에서는 여전히 신문이나, 전단지, 잡지와 같은 인쇄물을 활용한 교육을 실시하고 있다. 유아들은 능동적으로 탐색하기를 즐기며, 행동의 결과를 직접 경험하기를 원한다. 또한 자율적으로 조작하며, 사고할 수 있을 때 유아들은 더 적극적으로 학습에 참여한다. 인쇄물을 활용한 교육은 이러한 유아의 발달 특성에 기인하여 오랜 시간 유아교육기관에서 실시되어 왔다.

12장에서는 인쇄물을 활용한 논리 · 논술교육에 대해 살펴본다. 유아교사들은 12장의 내용을 접하며 주변에서 쉽게 볼 수 있는 인쇄물들을 통해 유아들의 논리적 · 창의적 사고력 함양을 돕는 방법을 찾게 될 것이다.

1 인쇄물활용교육으로 다가가기

인쇄물은 글, 그림, 사진 등을 조화롭게 구성하여 사람들에게 어떠한 정보를 전달하기 위해 발행하는 자료이다. 인쇄물은 신문, 광고인쇄물, 잡지, 카탈로그, 전화번호부, 포스터, 포장인쇄물, 명함을 포함한다. 이러한 다양한 종이 형태의 인쇄물을 교육자료로 활용하여 실시하는 활동을 인쇄물활용교육이라고 한다.

효과적인 인쇄물활용교육을 위해서는 인쇄물을 선정하는 기준에 따라 활동에 적합한 인쇄물을 선정해야 한다. 어떤 인쇄물을 사용할 것인가와 관련된 인쇄물의 선정기준은 교육 대상과 교육내용 그리고 이러한 인쇄물에 대한 접근 가능성에 따라 달라진다. 인쇄물활용교육의 대상이 유아나 학령기 아동이라면 인쇄물의 구성에서 글과 그림이 차지하고 있는 비중과 활용교육을 실시할 때 한 번에 사용할 인쇄물의 양을 고려한다. 어린 유아들에게는 글보다 그림 위주로 구성된 카탈로그 인쇄물을 선택하여 활동하며 인쇄물과 친해질 수 있도록 한다. 또한 유아들에게는 신문, 잡지, 카탈로그 등 여러 종류의 인쇄물을 한꺼번에 제시하기보다 한 가지의 인쇄물을 활용하여 자신의 생각을 충분히 표현할 수 있도록 교육한다.

교육내용을 고려하여 유아들이 적극적으로 활동할 수 있는 인쇄물 선택도 중요하다. 유아교사가 시장에서 볼 수 있는 물건을 인쇄물에서 찾아 유아들과 분류하며 이야기 나누기 활동을 한다고 생각해 보자. 유아교사가 현재 준비할 수 있는 인쇄물은 달력과 전단지이다. 이 중 유아교사가 이야기 나누기 활동을 위해 선택해야 할 인쇄물은 바로 전단지이다. 달력을 준다면 유아는 필요한 그림이나 글을 찾는 데 많은 시간을 소요하게 된다. 마트나 시장에서 홍보용으로 제작된 전단지는 교육내용과 깊은 연관성을 지녀, 유아들이 분석적으로 분류하기를 시도할 수 있다. 이처럼 인쇄물활용교육을 실시할 때는 교육내용을 고려하여 유아들 스스로 문제를 해결해 나갈 수 있는 인쇄물을 선택한다.

또한 인쇄물은 유아들의 생활환경에서 쉽게 접근 가능해야 한다. 즉, 활용하고자 하는 인쇄물은 유아교육기관 및 가정에서 쉽게 구할 수 있어야 한다. 쉽게 구할 수 없는 인쇄물은 준비하는 데 오랜 시간이 걸려 교육을 제때 실시할 수 없다.

유아교육기관에서 교육적 목적하에 가장 활발히 활용되어 온 인쇄물은 신문이다. 신문을 교육에 적용한 신문활용교육(NIE: Newspaper In Education)은 미국의 대표적 일간지인 뉴욕타임스가 1932년 신문을 교실에 배포하면서 교육현장에서 논의되기 시작하였다(민순옥, 2011). 우리나라에서는 1990년대부터 교육현장에서 NIE를 시행하였는데 이때 실시된 NIE는 종이로 발생된 신문을 보조적인 교수자료로 활용하여 미술활동이나 사회적 이슈에 대해 이야기 나눠보는 활동으로 진행되었다. 이후 컴퓨터가 학교에 보급되고, 인터넷이 활성화되면서 교육기관에서는 인터넷 신문을 활용한 교육을 시도하게 되었다.

그럼에도 유아교육기관에서는 인터넷 신문보다는 인쇄된 신문을 교수매체로 활용하고 있다. 인터넷 신문을 활용한 교육은 컴퓨터를 조작하는 데 어려움이 있는 유아들이 문제를 해결할 때 활용하기 어렵다. 또한 정선된 정보를 제공해 주는 신문이 무제한의 정보가 뒤섞인 인터넷의 정보보다 교육적으로 유용할 수 있으므로(이혁규, 2008), 정보에 대한 판단 능력이 정확하지 않은 유아기에는 오히려 인쇄된 신문 활용이 바람직하다.

장봉석(2018)은 학습자의 논리적 사고력, 의사소통능력, 창의성에 긍정적인 영향을 미치는 신문활용교육에 대해 언급하며, 특히 유치원 시기가 그 이후의 시기보다 교육의 효과가 클 수 있다고 하였다. 신문에 있는 사진을 시각적으로 읽고, 그 의미를 생각해 보며, 자신의 생각을 표현해 보는 활동은 유아의 창의성에 긍정적인 영향을 미친다(민순옥, 2011). 안부금(2003)은 정치뿐 아니라 경제, 사회, 문화, 예술 분야에서 최신 정보를 담고 있는 신문을 활용한 다양한 활동들은 새로운 지식을 알게 하고 생각하는 능력을 기를 수 있도록 한다고 보았다. 이처럼 신문활용교육은 유아들에게 사고하는 힘을 길러주어 유아논리 · 논술교육의 목적을 달성하는 데 유용하다.

신문활용교육 다음으로 교육계에서 관심 갖는 교육 방법은 광고활용교육(AIE: Advertising In Education)이다. 광고활용교육은 교육적 상황에서 광고를 읽고 해석하며, 새로운 광고를 만들어 보는 과정이다. 광고활용교육은 1997년부터 용어를 사용하기 시작하여 2005년 이후 학문적 연구의 성과를 이루게 된다(이희복, 2012).

정연우(2011)는 소비자인 광고수용자를 대상으로 한 광고활용교육은 보호주의적 관점, 도구주의적 관점, 그리고 비판적 관점으로 구성된다고 보았다. 정연우(2011)의 관점을 구체적으로 살펴보면 보호주의적 관점은 허위과장광고나 왜곡된 광고 등으로부터 수용자를 보호하는 교육이며, 도구주의적 관점은 광고를 교육에 활용하여 창의성, 표현능력, 사고력과 같은 교육성과를 높이는 데 활용하는 교육을 말하고, 비판적 관점은 광고에 내재되어 있는 이데올로기적 관점들을 비판적으로 수용할 수 있도록 하는 교육을 말한다.

광고활용교육은 읽고 쓰는 능력에서부터 예술표현, 사고력, 기획력을 기를 수 있도록 한다(이희복, 2012). 이예숙과 박찬옥(2015)은 광고 영상, 음원 그리고 인쇄물을 활용한 언어교육 프로그램이 유아의 사고과정이나 문제해결과정을 강조하여 유아의 창의적 특성을 향상하도록 돕는다고 보았다.

이러한 광고활용교육에서 광고인쇄물은 TV 광고, 라디오 광고, 포털 광고, 옥외 광고, 지하철 광고 등에서 종이 형태로 인쇄된 광고 형태를 말한다. 유아들이 신문에 있는 광고의 글과 그림을 흥미롭게 탐색하고 직접 광고를 만들어 보는 활동을 할 경우 유아의 읽기와 쓰기 능력이 향상된다(안정숙, 권민균, 2010).

유아교육기관에서는 잡지와 카탈로그를 창의적인 미술활동 자료로 활용한다. 예를 들어, 유치원에서는 유아의 사진을 붙인 후, 입히고 싶은 옷을 잡지나 카탈로그에서 찾아 꾸미는 활동을 해보거나 잡지 속에 나오는 인물을 오려 꾸며보는 활동을 한다. 이 활동은 대상이나 상황에 맞는 옷 꾸미기를 통해 자연스럽게 유아들의 생각을 펼치도록 한다.

여러 가지 인쇄물로 유아논리 · 논술교육을 실시할 수 있는 이유는 인쇄물의 구성에 있다. 글자를 잘 알지 못하는 유아들도 글과 함께 제시된 그림을 보며 인쇄물활용교육에 즐겁게 참여한다. 또한 인쇄물은 우리 주변에서 쉽게 구할 수 있으며, 유아들은 이러한 인쇄물을 자세히 들여다보며 그 의미에 대해서 분석하고, 유아들만의 창의적인 인쇄물을 구성해 나간다.

인쇄물을 활용한 교육은 인쇄물에 관심 갖고 그 특성을 이해하는 데서 시작된다. 관찰하는 힘이 유아논리 · 논술교육에서 매우 중요한 요소이듯, 인쇄물을 활용한 교육의 효율성을 위해서 유아는 인쇄물의 특성을 충분히 탐색해야 한다. 유아들은 탐색을 통해 자연스럽게 인쇄물의 개념을 습득하게 된다. 인쇄물의 개념이란 인쇄물의 구성요소, 조직원리, 그림과 소리, 그리고 단어와 문장의 구성에 대한 이해로(문병환, 이상미, 2018), 인쇄물활용교육에서 다루어야 하는 교육요소에 해당된다. 인쇄물을 활용한 교육에 대해 구체적으로 살펴본다.

표 · 12-1 인쇄물 활용방법

인쇄물 탐색하기		
인쇄물 탐색하기	인쇄물의 모양, 크기 살펴보기	접어보기, 찢어보기 등
	인쇄물의 소리 듣기	구겨보기, 던져보기 등
	인쇄물의 구성 파악하기	그림, 글자, 제목과 내용 등
	인쇄물을 읽기	글자 읽기, 숫자 읽기, 기호 읽기 등
인쇄물 활용하기	삼행시 짓기	자신의 이름, 좋아하는 글자를 찾은 후 삼행시 만들기 등
	이야기 구성하기	그림, 사진을 이용하여 이야기 만들기 등
	관련 단어 찾기	주제와 관련된 단어를 찾아 동그라미 하거나 붙이기 등
	인쇄물 비교하기	서로 다른 종류의 인쇄물을 보며 같은 점과 다른 점 찾기 등

그림 12-1 신문에서 시장에서 살 수 있는 물건 찾거나 그리기

만약 인쇄물을 활용한 교육을 경험한 적이 없는 만 5세 유아라면 유아교사는 인쇄물 탐색하기부터 시작할 수 있도록 격려한다. 탐색을 통한 인쇄물에 대한 유아들의 관심은 인쇄물활용교육이 즐겁고 효율적으로 실시되도록 돕는다.

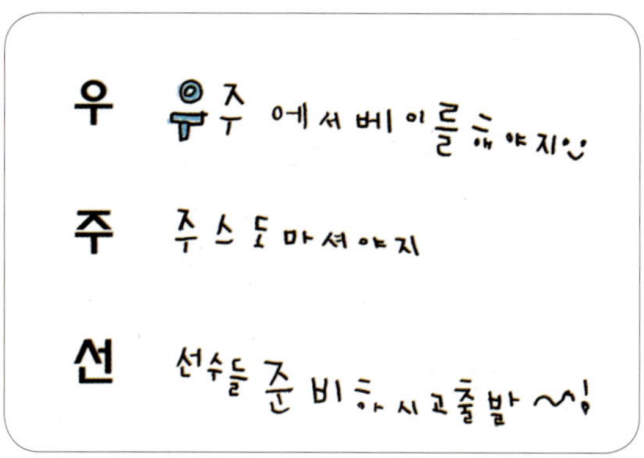

그림 12-2 신문의 세 줄 광고처럼 우주선에 관한 삼행시

2 인쇄물활용교육을 다듬기

인쇄물을 활용한 교육은 언어, 미술, 과학 등 여러 교육 분야에서 활용된다. 유아 논리 · 논술교육을 위해 인쇄물활용교육을 할 때 유아교사는 유아들의 논리적 사고력 함양을 위해서 다음의 사항들을 참고한다.

하나, 유아교사는 인쇄물활용교육의 첫 단계로 유아들 스스로 인쇄물에 관심 갖도록 한다.

유아들에게 인쇄물을 활용한 교육을 시작하기 위해서는 주변에서 볼 수 있는 인쇄물을 직접 살펴보며 유아 스스로 관심 갖도록 한다. 유아교사는 각각의 인쇄물의 구성, 내용, 느낌을 유아들과 공유하며 유아들 스스로 인쇄물 자체에 흥미를 갖도록 한다.

인쇄물활용교육에서 사용되는 인쇄물은 다양할 뿐 아니라 동일한 인쇄물도 다른 특성을 갖는다. 신문만 보더라도 다루는 내용, 발행 형태 · 시기 및 대상 독자가 다양하다.

유아가 여러 가지 신문에 관심을 보일 때 신문활용교육을 자연스럽게 실시한다. 그러나 신문의 다양성에 비해 인터넷이 보편화되면서 유아들은 일상생활 속에서 신문을 자주 접하지 못하고 있다. 신문활용교육을 한다면 우선적으로 유아들 스스로 신문에 대해 관심을 갖도록 해야 한다. 신문을 자유롭게 탐색하면서 주변에 있는 신문에 관심 갖도록 한다.

둘, 유아교사는 유아교육 주제에 적합한 인쇄물을 적당한 양만큼 준비한다.

유아교사는 교육 주제를 고려하여 인쇄물을 준비한다. 숫자와 관련된 프로젝트를 준비하는 교사는 인쇄물활용교육을 위해 달력을 준비한다. 여름 음식에 대해서 미술활동을 진행하는 교사는 전단지를 교수자료로 선택한다. 교육 주제에 적합한 인쇄물을 제시하지 못할 때, 유아는 제시된 활동을 수행하지 못하며 활동에 어려움을 겪게 된다. 따라서 올바른 인쇄물활용교육을 위해서 유아교사는 교육 주제에 적합한 인쇄 자료를 준비한다.

또한 유아교사는 풍부한 활동자료로 교육하기 위해 여러 가지 종류의 인쇄물을 한꺼번에 제공하지 않도록 한다. 오히려 너무 많은 인쇄물은 유아들에게 활동을 하는데 필요한 인쇄물 선택을 어렵게 한다. 따라서 유아교사는 활동에 필요한 정도의 인쇄물을 선택하여 제시한다.

셋, 유아교사는 인쇄물자료의 편견적 요소를 점검한다.

인쇄물의 내용은 쓴 사람의 주관적 생각이나 관점을 반영한다. 사진이나 그림도 인쇄물을 만든 사람의 의견이 담긴다. 유아교사는 교육적 목적으로 인쇄물을 사용할 경우, 그 내용이나 사진에서 편견적 요소를 찾아 검토한다.

넷, 유아교사는 활동하는 유아에게 발문하며 다양하게 사고할 수 있도록 한다.

인쇄물을 활용한 교육에서 유아는 자신의 생각을 그림으로 그리거나 글로 표현한다. 유아교사는 유아의 활동을 관찰하며 스스로 생각하는 힘을 기를 수 있도록 격려한다. 유아가 그린 그림을 단정 지어 이야기하는 교사가 되기보다는 유아에게 그린 그림에 대해 물어보며 그렇게 표현한 이유를 발문하는 교사가 되도록 한다. 또한 유아가 인쇄물을 활용하여 주어진 문제를 해결하지 않고 인쇄물의 다른 내용에 집중한다면, 유아교사는 유아를 기다려준 후 다시 본 활동을 진행할 수 있도록 활동내용과 관련한 발문을 한다.

다섯, 유아교사는 인쇄물 자료를 가정과 협력하여 준비한다.

유아교사는 신문이나 잡지와 같은 인쇄물을 구할 때 가정과 협력한다. 이를 위해 유아교사는 유아논리 · 논술교육이라는 교육적 목표를 간략히 제시한 후 필요한 인쇄물을 안내하는 가정통신문을 가정으로 보낸다. 교육의 필요성을 느낀 부모들은 가정에 있는 인쇄물을 찾아 유치원으로 다시 보내게 된다. 가정에서 보내 온 인쇄물은 인쇄물 형태나 내용에 따라 분류하여 바구니에 보관하고 유아교사는 교육활동에 따라 필요한 인쇄물을 선택하여 사용한다.

3 인쇄물활용교육에 다다르기

인쇄물활용교육은 유아들에게 찾고자 하는 내용을 스스로 발견하는 즐거움과 그리거나 오려 무언가를 완성하며 성취감을 느끼게 한다. 더불어 논리적 · 창의적 사고력을 함양할 수 있는 문제가 주어지고 이를 해결하는 시간을 갖게 된 유아들은 스스로 해결할 수 있다는 자신감을 갖게 된다. 이에 인쇄물활용교육에 다다르기에서는 종이 인쇄물을 활용할 수 있는 방법들을 소개한다. 주변에서 쉽게 구할 수 있는 자료들로 실시되는 인쇄물활용교육이 활성화될 수 있도록 유아교육기관에서 실시하는 대소집단 활동 및 자유선택활동과 연계하여 활동계획안을 소개한다.

활동명 겨울 음식 전단지 만들기

활동 대상	만 5세	활동 유형	미술활동(인쇄물활용)
활동 목표	• 겨울에 먹을 수 있는 제철 음식을 안다. • 자신의 생각을 창의적으로 표현한다. • 홍보에 맞게 그림으로 표현한다.		
활동 자료	전단지, 종이, 색연필, 색종이, 가위, 풀		

활동 방법

1. 박수를 치며 주의집중한다.

– 손을 따뜻하게 해줄 박수 한 번 시작! 박수 세 번 시작!

– 이번엔 큰 박수 한 번 시작! 작은 박수 세 번 시작!

– 이번엔 선생님을 보면서 따라 박수를 쳐보세요(짝짝짝짝짝).

– 손은 무릎에~!

2. 다양한 종류의 전단지를 보며 이야기 나눈다.

– 여러분은 전단지를 본 적이 있나요?

– □□이와 △△이는 전단지를 보았다고 이야기해 주었어요.

– 어떤 전단지를 보았나요?

– 그래요. 마트 전단지도 보고, 음식점 전단지도 보고, 옷 전단지도 보았네요.

– 마트 전단지에 어떤 그림이나 글자가 있었나요?

– 그래요. 마트에서 파는 여러 가지 물건의 그림과 가격이 전단지에 적혀 있어요. 마트 전단지뿐 아니라 음식점이나 옷 전단지에도 글과 그림으로 팔고 싶은 물건을 안내하고 있어요.

– (전단지를 보여주며), 짜잔, 선생님이 준비해 온 전단지를 보세요. 모두 몇 장인가요?

– 그래요. 4장이에요. 선생님이 전단지를 하나씩 손으로 짚으면 어떤 그림이 있는

지 이야기해 보기로 해요.

- 우리 행복반 어린이들이 잘 이야기해 주었어요. 첫 번째 전단지는 호빵이에요. 두 번째 전단지는 군고구마, 세 번째 전단지는 유자차, 마지막은 굴이에요.
- 이 호빵 전단지는 어떤가요?
- 그래요. 아주 따뜻한 호빵이 먹음직스럽게 보여요.
- 이 전단지에 있는 음식들의 공통점은 무엇일까요?
- 그래요. 겨울에 먹으면 더욱 맛있는 음식들이에요.
- 그런데 왜 이 그림들이 전단지에 있을까요?
- 그래요. 그림들은 이 음식들을 팔고 있어요라고 알려줘요. 그래서 전단지는 우리에게 음식, 물건에 대해 정보를 주며 "꼭 사세요." 하고 광고를 해요.
- 이번 시간에는 직접 겨울 음식을 홍보하는 전단지를 모둠끼리 함께 만들어 보기로 해요.

3. **전단지를 만드는 데 필요한 자료들을 소개한다.**

- (자료들을 모두 놓고), 전단지를 만들기 위해서 무엇이 필요할까요?
- 그래요. 종이가 필요해요. 선생님이 여러 가지 종이를 준비했어요.
- 전단지를 꾸밀 색연필과 색종이, 가위, 풀도 준비했어요.
- 모둠이 함께 전단지를 잘 만들려면 어떻게 해야 할까요?
- 그래요. 함께 전단지를 만들기 위해서는 모둠 친구들끼리 역할을 정해야 해요.
- 전단지를 만드는 데 어떤 역할이 필요할까요?
- 그래요. 글을 쓰는 사람, 그림을 그리는 사람이 있어야 해요. 우리가 모둠별로 전단지를 만들 때는 역할을 정한 후 협력해서 활동하기로 해요.

4. **모둠끼리 모여 전단지를 만든다.**

- 어떤 겨울 음식을 광고하는 전단지를 만들고 싶은지 모둠 친구들과 이야기 나눠보세요.
- 음식을 정한 모둠은 전단지를 만들 때 어떤 역할을 할지 정해 보세요.

- 어떻게 광고를 만들면 좋을지 친구들의 이야기도 들어보세요.
- 광고를 만들 준비를 마친 모둠은 이제 그림을 그리고 글도 쓰면서 광고를 만들어 보세요.
- 활동은 시계의 긴 바늘이 8에 갈 때까지 해 보세요.

5. **모둠이 함께 나와 만든 전단지를 소개한다.**

- 겨울 음식 전단지 만들기가 끝났어요.
- "호빵 전단지를 만들었어요." 하는 모둠은 손을 들어볼까요?
- 다음 군고구마, 유자차, 귤을 만든 모둠도 손을 들어볼까요?
- 각 모둠은 만든 전단지를 친구들에게 소개해 보기로 해요.
- 그래요. 딸기 모둠에서는 호빵을 소개하는 전단지를 만들었어요. 우리가 활동하기 전에 본 호빵 전단지와 어떻게 다른가요?
- 그래요. 딸기 모둠에서 만든 호빵 전단지는 맛이 다른 호빵을 그려주었어요. 이 호빵 전단지를 보니 어떤가요?
- 이렇게 모든 모둠에서 만든 전단지를 보았어요.
- 어떤 전단지가 좋았나요? 이유도 함께 말해 보기로 해요.
- ○○이는 호빵 전단지가 진짜 먹고 싶게 만들어서 가장 좋았대요.
- 우리 행복반 어린이들이 같은 음식인데도 각자 모둠의 생각대로 독창적으로 전단지를 잘 만들어 주었어요.

6. **겨울 음식 전단지 만들기 활동을 회상해 보며, 마무리한다.**

- 각 모둠은 협동해서 전단지를 만들어 주었어요. 어땠나요?
- □□이는 직접 전단지를 만들어 보며 전단지를 자세히 볼 수 있어서 좋았대요.
- 친구들이 만든 전단지를 보니 어땠나요?
- 그래요. 다들 다양하게 전단지를 만들어 주었어요.
- 여러분은 또 어떤 전단지를 만들고 싶나요?
- ○○이는 겨울 놀이에 대한 전단지를 만들어 보고 싶대요.

- 우리가 만든 전단지는 어떻게 할까요?
- 그럼 전단지는 게시판에 걸어 전시하기로 해요. 이제는 손을 씻고, 자유놀이를 해요.

활동 시 주의점

- 모둠 활동 시 참고할 수 있도록 전단지를 제시한다.
- 전단지 만들 때 역할은 유아들이 상의하여 정한다.

확장 활동

- 역할놀이: 전단지를 이용하여 물건을 사고파는 놀이를 해 본다.

활동명 내가 꾸민 마트

활동 대상	만 4세	활동 유형	미술활동(인쇄물활용)
활동 목표	• 마트에 있는 물건들을 안다. • 마트의 필요성을 느낀다. • 자신의 생각을 창의적으로 표현한다.		
활동 자료	마트 사진, 마트 전단지, 가위, 흰 종이, 풀, 색연필		

활동 방법

1. **'마트에 가면' 노래를 부르며 주의집중한다.**

- 마트에 가면 무엇을 볼 수 있을까요? 선생님과 함께 마트에 가면 볼 수 있는 물건들을 불러보기로 해요.
- 마트에 가면 과일도 있고, 생선도 있고, 과자도 있고~
- 이번에는 과일 중에서도 어떤 과일이 있는지 불러볼까요?
- 마트에 가면 사과도 있고, 바나나도 있고, 파인애플도 있고~
- 노래로 마트에 있는 물건들을 이야기해 보았어요.

2. **마트에 가본 경험에 대해 이야기 나눈다.**

- 여러분은 언제, 누구와 함께 마트에 갔나요?
- ○○이는 엄마와 함께 지난 주말에 마트를 다녀왔대요.
- 마트에 가면 무엇을 볼 수 있나요?
- 그래요. 물건을 사는 사람들, 물건을 파는 사람들, 과자, 과일, 생선과 같은 먹을거리, 카트도 볼 수 있어요.
- 마트에 가면 무엇을 하나요?
- 그래요. 우리는 마트에 가면 음식을 사요. 큰 마트에서는 식사를 할 수도 있고 블록놀이를 할 수도 있어요.

– 마트에 가게 된다면 여러분은 무엇을 사고 싶나요?

– □□이는 과자를 사고 싶대요.

– 만약 마트가 사라진다면 어떨까요?

– 그래요. 사고 싶은 물건을 살 수 없어서 슬플 것 같아요.

– 마트는 우리가 살아가는 데 꼭 필요한 음식을 살 수 있는 곳이에요.

– 이번 시간에는 우리에게 꼭 필요한 마트를 직접 만들어 보기로 해요.

3. **마트를 만드는 데 필요한 준비물을 살펴본다.**

– (마트 사진을 보여주며), 어떤 사진인가요?

– 그래요. 마트예요. 어떤 마트인지 하나씩 이야기해 볼까요?

– 이처럼 물건을 파는 마트도 다 다르게 생겼어요.

– 만약 여러분이 마트 주인이 된다면 어떤 마트를 만들고 싶나요?

– □□이는 장난감이 아주 많은 마트를 만들고 싶대요.

– 마트를 만들려면 무엇이 필요할까요?

– 그래요. 마트에서 살 수 있는 물건들이 있어야 해요.

– (마트 전단지를 보여주며), 그래서 선생님이 이 전단지를 준비해 왔어요.

– 전단지에 어떤 그림이 있나요?

– 그래요. 마트에서 살 수 있는 채소, 과일, 생선, 고기, 과자 등 많은 물건들의 그림이 있어요.

– 이 전단지에 있는 그림들을 가위로 오려 준비된 흰 종이에 풀로 붙여 마트를 만들기로 해요.

– 마트를 꾸미기 위해서 또 무엇이 필요할까요?

– 그래요. 물건들을 올릴 선반도 있어야 하고, 또 계산대도 있어야 해요.

– 전단지에 없는 선반이나 계산대는 어떻게 만들면 좋을까요?

– 그래요. 전단지에 직접 그림을 그려 표현해 보기로 해요.

– 그럼 어떤 마트를 만들고 싶은지 생각해 보세요.

– 마트의 크기나 모양도 어린이들이 생각한 대로 표현해 보세요. 동그란 모양의 마

트를 만들어도 좋고, 작은 네모 마트가 미로처럼 있는 것도 재미있을 것 같아요.

- 의자에 앉아 있는 어린이들부터 자기 자리로 가세요. 다음은 매트에 앉아 있는 어린이들도 가세요. 선생님이 마트 만드는 데 필요한 준비물을 책상에 올려두었어요.

4. **마트 꾸미기를 한다.**

- 자리에 앉은 어린이들은 꾸미고 싶은 마트를 생각해 보세요.
- 생각을 마친 어린이들은 책상에 있는 준비물을 이용해서 마트를 만들어 보세요.
- 종이는 한 장씩 가져가세요. 그리고 색연필과 전단지는 친구들과 함께 나눠 쓰기로 해요.
- 마트를 다 만든 어린이들은 마트의 이름도 지어주세요.
- 마트에 간 여러분의 모습도 그려주면 좋을 것 같아요.
- 그림을 다 그린 어린이들은 자신이 쓴 색연필, 종이, 전단지를 정리하세요.

5. **꾸민 마트를 소개한다.**

- 이제 우리 행복반 어린이들이 모두 자신만의 마트 꾸미기를 마쳤어요.
- 어떤 마트를 꾸몄을까요? 자신이 꾸민 마트를 친구들에게 소개해 보기로 해요.
- ○○가 꾸민 마트는 사랑 마트이었어요. 사랑 마트에는 무엇이 있었나요?
- 그래요. 사랑 모양으로 된 물건들이 있었어요.
- 이번에는 다른 어린이가 발표해 보기로 해요. 선생님이 마트 꾸미기를 하는 동안 ○○이를 보니 친구들에게 소개하면 좋겠다고 생각했어요. 우리 ○○이의 발표도 들어보기로 해요.
- ○○이가 꾸민 마트는 어땠나요?
- 그래요. 로봇이 파는 물건을 안내해 주는 마트를 만들어 주었어요.
- 친구들과 자신이 꾸민 마트는 어땠나요?
- 그래요. 마트의 모양이나 색, 물건도 모두 달랐어요.

6. 내가 꾸민 마트를 떠올리며 활동을 마무리한다.

- 마트에 대해서 이야기 나누고, 전단지를 이용하여 마트를 꾸며보았어요. 활동해 보니 어땠나요?
- □□이는 진짜 마트 주인이 된 것 같아서 행복했대요.
- 마트를 꾸미면서 즐거웠던 점은 무엇인가요?
- △△이는 여러 가지 물건들을 찾는 재미를 느꼈대요.
- 마트를 꾸미면서 힘들었던 점은 무엇이었나요?
- ○○이는 좋아하는 장난감 그림이 전단지에 없어서 그림으로 그리느라 손이 아팠대요.
- 우리 동네에 여러분이 만든 마트가 생긴다면 어떨까요?
- 그래요. 신기하고 재미있을 것 같아요.
- 그럼 꾸민 마트는 작품집 안에 정리하기로 해요.
- 이제 손을 씻고, 마트 견학을 가기 위해 신발을 신도록 해요.

활동 시 주의점

- 구조나 물건이 다른 마트 모습을 통해 유아들이 자유롭게 상상할 수 있도록 한다.

확장 활동

- 견학: 우리 동네에 있는 마트를 직접 찾아가 본다.

활동명 광고 만들기

활동 대상	만 5세	활동 유형	자유놀이(언어영역)
활동 목표	• 신문광고의 필요성과 특징을 안다. • 몰입하여 자신만의 신문광고를 만든다. • 신문광고 만들기를 즐긴다.		
활동 자료	사랑이 쪽지, 신문, 신문 종이, 연필, 사인펜		

활동 방법

1. '넌 할 수 있어' 노래를 부르며 주의집중한다.

– 우리 지난 시간에 배운 '넌 할 수 있어' 노래를 작은 목소리로 함께 불러볼까요?

– 자, 이번에는 조금 더 작게 불러보기로 해요.

– 이번 시간에 함께 할 활동도 우리 행복반 어린이들이 스스로 할 수 있을까요?

– 준비가 되었으니, 우리 함께 활동해 보기로 해요.

2. 물건을 팔 수 있는 방법에 대해 이야기 나눈다.

– (쪽지를 꺼내며), 오늘 아침 우리 교실에 이렇게 쪽지 하나가 있었어요. 선생님이 쪽지를 읽어볼게요. 허리를 곧게 펴고 이야기를 들어보세요.

> 친구들 안녕. 나는 7살이 된 사랑이라고 해. 내가 쑥쑥 자라 더 이상 면바지를 입을 수 없고, 운동화를 신을 수 없게 되었어. 어릴 때 가지고 놀던 장난감과 아기 때 읽었던 그림책도 더 이상 필요하지 않아. 이 물건들을 팔고 싶은데 어떻게 하면 좋을까? 너희들이 좋은 방법을 생각해 줘.

- 누가 우리 교실을 다녀갔나요?
- 그래요. 사랑이가 다녀갔어요. 사랑이가 어떤 이야기를 했나요?
- 그래요. 사랑이는 더 이상 필요하지 않은 물건을 팔고 싶어 했어요.
- 여러분은 사랑이처럼 작아지거나 필요 없게 된 물건들을 어떻게 했나요?
- 동생에게 물려주기도 하고, 필요한 사람에게 주기도 했군요.
- 그럼 사랑이의 부탁대로 물건을 팔려면 어떻게 해야 할까요?
- 그래요. 사랑이의 물건은 시장이나 인터넷으로도 팔 수 있어요.
- 물건을 팔려면 무엇을 해야 할까요?
- 그래요. 우리가 가지고 있는 사랑이의 물건을 알려야 해요. 우리가 가지고 있는 사랑이의 물건들을 사람들에게 광고해야 해요.
- 광고를 할 수 있는 방법은 무엇일까요?
- TV, 전단지로 광고를 할 수도 있고, 신문을 이용하여 광고를 할 수 있어요.
- 이번 시간에는 신문에 낼 수 있는 광고를 만들어 보기로 해요.

3. **신문의 광고를 살펴보고 활동자료를 안내한다.**

- (신문을 보며), 신문에 있는 광고를 살펴보기로 해요.
- 이 자동차 그림은 어떤 광고일까요?
- 그래요. 자동차를 사요라고 광고하고 있어요.
- 광고에 적혀 있는 글자를 읽어보기로 해요.
- 그래요. 어떤 자동차를 사는지 그리고 어디로 연락해야 하는지 전화번호가 적혀 있어요.
- 자, 이번에 보여줄 광고들이에요.
- 이 광고는 자동차 광고와 어떻게 다른가요?
- 그래요. 그림도 없고, 글도 아주 적어요.
- 이 광고는 몇 줄인지 함께 세어볼까요?
- 하나, 둘, 셋. 모두 세 줄이에요. 이것을 세 줄 광고라고 해요.
- 세 줄 광고는 어떤가요?

- (신문 종이를 보이며), 이 신문 종이에 우리가 이야기 나눈 세 줄 광고가 있어요. 어디에 있는지 찾아볼까요?
- 그래요. 비어 있어요. 바로 이곳에 연필이나 색연필을 이용하여 사랑이의 물건을 적어 세 줄 광고를 만들어 보기로 해요.

4. **세 줄 광고를 만드는 방법에 대해 이야기 나눈다.**

- 세 줄 광고를 만들 때는 어떻게 해야 할까요?
- 그래요. 먼저 사랑이가 팔고 싶어 하던 물건 중에서 하나를 선택한 다음 무엇을 파는지 제목을 먼저 적어요. 그 다음에는 그 첫 자를 세로로 적도록 해요. 그 다음에 그 첫 자에 맞게 글을 써서 문장을 만들어 보기로 해요.
- 선생님이 시범을 보여줄게요. 선생님은 장난감을 가지고 세 줄 광고를 만들어 볼게요.

팝니다.

장난감 사세요.
난타처럼 신나는 놀이에요.
감사합니다.

- 팔 물건을 쓰고 삼행시처럼 써보기로 해요.

5. **세 줄 광고를 만든다.**

- 세 줄 광고를 만들어 보세요. 면바지, 운동화, 장난감, 그리고 그림책 글자는 종이에 적혀 있으니 만들고 싶은 물건 광고를 정하고 필요하면 글자를 보고 팔고 싶은 물건을 따라 적어보기로 해요.
- 광고를 만들며 어려운 어린이는 손을 들어 도움을 요청하세요.

- 광고를 다 만든 어린이는 종이를 한 장 더 가져가 또 다른 광고도 만들어 보세요.
- 이제 거의 다 만든 것 같아요. 그럼 연필과 색연필은 정리해요.

6. 만든 세 줄 광고를 소개한다.

- 우리 행복반 어린이들이 만든 광고를 함께 보기로 해요.
- 그림책으로 세 줄 광고를 만든 어린이가 있다면 소개해 볼까요?
- □□이가 만든 그림책 세 줄 광고는 어땠나요?

7. 세 줄 광고를 만든 느낌을 이야기 나눈다.

- 스스로 세 줄 광고를 만들어 보니 어땠나요?
- □□이는 운동화로도 세 줄 광고를 만들어 보고 싶대요.
- 우리가 만든 세 줄 광고를 어떻게 할까요?
- 그래요. 그럼 바구니에 넣고 정리를 해 보세요.
- 정리를 마친 어린이들은 손을 씻고, 하고 싶은 다른 놀이를 해 보도록 해요.

활동 시 주의점

- 신문종이는 유아들이 글을 쓸 수 있는 공간을 제외하고 신문처럼 구성한다.
- 활동 이전에 유아들이 삼행시를 경험할 수 있는 기회를 갖도록 한다.

확장 활동

- 역할놀이: 팔고 싶은 물건을 정해 놀이한다.

활동명 나는 만화가

활동 대상	만 5세	활동 유형	자유놀이(미술영역)
활동 목표	• 만화를 만드는 데 필요한 요소를 안다. • 자신이 바라는 직업을 바른 태도로 표현한다. • 그림에 맞는 만화 이야기를 즐겁게 구성한다.		
활동 자료	잡지, 병풍책, 종이, 가위, 풀, 연필, 사인펜		

활동 방법

1. 직업에 대해 이야기 나누며 주의집중한다.

- 커서 무엇이 되고 싶은지 한 명씩 이야기해 볼까요?
- ○○이는 연예인, △△이는 선생님, □□이는 의사가 되고 싶구나.
- 그럼 만화가는 어떤 일을 하는 사람일까요?
- 그래요. 만화를 그리는 사람이에요. 여러분이 만화가가 되면 어떨까요?
- 그럼 놀이로 만나볼까요?

2. 만화에 대해 이야기 나눈다.

- 만화가는 만화를 그리는 사람이라고 이야기 나누었어요.
- 여러분은 만화가를 만나보거나 만화를 본 적이 있나요? 자신이 보았던 만화가나 만화에 대해 이야기해 볼까요?
- 만약, 여러분이 만화가가 된다면 어떤 만화를 만들고 싶나요?
- ○○이는 친구들의 노는 모습을 만화로 만들고 싶구나.
- 오늘은 잡지와 병풍책으로 만화를 만들어 보며 만화가가 되어보기로 해요.

3. 잡지와 병풍책으로 만화를 만드는 방법을 안내한다.

- (병풍책을 보여주며), 선생님이 만들어 본 병풍만화랍니다. 여기 있는 잡지에서 그

림을 오려 붙인 후, 말풍선에 이야기를 적었어요. 어떤 만화인지 읽어볼게요.

– 선생님이 만들어 온 병풍만화는 어땠나요?

– 그럼 우리 어린이들도 병풍만화를 만들어 볼까요? 이 병풍만화를 만들기 위해서는 먼저 무엇을 해야 할까요?

– 그래요. 이 종이를 여기 있는 병풍책처럼 먼저 접어요.

– 선생님이 만든 병풍만화는 모두 몇 개의 장면으로 되어 있었나요?

– 그래요. 6개의 장면이 들어 있었어요.

– 여러분은 만들고 싶은 만화 이야기만큼 병풍만화 칸을 먼저 만들어 보기로 해요.

– ○○이처럼 4칸 만화를 만들고 싶으면 어떻게 접어야 할까요?

– △△이는 6칸, □□이는 5칸으로 만들고 싶은 병풍만화 종이를 접어보세요.

4. 만화가가 되어 자신만의 만화를 만든다.

– 이제는 만들고 싶은 만화를 생각해 보세요. 생각이 잘 나지 않을 때는 잡지에 있는 그림들로 생각을 해 보세요.

– 자, 그럼 이제 잡지에서 그림을 찾아 가위로 오려 풀로 붙인 후 말풍선을 그려 만화를 완성해 보세요. 말풍선에는 만화 이야기를 적어요. 글자를 쓰기 어려운 어린이는 도움을 요청하세요.

– 병풍책의 맨 앞쪽에는 만화의 제목도 쓰고, 만화가가 된 여러분의 이름도 적어보세요.

– 만화를 만들다 칸이 부족하면 어떻게 해야 할까요?

– 그래요. 종이를 더 붙여서 하거나 병풍책의 뒷면을 활용해 보기로 해요.

5. 만화가처럼 다 만든 만화를 소개한다.

– 이제 만든 만화를 친구들에게 만화가가 되어 소개해 주세요.

– ○○이는 어떤 만화를 만들었나요?

– 우리 ○○, △△, □□ 모두 자신만의 만화를 잘 표현해 주었어요.

6. **만화가가 되어본 소감을 이야기 나누며 마무리한다.**

- 만화가가 되어 만화를 만들어 보니 어땠나요?
- 재미있기도 하고, 어려운 점도 있었어요.
- 또 어떤 만화를 만들고 싶나요?
- □□이는 팽이 만화를 만들고 싶대요.
- 다른 만화를 만들고 싶으면 새로운 종이를 가지고 와 더 만들어 보기로 해요. 다 만든 어린이들은 가방에 넣고 다른 놀이를 해요.
- 다 만든 만화는 부모님에게 들려주기로 해요.

활동 시 주의점

- 병풍책의 칸을 너무 많이 하지 않도록 한다.
- 빨리 끝낸 유아는 잡지에 있는 그림을 붙인 다음 만화를 만들어 볼 수 있도록 한다.

확장 활동

- 역할놀이: 만든 만화를 영화감독이 된 것처럼 역할놀이로 표현해 본다.

활동명 무엇이 필요할까?

활동 대상	만 4세	활동 유형	미술활동(인쇄물 활용)
활동 목표	• 가족 구성원에게 맞는 필요한 물건을 안다. • 물건의 필요성을 논리적으로 표현한다. • 창의적으로 책을 만든다.		
활동 자료	잡지, 종이, 가위, 풀, 색연필		

활동 방법

1. 우리 교실에 있는 도구와 기계를 찾아보며 주의집중한다.

- 선생님의 이야기를 잘 듣고, 우리 교실에서 찾아 손으로 가리켜 보세요.
- 시계는 어디 있나요?
- 그래요. 우리 교실 문 옆에 있어요.
- 컴퓨터는 어디 있나요?
- 그래요. 여러분이 보고 있는 앞쪽에 있어요.
- 모두 잘 찾아주었어요.

2. 우리 생활에 필요한 물건들을 이야기 나눈다.

- 집에도 시계가 있나요?
- □□이 집에는 큰 동그라미 시계가 있대요.
- 시계는 누가 언제 사용하나요?
- 그래요. 우리가 유치원 오는 시간을 확인할 때 사용하고, 잘 시간을 볼 때도 사용해요.
- 만약 시계가 없다면 어떨까요?
- 그래요. 시간을 알 수 없어요.
- 집에는 시계 말고 또 우리 생활을 편리하고 즐겁게 해 주는 물건은 무엇이 있나요?

- 그래요. 냉장고도 있고, 드라이기도 있고, TV도 있어요.
- 만약, 냉장고가 없다면 어떨까요?
- 그래요. 아이스크림이 다 녹아 먹을 수 없게 되요.
- TV는 주로 누가 보나요?
- 그래요. 가족이 다 함께 보아요.
- 그럼 여러분에게 꼭 필요한 물건은 무엇인가요?
- 그래요. 가위, 색연필이 필요해요.
- 그럼 엄마에게 필요한 물건은 무엇이 있을까요?
- 그래요. 드라이기도 있고, 다리미도 있어요.
- 오늘은 가정에서 볼 수 있는 물건을 잡지에서 찾아서 누구에게 필요한지 찾아 책으로 만들어 보기로 해요.

3. **계단책을 소개하며 활동에 필요한 자료를 안내한다.**
- 우리 가족에게 필요한 물건들을 찾기 위해 준비해 왔어요. 무엇이 있는지 볼까요?
- 그래요. 잡지가 있어요. 잡지에는 우리 가족에게 필요한 물건이 있어요. 무엇이 있을까요?
- 그래요. 가방도 있고, 운동기구도 있어요. 이 잡지에 있는 물건들을 필요한 사람에게 찾아 주기로 해요.
- 또 여러 장의 종이가 있어요. (계단책을 보여주며), 이 종이를 여러 장 겹쳐 접어 여기 있는 계단책을 만들어요. 여러분이 계단책을 접어 만들면 선생님이 스테이플러를 사용해 완성할 수 있도록 도와줄게요.
- 계단책을 만들고 난 다음에는 계단책 각 장마다 우리 가족 그림을 색연필로 그리세요. 우리 가족 수만큼 그림을 그려주세요.
- 만약 우리 가족 수만큼 그림을 그렸는데 종이가 남으면 어떻게 할까요?
- 그래요. 우리 가족 모두를 그려도 좋아요.
- 그 다음 잡지에서 엄마, 아빠, 나, 할머니, 동생, 언니, 오빠에게 필요한 물건을 찾아 풀로 붙여 주세요.

- 필요한 물건은 하나씩 찾아도 좋고, "시간이 남았어요."라고 하면 더 많이 찾아 주세요.

4. 계단책을 만든 후, 우리 가족에게 필요한 물건을 찾아 꾸민다.

- 이제 선생님과 함께 종이를 접어보기로 해요.
- 가족 구성원이 3명인 어린이들은 2장의 종이를 사용하고 5명인 어린이들은 3장의 종이를 사용해서 접어 계단책을 만들어요.
- 이제 한 장씩 넘기면서 우리 가족을 그림으로 그려주세요. 첫 장은 제목을 쓰기 위해 비워두기로 해요.
- 그림을 다 그리면, 잡지에서 가족에게 필요한 물건을 찾아 오려 붙여보세요.
- ○○이는 아빠에게 필요한 물건으로 면도기를 찾았네요.
- 다 만든 어린이들은 계단책의 제목도 표현해 주세요.
- 이제 5분 후에 활동을 마무리해요.

5. 만든 계단책을 소개한다.

- 우리 가족에게 필요한 물건을 찾아 꾸민 계단책을 소개해 보기로 해요.
- ○○이는 잡지를 한 장씩 넘기면서 엄마에게 필요한 물건, 아빠에게 필요한 물건을 많이 찾아 붙여 주었어요.
- ○○이는 엄마에게 필요한 물건으로 무엇을 잡지에서 찾았나요?
- 그래요. ○○이는 드라이기를 찾았어요.
- ○○이와 다른 물건을 찾아 붙인 어린이가 있다면 발표해 볼까요?
- 손을 든 △△가 발표해 보기로 해요.
- △△이는 누구에게 필요한 물건을 찾았나요? 아빠에게 필요한 물건으로 무엇을 찾았나요?

6. 계단책으로 가족에게 필요한 물건을 찾아 꾸며본 소감을 이야기 나누며 마무리한다.

- 모두 우리 가족을 떠올리며 무엇이 필요한지 찾아서 계단책을 만들어주었어요.
- 우리 가족에게 필요한 물건들을 찾아 꾸며주며 어떤 생각을 했나요?
- □□이는 필요한 물건을 아껴야겠다고 생각했어요.
- 잡지에 없는 물건들은 어떻게 표현할 수 있을까요?
- 그래요. △△이처럼 그림을 그려서 표현할 수도 있고, 잡지에서 그림을 합쳐서 표현해 줄 수도 있어요.
- 우리가 만든 이 책은 가방에 넣어 집으로 가져가기로 해요. 그리고 집에 가면 또 우리 가족에게 필요한 물건을 찾아보세요.

활동 시 주의점

- 가족 수를 고려하여 계단책을 완성한다.
- 빨리 끝낸 유아는 더 많은 물건들을 찾아볼 수 있도록 하며 느린 유아는 가족에게 필요한 물건을 한 가지 이상 찾아볼 수 있도록 격려한다.

확장 활동

- 언어놀이: '돼지책'을 읽어본다.

12 | 종합

12장에서는 주변에서 볼 수 있는 인쇄물 중에서 종이로 된 인쇄물을 통해 유아논리 · 논술 교육을 실시할 수 있는 방법에 대해 살펴보았다. 인쇄물에 제시된 내용이나 그림을 범주화하는 과정에서 유아는 분석적 · 종합적 사고능력이 발달하게 되며, 생각대로 자유롭게 표현하는 과정을 통해 창의적 사고력을 함양한다. 유아교사는 유아들에게 친숙한 인쇄물들을 교육적 자료로 활용할 수 있도록 여러 가지 방법을 찾아본다.

CHAPTER

13

놀이와 유아논리 · 논술교육

놀이하고 있는 유아들의 모습은 한없이 밝다. 또래 친구와 함께 놀이를 하다가 다투거나 울기도 하지만 유아들은 금방 미소를 되찾고 언제 그랬냐는 듯 즐겁게 놀이한다. 이러한 놀이과정에서 유아의 몸이 성장하고 마음이 넓어진다.

놀이의 중요성에 대한 교육계의 인식과는 달리, 유아들은 마음껏 놀이하는 시간을 갖지 못하고 있다. 생의 그 어느 시기보다 유아기의 뇌 발달이 중요하다는 사회적 인식이 증가하면서 유아들은 학습시간을 요구받으며 놀이시간을 뺏기고 있다. 유아교육기관에서만큼은 보장되어야 하는 놀이시간조차도 때로는 준비된 다음 활동이나 프로그램을 해야 한다는 이유로 제한된다. 유아 중심의 교육을 실천하고 유아들의 행복한 삶을 지원해야 하는 유아교육에서는 유아들에게 마음껏 놀이할 수 있는 여건을 마련해 주어야 함을 잊지 않아야 한다.

13장에서는 놀이 속에서 경험할 수 있는 유아논리 · 논술교육에 대해 살펴본다. 특별한 어떤 교육적 접근보다는 놀이의 주체인 유아를 지원하며 유아 스스로 놀이 속에서 문제를 찾고 해결하는 과정에서 사고력 향상을 도울 수 있는 방법에 대해 생각해 본다.

1 놀이로 다가가기

놀이로 다가가기 위해서는 놀이의 개념을 살펴보아야 한다. 이를 위해 **글을 쓰다! ㊾** 에서는 놀이에 대한 자신의 생각을 단어나 문장으로 표현하며 놀이의 개념을 짚어보자.

글을 쓰다! ㊾

※ 놀이에 대한 자신의 생각을 적어보자.

놀이를 한마디로 정의하기는 어렵다. 유아교육에서 놀이는 일과 여가활동을 비교하여 개념 짓는다. 누군가가 우리에게 "자, 일을 시작하세요."라고 이야기했다고 생각해 보자. 우리는 싫어도 어쩔 수 없이 일을 하려고 준비한다. 놀이는 이러한 일과 다르다. 유아들은 누군가 시켜서 놀이를 시작하지 않는다. 유아들은 자발적으로 놀이한다. 이번에는 누군가가 우리에게 "어떤 여가활동을 하나요?"라고 물어본다고 생각해 보자. "토요일에 영화를 봅니다." 또는 "여가활동을 할 시간적 여유도, 마음의 여유도 없습니다."라고 누군가가 답을 한다. 우리는 꼭 부여된 시간을 쪼개어 일부러 좇아야 할 수 있는 것으로 여가를 인식한다. 반면 놀이는 유아들의 삶 그 자체로 유아들은 일상생활 속에서 끊임없이 놀이하며 성장한다.

놀이를 정의하는 또 다른 방법 중 하나는 유아들의 놀이모습에서 발견되는 특징을 살펴보는 데 있다. 글을 쓰다! ㊿ 에서는 놀이하고 있는 유아의 모습을 그려보며 그 특징을 탐색해 본다. 본 글을 쓰다! ㊿ 에서 그림을 그릴 때는 유아의 표정이나 놀이하는 모습을 자세히 표현해 본 다음 유아의 나이나 놀이유형을 적어보자.

글을 쓰다! ㊿

※ 놀이하는 유아의 모습을 그려보자.

놀이의 개념은 글을 쓰다! ㊿ 에 표현된 유아의 모습을 보며 생각해 볼 수 있다.

"이 놀이는 누가 선택했는가"
"놀이하는 유아의 표정은 어떤가?"
"유아의 놀이는 어떻게 표현되고 있는가?"

이러한 물음에 대해 답하는 과정에서 유아의 놀이는 정의된다. 즉, 놀이는 유아들의 자발적인 동기에 의해 선택되어 시작되고, 유아는 그러한 놀이에 적극적이고 즐겁게 참여한다. 또한 유아들은 상상력을 발휘하며 놀이한다. 유아들이 선택한 놀잇감이나 놀이하는 상황은 융통성을 지닌다. 이러한 유아들의 놀이는 그 유형에 따라 언어놀이, 수조작놀이, 과학놀이, 쌓기놀이, 역할놀이, 음률놀이, 미술놀이, 모래놀이, 목공놀이, 신체놀이, 전통놀이 등으로 구분된다.

놀이는 유아들의 발달 상태를 파악할 수 있도록 돕고 전인적 발달을 지원한다. 즉, 놀이는 유아의 언어, 인지, 사회 · 정서, 신체 · 운동발달을 촉진한다. 또한 놀이는 유아의 심리 상태를 파악하는 데 도움을 주어, 치료적 목적을 위해 활용된다. 언어적인 의사소통에 제약이 따르는 유아들은 놀이를 통해서 자신의 불안한 심리 상태를 표현하며 두려움이나 불안감을 해소해 간다.

이제는 놀이에 대한 이해를 바탕으로 유아논리 · 논술교육과 놀이의 관련성을 찾아본다. 글을 쓰다! 50 에 표현한 유아의 모습을 다시 떠올려 보자. 유아들은 놀이를 하며 무언가 유심히 살펴본다. 이러한 관찰은 사물에 대한 개념을 형성하는 데 도움을 주며 사물과 사물 간의 특징이나 관계를 비교하는 경험을 통해 인지적 사고의 폭을 넓혀준다. 예를 들어, 달팽이를 관찰하는 유아가 있다고 생각해 보자. 유아는 위에서, 아래에서, 옆에서 달팽이의 모습을 관찰한다. 이 유아는 달팽이를 보며 "꼭 집 같아요."라고 말한다. 더 긴 시간 관찰을 한 유아는 달팽이와 자신이 알고 있던 개미의 차이점을 찾아낸다. 이 경험은 유아가 스스로 사고하는 힘을 기르는 데 도움이 된다. 뿐만 아니라 유아들의 놀이는 상상 그 자체이다. 놀이에서 빨대는 주사기가 되거나 우산이 된다. 유아들의 상상력은 가보지 않은 세계로 확장된다.

그림 13-1 나뭇잎과 잠자리 관찰 후 그림 표현

놀이를 통한 끊임없는 생각들은 유아들의 논리적 · 창의적 사고력 발달을 돕는다. 예를 들어 동물과 공룡이 그려진 나무 블록을 이용하여 놀이하는 과정에서 자신의 생각을 자세히 표현하는 기회를 가진 유아들은 정교성을 향상시킨다(이송연, 안도희, 2015). 바깥놀이 시간에 유아들에게 사방치기, 딱지치기와 같은 우리나라 전통놀이의 방법이나 자료를 새롭게 구성하여 놀이하도록 하면 유아의 유창성, 융통성, 독창성, 상상력은 향상된다(유승연, 김숙자, 2017). 미역, 나뭇잎, 구슬 등과 같은 재료를 오감으로 충분히 탐색할 수 있도록 하는 감각놀이를 기반으로 한 미술활동은 유아의 창의성을 증진시킨다(이경연, 조형숙, 2017). 이처럼 유아의 창의성은 인지놀이, 언어놀이, 사회놀이, 정서놀이, 그리고 운동놀이와 상관있다(이채호, 이찬숙, 2009). 따라서 유아교사는 유아논리 · 논술교육을 위해서 유아들에게 놀이할 수 있는 시간을 보장하고 놀이 속에서 스스로 생각할 수 있는 기회를 부여하도록 한다.

그림 13-2 언어놀이로 나타난 편지쓰기

2 놀이를 다듬기

유아논리 · 논술교육을 위해서 놀이를 활용하고자 한다면 가장 먼저 유아교사는 놀이가 갖는 중요성을 인식해야 한다. 이러한 유아교사의 인식이 바탕이 될 때, 유아들을 위한 놀이시간이 보장된다. 유아교육기관에서 하루 일과를 구성하고, 이러한 시간을 융통성 있게 운영하는 것은 유아교사의 능력 중 하나로, 놀이시간을 갖는 것 또한 유아교사에 의해 영향을 받는다. 유아논리 · 논술교육을 위해서 놀이를 기꺼이 활용하고자 한다면, 유아교사는 여러 가지 사항들을 염두에 둔다.

하나, 유아교사는 놀이의 주체가 유아임을 유념하며 놀이환경을 구성해 준다.

놀이를 시작하고 마무리하는 전 과정에서 가장 중요하게 참여하는 주체는 유아이다. 놀이 속에서 이루어지는 유아논리 · 논술교육에서도 그 주체는 유아이어야 한다. 유아가 스스로 이러한 놀이를 하도록 유아교사는 논리 · 논술교육을 촉진하는 놀잇감 및 환경을 구성해 준다. 놀잇감은 유아의 놀이를 도와주는 중요한 자료로, 놀잇감의 종류에 따라 그 교육적 효과가 달라진다. 지성애(2013)는 구조성이 낮은 놀잇감과 높은 놀잇감을 활용한 유아들의 놀이에 대해 살펴보았다. 본 연구의 결과에 따르면 블록, 점토, 물, 모래와 같은 구조성이 낮은 놀잇감으로 놀이한 유아들의 창의성이 증진된 반면, 우체국, 음식점과 같은 구조성이 높은 놀잇감으로 놀이한 유아들의 언어능력과 조망수용능력이 향상되었다(지성애, 2013). 따라서 유아교사는 다양한 형태의 놀잇감을 조화롭게 제공하여 유아 스스로 선택하여 놀이할 수 있도록 한다.

둘, 유아교사는 놀이 속에서 즐거운 논리 · 논술교육이 될 수 있도록 유아들을 격려한다.

유아논리 · 논술교육을 위한 놀이는 즐거워야 한다. 유아들은 놀이 속에서 만나는 여러 가지 문제들을 해결하며 자연스럽게 논리적이고 창의적으로 사고하는 힘을 기를 수 있어야 한다. 유아논리 · 논술교육이라는 이름하에 교재를 제시하고, 이 교재에 제시된 문제를 해결하는 방법은 바람직하지 않다. 유아교사는 꼭 교재의 도움이 아니더라도, 유아가 손으로 움직이고 즐겁게 놀이하며 그 과정에서 논리적 사고 성향과 창의적 사고 성향이 표현될 수 있도록 한다.

셋, 유아교사는 기존의 놀이를 확장할 수 있는 방법을 찾아 제안한다.

그림 13-3 끝말 잇기와 2행시 짓기 놀이

유아교육기관에서 실시되는 놀이는 유아의 사고력 발달에 도움을 준다. 그러므로 유아교사는 유아의 창의성이나 논리적 사고력 발달을 위해서 새로운 무언가를 만들기보다는 기존에 실시되어 왔던 놀이를 찾아보며 조금 더 논리·논술교육을 위한 방향으로 바꿔 실시해 보도록 한다. 유아교사는 제안된 놀이들을 참고하되 유아들의 관심으로 놀이가 시작되고 유아들의 흥미로 놀이가 지속될 수 있어야 한다는 점을 명심한다.

‖ 언어놀이: 또 다른 단어 만들기 ‖

이 놀이는 제시된 단어를 보면서, 또 다른 새로운 단어를 만들어 빈 공간에 직접 적어보는 방법이다. 예를 들어, 무지개와 나비라는 단어가 제시되어 있다면, 무지개의 무와 나비의 나를 합쳐서 나무라는 단어를 만든다. 유아교사는 글을 쓰다! 51 을 활용하여 놀이의 즐거움을 느끼며 유아들에게 적용할 수 있는 방법을 고민해 본다.

글을 쓰다! ㊶

※ 각 단계에 따라 글이나 그림으로 표현해 보자.

〈1단계〉 두 개의 단어를 쓴 후 새로운 단어 만들기	단어 1: 무지개	
	단어 2: 비둘기	
〈2단계〉 세 개의 단어를 쓴 후 새로운 단어 만들기	단어 1:	
	단어 2:	
	단어 3:	

유아교사는 본 놀이를 진행하기 전에 유아들과 함께 알고 있는 글자에 대해 이야기 나눠본다. 예를 들어, '가'와 '지'라는 글자를 제시한 유아교사는 합쳐서 만들 수 있는 글자를 유아와 함께 찾아본다. 본 활동은 그 다음 진행한다. 유아교육기관에서 본 놀이를 유아들에게 제시할 때는 유아교사가 제시한 단어를 보고 새로운 단어를 만들어 보게 하거나, 유아교사가 별도로 제시해 둔 단어 카드에서 유아가 두 가지 또는 세 가지 단어 카드를 골라 적은 후 새로운 단어를 만들어 보게 한다. 만약, 유아가 스스로 쓰기를 할 수 있다면 머릿속에 떠오르는 단어를 직접 적어 놀이해 보도록 한다. 이 과정에서 유아는 관찰력과 어휘력이 향상될 것이다.

┃ 언어놀이: 내 생각대로 이야기 만들기 ┃

내 생각대로 이야기 만들기는 문장에 있는 빈칸에 들어갈 단어를 유아 스스로 생각해 보는 놀이이다. 유아 혼자서 놀이하거나 여러 명의 유아들이 함께 놀이하며 생각을 나눌 수 있는 언어놀이이다. 유아교사는 글을 쓰다! ㊷를 통해 내 생각대로 이야기 만들기 놀이를 접해 본다.

글을 쓰다! ㊾

※ 각 단계에 따라 글이나 그림으로 표현해 보자.

〈1단계〉 하나의 빈칸에 단어 넣기	나는 ( ) 토끼를 좋아합니다.
〈2단계〉 두 개의 빈칸에 단어 넣기	봄은 참 ( )해서, 나는 봄을 ( ).
〈3단계〉 규칙을 정해 단어 넣기 : 색깔 관련한 단어만 넣기	( ) 나뭇잎이 참 예뻐요.

놀이에 관심을 보이는 유아에게 유아교사가 문장을 읽어주며 놀이를 시작해 본다. 유아는 빈칸에 하나의 단어를 넣어 말해 본다. 유아가 말한 내용은 스스로 그림으로 표현해 보거나 유아교사가 글자를 적어 준다. 만약 유아가 글을 읽을 수 있다면 스스로 자유롭게 놀이하도록 한다. 유아의 연령이 증가할수록 빈 칸에 넣어야 하는 단어의 수를 늘린다. 또한 본 놀이에 익숙해진 유아는 3단계와 같이 규칙을 정해 단어를 넣어보는 놀이를 해 본다.

| 언어놀이: 단어로 문장 만들기 |

단어로 문장 만들기는 제시된 단어를 보고, 하나 또는 여러 개의 문장을 완성하며 이야기를 구성해 보는 놀이이다. 유아교사는 글을 쓰다! ㊿ 을 보며, 생각나는 단어를 5개 정도 선정한 후, 문장으로 표현해 본다.

글을 쓰다! ㊸

※ 각 단계에 따라 글이나 그림으로 표현해 보자.

〈1단계〉 생각나는 5개의 단어 쓰기	사랑, 친구, 감사하다, ( ) ( )
〈2단계〉 문장으로 표현하기	

단어로 문장 만들기를 할 때 유아교사는 두 개의 단어를 제시한 후 유아에게 문장을 만들어 보게 한다. 유아교사는 유아가 말한 이야기를 문장으로 적어준다. 유아가 문장 만들기에 익숙해지면, 한 문장에 3~4개의 단어를 넣어서 문장을 만들어 보게 한다. 또는 유아가 하나의 이야기로 구성할 수 있도록 격려한다.

| 과학놀이: 꼼꼼히 찾기 |

꼼꼼히 찾기는 유아의 관찰하기 놀이를 확장하는 방법이다. 이 놀이는 유아의 주변에 있는 사물들을 주어진 조건에 맞게 찾고, 자세히 관찰하여 그리며 유아의 집중력 향상을 돕는다. 유아교사는 글을 쓰다! ㊹를 보며 각 단계에 따라 관찰한 자료를 그림으로 표현해 보고 유아에게 적용할 수 있는 놀이 방안을 찾는다.

글을 쓰다! 54

※ 각 단계에 따라 글이나 그림으로 표현해 보자.

〈1단계〉 유치원 교실에 있는 동그라미 모양 친구를 찾아요.	
〈2단계〉 모양 친구 중에서 2개를 선정하여 자세히 그려요.	
〈3단계〉 선정된 2개의 모양 친구 중에서 1개를 선정하여 자세히 그려요.	

그림으로 자세히 표현하기 어려워하는 유아는 1단계를 여러 번 진행해 본다. 1단계에 익숙해진 유아는 2단계, 3단계로 나아간다. 각 단계를 거칠수록 유아는 이전에 발견하지 못한 새로운 점을 알게 된다. 이 놀이를 할 때 유아교사는 유아와 상호작용하며 다양한 방향에서 사물을 볼 수 있도록 격려한다.

▌| 미술놀이: 무엇일까요? |▐

무엇일까요? 놀이는 주어진 조건에 맞게 자유롭게 그림으로 그려보며 창의성을 기르는 놀이이다. 유아교사는 글을 쓰다! ㊵의 제시된 조건을 확인한 후 그림으로 그려보자.

글을 쓰다! ㊵

※ 각 단계에 따라 글이나 그림으로 표현해 보자.

상상한 것을 그려보세요.	＝		
한 가지 주제를 정해 상상한 것을 각각 그려보세요.	＝	＝	＝
하나의 이야기가 되도록 상상한 것을 그려보세요.	＝	＝	＝

유아교사는 유아에게 그림을 보는 순간 떠오르는 무언가를 자유롭게 그려보게 한다. 가로줄로 해 보았다면 다음에는 세로줄이나 사선과 유아가 원하는 도형으로 그

림을 그려볼 수 있도록 한다. 유아가 그림으로 표현하기를 꺼린다면, 그림을 보고 떠오른 것을 이야기 나누며 놀이하도록 격려한다.

▌| 미술놀이: 단순하게 그리기 |▐

단순하게 그리기는 잡지나 신문에서 복잡한 그림이나 패턴을 찾아 종이에 붙이고, 복잡한 부분들을 생략한 채 단순하게 표현해 보는 놀이이다. 글을 쓰다! ㊻ 을 보며 잡지나 신문에서 찾은 그림을 붙인 후, 단순하게 표현해 보자.

글을 쓰다! ㊻

※ 그림을 찾아 단순화하여 그려보자.

찾은 그림	
단순화 그림	

본 놀이를 위해 유아교사는 복잡한 그림을 찾아 유아들이 단순화해서 그려보도록 한다. 동일한 그림에 대해서 단순화한 그림이 다를 수 있다는 점을 유아들은 알아가게 된다.

제시된 놀이는 기존에 실시되고 있는 유아놀이를 확장하는 방법이다. 따라서 유아교사는 처음부터 이러한 놀이를 제시하기보다는 유아가 즐겁게 놀이하며 그 놀이의 확장을 원할 때 제안할 수 있어야 한다. 이러한 놀이의 제안은 유아들의 놀이 속에서 이를 지원하기 위한 유아교사들의 끊임없는 연구 자세가 요구된다는 것을 보여준다.

3 놀이에 다다르기

놀이는 유아들의 건강한 발달에 필수적 요소이다. 본 놀이에 다다르기에서는 놀이를 통한 유아들이 논리적 · 창의적 사고를 함양할 수 있는 방법을 안내한다. 즉, 놀이에 다다르기에서는 소집단 또는 개별 활동으로 진행될 수 있는 놀이를 소개하며 기존의 놀이가 더욱 확대될 수 있는 방법을 찾아본다. 유아교사는 논리 · 논술교육을 위한 놀이라는 점을 고려하여 유아에게 놀이방법을 제안하는 역할을 할 수 있으나, 놀이의 방법은 유아들의 생각에 따라 융통성 있게 적용되어야 한다는 점을 기억하도록 한다.

활동명 동물 칠교놀이

활동 대상	만 4세	활동 유형	자유놀이(수 · 조작영역)
활동 목표	• 동물의 특징을 안다. • 칠교놀이로 동물의 모습을 창의적으로 표현한다. • 규칙에 따라 문제해결하기를 즐긴다.		
활동 자료	칠교놀이자료, 동물사진, 매직		

활동 방법

1. 동물소리를 알아보며 주의집중한다.

– 선생님이 들려주는 소리를 듣고 어떤 동물인지 이야기해 보세요.

– (작은 소리에서 점점 큰 소리로) 꽥꽥꽥꽥. 어떤 동물인지 다 함께 이야기해 보세요.

– 그래요. 오리이었어요. 그럼 이번에 누가 자리에 앉아서 해 볼까요?

– 그래요. ○○이가 해 보기로 해요. 어떤 동물을 표현할지 생각했다면 동물 소리를 들려주세요.

– ○○이가 낸 소리는 어떤 동물일까요?

– 그래요. 염소래요.

2. 동물원에 간 경험에 대해 이야기 나눈다.

– 오리와 염소 중에서 우리가 이번 주 수요일에 동물원에 갔을 때 만난 동물은 무엇인가요?

– 그래요. 오리이었어요. 오리의 모습이 어땠나요?

– 그렇구나. 헤엄치는 모습이 재미있었구나.

– 오리 말고도 동물원에서 아주 많은 동물들을 보았어요. 어떤 동물들을 보았나요?

– 그래요. 사자도 보고, 코끼리도 보았어요. ○○이는 여우도 보았다고 이야기해 주었어요.

- 사자는 어떤 모습을 하고 있었나요? 사자 소리를 내며 몸으로 표현해 볼까요?
- 사자의 모습을 표현할 수 있는 다른 방법은 무엇일까요?
- 그래요. 사자의 모습은 그림으로 표현할 수 있고, 색종이로 접어 나타낼 수 있어요.
- 이번 놀이 시간에는 수 · 조작영역에 있는 칠교로 동물들의 모습을 표현해 보기로 해요.

3. **칠교놀이로 동물을 표현하는 방법을 찾아본다.**

- (칠교놀이자료를 보여주며), 칠교놀이자료를 하나씩 가져가기로 해요.
- 어떤 모양이 있나요?
- 그래요. 세모 모양과 네모 모양이에요. 왜 동그란 모양은 없을까요?
- 그럼 이번에는 각각 몇 조각이 있는지 세어볼까요?
- 세모 모양이 하나, 둘, 셋, 넷, 다섯 그리고 네모 모양이 하나, 둘. 모두 일곱 개의 모양이 있어요.
- 일곱 개의 조각을 이용해서 어떤 동물을 만들어 볼까요?
- □□이는 토끼를 만들고 싶대요.
- 먼저 선생님이 여러분에게 만들 동물을 알려줄게요. 자, 각자 칠교로 사자를 만들어 보세요.
- 모두 사자를 만들었어요. 친구들은 어떤 모습의 사자를 표현했는지 볼까요?
- ○○이는 누워 자는 사자를 표현했대요. △△는 먹이를 먹고 있는 사자의 모습을 표현했대요. 모두 사자를 만들었지만 모습들은 다 달라요.
- 이번에는 또 어떤 동물을 만들어 볼까요?
- 자신이 만들고 싶은 동물을 표현해 보세요. 좋아하는 동물을 표현해도 좋아요.
- 친구들은 어떤 동물을 표현했는지 볼까요?
- ○○이는 토끼를 표현했대요. 이번에는 △△가 만든 동물을 알아맞혀 보기로 해요. △△이는 어떤 동물을 표현했을까요?
- 그래요. △△가 만든 동물은 강아지이었어요.

4. **동물사진을 보며 칠교놀이를 해 본다.**

- (동물사진을 보이며), 자 동물사진이 있어요. 어떤 동물이 있나요?
- 그래요. 캥거루, 침팬지, 낙타가 있어요.
- 캥거루의 모습이 어떤가요?
- 그래요. 주머니 속에 새끼가 있어요. 그럼 침팬지의 모습은 어떤가요?
- 이 사진에 있는 동물들을 칠교로 만들어 볼 수 있을까요?
- 우리 함께 동물들을 표현해 보기로 해요.
- 이번에 칠교로 동물을 표현할 때는 선생님이 말하는 규칙을 잘 듣고 동물을 표현해 보기로 해요. 만약 "세모 모양을 이용하여 만드세요."라고 하면 어떻게 해야 할까요?
- 그래요. 다섯 개의 세모 모양만 가지고서 동물을 만들 수 있어야 해요.
- 그런데, 동물사진 마지막 장을 보세요. 어떤 동물이 있나요?
- 그래요. 동물이 없어요. 적혀 있는 글자를 함께 읽어볼까요?
- 그래요. '상상의 동물을 그려요.'라고 적혀 있어요. 이 빈 장은 어떻게 하면 좋을까요?
- 먼저 자신이 생각하는 상상의 동물을 그린 후 칠교로 만들어 보기로 해요.
- 자 그럼 매직으로 상상의 동물을 그려볼까요?
- 이제 모두 상상의 동물을 그렸어요. 그럼 동물 칠교놀이를 해 보기로 해요. 캥거루입니다. 캥거루는 6개의 조각을 이용해서 만들어 보세요.
- 자 이번엔 침팬지입니다. ○○이가 친구들에게 규칙을 말해 볼까요?
- ○○이는 커다란 세모 두 개와 네모 두 개를 이용하여 침팬지를 만들어 보라고 이야기했어요.
- 이번 동물은 낙타입니다. 낙타를 만들 때는 7조각을 모두 이용해 보세요.
- 자 친구들이 만든 낙타를 볼까요?
- 마지막은 여러분이 그린 상상의 동물이에요. 자신만의 규칙을 먼저 머릿속으로 생각해 보고 동물을 만들어 보기로 해요.
- ○○이가 만든 동물은 무엇일까요? 함께 들어보기로 해요.

- ○○이는 용을 만들었다고 했어요.
- 그럼 ○○이는 어떤 규칙으로 동물을 표현했는지 함께 찾아보세요.

5. **동물 칠교놀이를 회상하며 창의적인 놀이방법을 떠올린다.**

- 우리 어린이들이 규칙을 잘 듣고 칠교로 동물들을 표현해 주었어요.
- 놀이하며 어떤 점이 재미있었나요?
- □□이는 상상의 동물을 표현할 때가 재미있었대요.
- 동물들을 표현하며 힘들었던 점은 무엇인가요?
- △△이는 생각대로 동물이 표현되지 않았던 점이 힘들었대요.
- 만약 칠교를 이용하여 동물을 표현한다면 또 어떻게 놀이해 보고 싶나요? 조각을 펼쳐 동물을 만드는 방법 외에 또 다른 놀이방법이 있을까요?
- ○○이는 조각들을 위로 쌓으며 놀이해 보고 싶대요.
- 그럼 더 놀이하고 싶은 어린이들은 자신만의 규칙으로 동물 칠교놀이를 해 보기로 해요.

활동 시 주의점

- 칠교놀이 시 일곱 조각을 모두 활용하여 놀이하는 데 익숙해진 다음 간단한 규칙을 정해 유아들이 동물 표현에 더 집중할 수 있도록 한다.
- 동물을 표현하는 방법은 정답이 없으므로 유아들의 동물 표현을 존중해 준다.

확장 활동

- 미술놀이: 유아가 칠교로 만든 동물을 그림으로 표현해 본다.

활동명 아이스크림 이야기

활동 대상	만 5세	활동 유형	자유놀이(언어영역)
활동 목표	• 연상되는 장면을 그림으로 표현한다. • 이야기 구성하기를 즐긴다.		
활동 자료	아이스크림 장면 그림, 그림카드 4장, 돌림판, 색연필		

활동 방법

1. '그러면 안 돼' 동요를 들으며, 주의집중한다.

– 선생님과 함께 '그러면 안 돼' 동요를 불러보기로 해요.

– 모두 함께 노래를 불러주었어요.

– 이번에는 선생님의 손을 보며 노래를 불러보기로 해요. 선생님이 손을 빠르게 움직이면 노래도 빠르게 부르고 천천히 움직이면 천천히 노래를 불러보기로 해요.

– 자, 모두 즐겁게 노래를 불러주었어요.

2. 아이스크림 장면이 있는 그림카드를 보며 이야기 나눈다.

– (아이스크림 장면 그림을 보이며), 어떤 그림인가요?

– 그래요. 한 아이가 아이스크림을 먹고 있어요.

– 이 아이의 기분은 어떨까요? 왜 그렇게 생각하나요?

– □□이는 달콤한 아이스크림을 먹어서 행복할 것 같다고 생각했대요.

– 이 아이는 아이스크림을 먹기 전에 무엇을 했을까요?

– ○○이는 가게로 갔다고 생각하는구나.

– 그럼 이 아이스크림을 먹은 다음에는 무엇을 할까요?

– ○○이는 물놀이를 했을 것 같다고 생각했구나. △△이는 어떤 생각을 했나요?

– △△이는 병원에 갔을 것 같다고 생각했대요.

– 이번 놀이 시간에는 우리가 이야기 나눈 것처럼 아이스크림이 들어가는 이야기

를 그림으로 표현한 후 이야기 구성하기를 해 보기로 해요.

3. **그림카드에 아이스크림 그림을 그린다.**

- (그림카드를 보여주며), 4장의 그림카드가 있어요. 그림카드가 어때요?
- 그래요. 그림도 없고 글도 없어요. 이 그림카드에 색연필로 그림을 그려 넣어서 채울 거예요.
- 그림을 그릴 때는 꼭 이 아이스크림 그림을 그려 넣어야 해요.
- 어떤 그림을 그려 넣을 수 있을까요?
- 그래요. 아이스크림 가게 그림을 그려도 좋고, 아이스크림을 나누어 먹는 그림도 좋아요. 그림마다 아이스크림 하나를 그려도 좋아요. 아이스크림이 들어가면 그 어떤 그림을 그려도 좋아요.
- 그리고 싶은 그림을 머릿속으로 생각해 볼까요?
- 생각했으면 앞에 있는 종이에 색연필로 아이스크림 그림을 그려보기로 해요.
- 모두 그림을 완성한 것 같아요. 어떤 그림을 그렸는지 이야기해 볼까요?
- ○○이는 아이스크림이 거인이 된 것처럼 아주 크게 그렸어요.

4. **돌림판을 돌려 이야기 구성하기를 한다.**

- 이제 우리가 그린 그림과 이 아이스크림 그림으로 이야기를 만들어 보기로 해요.
- 누가 먼저 이 그림들을 놓아 이야기를 만들어 볼까요?
- 그럼 ○○이가 4장의 그림을 놓고 싶은 순서대로 두어 이야기를 구성해 보세요.
- ○○이가 끝까지 이야기를 잘 완성해 주었어요.
- 또 어떤 이야기를 만들어 볼 수 있을까요?
- 만약 ○○이가 만든 이야기에서 마지막에 있는 2장의 그림카드의 순서를 바꾸면 어떤 이야기가 될까요?
- 그래요. 그럼 이번에는 이 돌림판을 이용하여 이야기를 만들어 보기로 해요.
- 우리가 그린 그림의 뒷면에는 숫자가 적혀 있어요.
- 돌림판을 돌려 나온 순서에 따라 그림카드를 놓고 이야기를 만들어 보기로 해요.

- 만약 돌림판을 돌려 2번 그림카드가 나왔는데 또 다시 2번 그림카드가 나오면 어떻게 할까요?
- 그래요. 다시 돌림판을 돌리기로 해요. 자 그럼 △△이가 돌림판을 돌려 이야기를 만들어 볼까요?
- △△이는 2번, 4번, 1번, 3번 순서로 이야기를 구성해야 해요. 그럼 어떤 이야기인지 △△이의 이야기를 들어보기로 해요.

5. 구성할 이야기를 회상하며 하고 싶은 놀이를 제안한다.

- 우리가 직접 그린 아이스크림 그림으로 이야기 만들기를 해 보았어요. 어땠나요?
- △△이는 서로 다른 그림을 그려 이야기를 만들어 보니 재미있었구나.
- 아이스크림 대신에 어떤 그림으로 놀이를 해 보면 좋을까요?
- □□이는 바다를 그려서 놀이해 보고 싶대요.
- 그럼 그림을 바꿔서 놀이해 보기로 해요.

활동 시 주의점

- 유아들이 동일한 내용의 그림보다는 다양한 그림을 표현할 수 있도록 한다.
- 이야기 구성하기를 어려워할 때는 두 장의 그림부터 시작해 본다.
- 돌림판을 돌려 계속 동일한 번호가 나온다면 유아가 그림의 순서를 정할 수 있도록 한다.

확장 활동

- 역할놀이: 아이스크림 가게 놀이를 해 본다.

활동명 나는야 건축가

활동 대상	만 5세	활동 유형	자유놀이(쌓기놀이영역)
활동 목표	• 건축물의 크기에 맞는 공간을 안다. • 창의적으로 건축물을 만든다. • 우리 동네 여러 가지 건축물에 관심 갖는다.		
활동 자료	우리 동네 건축물 사진, 우리나라 건축물 사진, 세계 여러 나라 건축물 사진, 유닛 블록, 크기가 다른 네모와 세모 모양		

활동 방법

1. 햄버거 아저씨 손유희를 하며, 주의집중한다.

- 우리 다 함께 햄버거 아저씨 손유희를 해 보기로 해요.
- 이번에는 조금 더 빨리 해 볼까요?
- 자, 그럼 다 함께 선생님을 보세요!!

2. 우리 동네 건축물 사진을 보며 이야기 나눈다.

- 우리가 산책을 하며 찍었던 우리 동네에 있는 건축물들이에요. 어떤 건축물이 있는지 볼까요?
- 이 건축물은 무엇일까요?
- 그래요. 이것은 역사박물관이에요.
- 박물관은 어디에 있었나요?
- 그래요. 우리 유치원에서 오른쪽으로 돌아가면 있었어요.
- 이 박물관은 왜 만들었을까요?
- 그래요. 우리 동네의 옛날 모습들을 알려주기 위해 만들었어요.
- 다음으로 우리 유치원 위쪽에는 어떤 건축물이 있는지 보기로 해요.

- 이렇게 우리 동네에 있는 여러 건축물들을 보았어요. 사진에 없지만 생각나는 건축물이 있으면 이야기 나눠보기로 해요.

3. 우리나라와 세계 여러 나라에 있는 건축물을 살펴본다.

- 우리 동네뿐 아니라 우리나라와 전 세계에는 아주 많은 건축물이 있어요.
- 선생님이 준비해 온 건축물 사진을 보며 무엇인지 이야기 나눠보기로 해요.
- 이 건축물은 무엇일까요?
- 그래요. 이 건축물은 경주에 가면 볼 수 있는 첨성대랍니다.
- 첨성대는 왜 만들었을까요?
- 첨성대는 별을 관찰하기 위해 만들었대요.
- 여러분이라면 이 첨성대를 어떤 모양으로 만들었을까요?
- △△이는 로켓 모양으로 만들었을 것 같대요.
- 다음 건축물을 보세요. 이 건축물은 어떻게 생겼나요?
- 그래요. 세모 모양 같기도 하고, 고깔모자 같기도 해요.
- 이 건축물의 이름은 무엇일까요?
- 이것은 프랑스에 있는 에펠탑이에요. 에펠탑을 본 적이 있나요?
- □□이는 TV에서 보았대요. 에펠탑을 보니 어떤 느낌이 드나요?
- △△이는 신기한 것 같대요.
- 우리나라와 세계에는 이처럼 아름답고 독특한 건축물들이 많이 있어요.

4. 유닛 블록을 활용하여 건축물을 만든다.

- 우리가 본 우리나라와 세계 여러 나라의 건축물 중에서 골라 유닛 블록으로 표현해 보기로 해요.
- 만들고 싶은 건축물을 정한 다음에는 사진을 가지고 가서 표현해도 좋아요.
- ○○이는 어떤 건축물을 만들고 싶나요?
- 왜 첨성대를 만들고 싶나요?
- 만들고 싶은 건축물을 정했다면 이제 유닛 블록으로 만들어 보세요.

- □□이는 에펠탑의 아랫부분을 견고하게 쌓고 있네요.
- 이제 모두 건축물을 완성하였어요.
- △△이는 어떤 건축물을 표현했을까요?

5. **유닛 블록과 종이를 활용하여 건축물을 만든다.**

- 여기에 크기가 다른 종이가 여러 장 있어요. 이 종이에는 우리 동네 건축물을 만들어 보기로 해요.
- 자 그럼 자신이 만들 우리 동네 건축물을 생각해 보고 종이를 선택하고 필요한 유닛 블록을 가져가기로 해요.
- ○○이가 만든 건축물을 소개해 볼까요?
- △△이는 우리 동네에 있는 어떤 건축물을 만들었을까요?

6. **만든 건축물을 감상하며 우리 동네에 건축물이 있을 위치를 생각하고 활동을 마무리 한다.**

- 만약 여러분이 건축가가 된다면 우리 동네에 어떤 건축물을 만들고 싶은지 선택한 종이 위에 표현해 보기로 해요.
- 친구들이 만든 건축물을 보세요.
- 각자 자신이 만든 건축물을 소개해 볼까요?
- 모두 자신만의 건축물을 잘 표현해 주었어요.
- 자신이 만든 이 건축물은 우리 동네 어디에 있으면 좋을까요?
- □□이는 우리 유치원 옆에 있으면 좋겠대요.
- 우리 동네에 이 건축물이 생긴다면 어떤 기분이 들까요?
- □□이는 뿌듯할 것 같대요.
- 그럼 이제 건축물은 전시 공간에 옮겨보기로 해요.

활동 시 주의점

- 유아에게 익숙한 지역사회에 있는 건축물을 중심으로 우리나라와 세계 여러 나라의 건축물로 확장해 가도록 안내한다.
- 건축물을 만들 수 있는 충분한 시간을 가진다.
- 건축물을 쌓다가 무너지면 그 원인을 스스로 찾아 해결해 나갈 수 있도록 한다.

확장 활동

- 미술놀이: 건축물 설계도 그리기

활동명 함께 그림을 완성해요

활동 대상	만 4세	활동 유형	자유놀이(미술영역)
활동 목표	• 친구와 협력하는 방법을 안다. • 그림을 보고 연상하여 표현한다. • 그림 이야기를 즐겁게 구성한다.		
활동 자료	도화지, 색연필, 핸드벨		

활동 방법

1. '당신은 누구십니까' 노래를 하며 주의집중한다.

- 선생님과 함께 4명의 친구들이 앉아 있어요. 우리 함께 '당신은 누구십니까' 노래를 해 보기로 해요.
- 선생님이 먼저 시작할게요. 선생님이 가리킨 친구가 그 다음 친구를 지목하기로 해요.
- 그럼 시작해 볼게요.
- 모두 노래를 부르며 자신의 이름을 씩씩하게 잘 말해 주었어요.

2. 협력에 대해 이야기 나눈다.

- 협력이란 무엇일까요?
- 그래요. 여러 명의 사람들이 힘을 합쳐 서로 도울 때 협력한다고 말해요.
- 언제 협력을 했나요?
- ○○이는 놀이할 때 친구와 협력했대요. △△이는 언제 협력했나요?
- 친구와 언제 또 협력할 수 있을까요?
- 그래요. 게임활동을 할 때도 협력하면 더 즐겁고 안전하게 활동을 할 수 있어요. 무거운 물건을 들고 갈 때도 함께 들면 더 쉽게 옮길 수 있어요.
- 그럼 미술영역에서 친구와 함께 협력하여 놀이할 수 있는 방법은 무엇일까요?

- 함께 그림을 그릴 수도 있고, 유치원을 만들 수도 있어요.
- 이번에는 미술영역에서 친구와 협력하여 놀이할 수 있는 방법을 찾아 놀이해 보기로 해요.

3. **친구 하면 떠오르는 것을 그린다.**

- 친구 하면 어떤 생각이 떠오르나요?
- ○○이는 놀이를 떠올렸대요. 왜 놀이가 생각났나요?
- ○○는 친구와 놀이할 때가 제일 행복해서 놀이를 떠올렸대요.
- 선생님은 친구 하면 웃음을 떠올려요.
- 선생님이 도화지를 한 장씩 나눠줄게요. 그 도화지에는 색연필로 친구 하면 떠오르는 것을 한 가지 그려보기로 해요. 도화지 가운데에 크게 그려도 좋고, 작게 그려도 괜찮아요.
- 무엇을 도화지에 그리고 싶은지 생각해 볼까요?

4. **도화지를 돌려가며 그림을 완성한다.**

- 친구 하면 생각나는 것을 도화지에 한 가지씩 모두 그려주었어요.
- 돌아가며 자신의 그림을 이야기해 주세요.
- 이번에는 그 도화지를 오른쪽 옆에 있는 친구에게 주세요. 친구는 도화지에 그려진 그림을 보고 어떤 그림을 더해 그리면 좋을지 생각한 후 그림으로 표현해 주세요.
- 선생님이 그린 웃는 얼굴과 어떤 그림이 있으면 좋을까요?
- 그래요. 하트를 그릴 수 있어요. 이렇게 친구의 그림을 보고 생각나는 무언가를 그려주는 거랍니다.
- 선생님이 여기 있는 핸드벨을 치면 옆에 친구에게 도화지를 주기로 해요.
- 이제 또 오른쪽 옆에 있는 친구에게 도화지를 주세요.
- 마지막 친구에게도 도화지를 주세요. 다 그린 다음에는 친구에게 다시 도화지를 돌려주세요.

5. 완성된 그림을 보며 이야기 나눈다.

- 어떤 그림이 완성되었나요?
- 처음에 그렸던 그림에 친구들의 그림을 더하면서 어떤 그림이 되었나요?
- ○○이는 놀잇감을 그렸었는데 친구들의 그림을 더하면서 아주 많은 놀잇감이 생겼대요.
- 그림의 느낌은 어떤가요?

6. 협력하며 그림을 그린 느낌을 이야기 나눈다.

- 친구와 함께 협력하여 그림 그리기를 해 보았어요. 활동해 보니 어땠나요?
- □□이는 재미있었대요.
- 또 그림 그리기 놀이를 한다면 어떤 주제를 정해 그림 그리기를 해 보고 싶나요?
- ○○이는 꽃으로 해 보고 싶대요. 왜 꽃으로 하고 싶나요?
- 만약 더 많은 친구들이 함께 그림 그리기를 하면 어떨까요?
- 그래요. 그림이 아주 많아질 거예요.
- 또 다른 그림을 그리고 싶은 친구들은 다른 자료를 이용하여 그림을 그려보며 놀이하기로 해요.

활동 시 주의점

- 그림을 빨리 완성한 유아는 그림을 더 추가해서 그릴 수 있도록 한다.
- 자신의 생각대로 자유롭게 그림을 표현할 수 있도록 한다.

확장 활동

- 언어놀이: '무지개 물고기' 그림책을 본다.

활동명 동물의 겨울잠

활동 대상	만 4세	활동 유형	자유놀이(과학영역)
활동 목표	• 겨울잠을 자는 동물을 안다. • 무늬를 보고 동물 이름을 말한다. • 그림을 완성한다.		
활동 자료	겨울잠을 자는 동물 그림자료, 매직		

활동 방법

1. 숲속 작은 집 코알라 손유희를 하면 주의집중한다.

– (작은 소리로 시작하며), 숲속 작은 집 코알라~

– 선생님과 함께 숲속 작은 집 코알라 손유희를 해 볼까요?

– 즐겁게 손유희를 하였어요.

2. 겨울을 보내는 방법에 대해 이야기 나눈다.

– 겨울이 되니 날씨가 어때요?

– 그래요. 추워요. 이 추운 겨울을 어떻게 하면 따뜻하게 보낼 수 있을까요?

– 두꺼운 옷도 입고, 부츠도 신어서 몸을 따뜻하게 해 주어야 해요.

– 동물들은 이 추운 겨울을 어떻게 보낼까요?

– 그래요. 겨울잠을 자요.

– 겨울잠을 자는 동물을 알아보기로 해요.

3. 겨울잠을 자는 동물 그림자료를 보며 이야기 나눈다.

– 겨울잠을 자는 동물은 누구일까요?

– 그래요. 곰, 개구리, 뱀은 겨울잠을 자요.

– 왜 겨울잠을 잘까요?

- 그래요. 겨울이 되면 먹잇감을 구하기 어렵고, 추워져 잠을 자게 돼요.
- 선생님이 준비한 그림자료를 보며 겨울잠을 자는 동물에 대해 알아보기로 해요.
- 어떤 그림인가요?
- 그래요. 땅속도 보이고, 동굴도 보이고, 물속도 있어요.
- 겨울잠을 자는 곳은 동물마다 달라요. 어디에서 겨울잠을 자는 동물부터 찾아볼까요?
- 그래요. 그럼 동굴에서 자는 동물부터 찾아보기로 해요. 동굴에서는 누가 겨울잠을 자고 있을까요? 그림에 있는 동물의 무늬를 자세히 보세요. 어떤 무늬인가요?
- 그래요. 검정색 털이 보송보송해 보여요. 이것은 어떤 동물일까요?
- 그래요. 곰 무늬일 것 같아요.
- 동굴에서 잠을 자는 동물은 곰이었어요. 누가 곰의 얼굴을 그려볼까요?
- 이제 동굴에서 잠을 자는 곰이 완성되었어요.
- 다음은 땅속에서 자는 동물들을 찾아보기로 해요.
- 먼저 어떤 무늬의 동물을 찾아볼까요?
- 몸을 길게 꼬고 있고 줄무늬를 가진 겨울잠을 자는 동물은 누구일까요?
- 그래요. 뱀이에요. 누가 뱀의 얼굴을 매직으로 그려줄까요?
- 또 어떤 동물이 겨울잠을 자고 있을까요?
- 그래요. 이 동물은 다람쥐랍니다. 다람쥐의 얼굴을 그려주세요.
- 땅속에서 잠을 자는 마지막 동물은 누구일까요?
- 그래요. 개구리예요. 개구리 그림을 완성해 주세요.
- 이제 물속에서 겨울잠을 자는 동물을 그려보기로 해요. 이 무늬를 가진 동물은 누구일까요?
- 그래요. 자라랍니다. 자라의 얼굴을 그려주세요.

4. **동물들이 겨울잠을 자는 모습을 표현해 보세요.**

- 곰이 겨울잠을 자는 모습은 어떨까요? 몸으로 표현해 보세요.
- □□이는 몸을 딱 붙여 곰이 겨울잠 자는 모습을 나타냈어요.

- 뱀은 어떤 모습으로 잠을 잘까요?
- △△이는 몸을 꼬아 잠든다고 했어요.
- 개구리는 겨울잠을 자기 위해 어떤 준비를 할까요?
- 따뜻한 봄이 되면 겨울잠에서 깬 동물들은 무엇을 할까요?

5. 동물무늬 책을 소개하며 마무리한다.

- 무늬를 보며 겨울잠을 자는 동물들을 찾아보았어요.
- 놀이하며 새로 알게 된 점은 무엇인가요?
- □□이는 동물들이 겨울잠을 자는 이유를 알게 되었대요.
- 함께 놀이하며 무엇을 더 하고 싶었나요?
- 우리 어린이들이 동물무늬를 보며 놀이할 수 있도록 동물무늬 책도 준비해 두었어요. 과학영역에서 책을 보며 동물무늬를 더 자세히 관찰해 보기로 해요.

활동 시 주의점

- 유아들이 알아보고 싶은 동물무늬를 우선 순서로 하여 놀이한다.
- 겨울잠에 대한 유아들의 궁금증을 찾아 놀이 시 이야기 나눈다.

확장 활동

- 수 · 조작놀이: 동물퍼즐 맞추기를 한다.

활동명 악기 연주하기

활동 대상	만 4세	활동 유형	자유놀이(음률영역)
활동 목표	• 가을의 변화를 느끼며 즐겁게 악기를 연주한다. • 자신만의 악기를 창의적으로 만든다.		
활동 자료	재활용품, 테이프, 가을동요 CD, 카세트, 악기		

활동 방법

1. **'가을길' 노래를 들으며 주의집중한다.**

- '가을길' 노래를 들려줄게요. 이 노래를 알고 있는 어린이들은 함께 불러보세요.
- 이번에는 몸을 살짝 움직이며 '가을길' 노래를 들어보세요.

2. **가을에 대해 이야기 나눈다.**

- 이제 봄과 여름이 가고 무슨 계절이 되었나요?
- 그래요. 가을이 되었어요. 가을이 되니 어떤가요?
- △△이는 왜 가을이 되니 좋나요?
- 그래요. 놀이하기도 좋고, 나뭇잎도 알록달록 물들어요.
- 가을 날씨는 어떤가요?
- 그래요. 시원한 바람이 불어요.
- 우리 함께 여러 가지 가을 노래와 함께 악기를 연주하며 놀이해 보기로 해요.

3. **재활용품과 악기를 보며 이야기 나눈다.**

- 이 악기들은 무엇인가요?
- 그래요. 음률영역에 있는 마라카스, 핸드벨, 탬버린, 북이에요.
- 마라카스는 어떤 소리가 날까요? 누가 흔들어 볼까요?
- 이 악기들을 모두 함께 연주하면 어떤 소리가 날까요?

– 그럼 각자 악기를 하나씩 가져가 '가을길' 노래에 맞춰 연주해 보기로 해요.

– 이 악기들은 어떻게 하면 변신할 수 있을까요?

– 그래요. 여러 개를 합칠 수 있어요.

– 만약, 마라카스와 핸드벨을 합치면 어떤 소리가 날까요? 함께 들어 볼까요?

– 여기 있는 악기들을 결합해서 새로운 악기를 만들 수 있지만 선생님은 재활용품을 가지고 왔어요.

– 어떤 재활용품이 있나요?

– 그래요. 상자, 요구르트병, 휴지심, 요플레통, 숟가락이 있어요.

– 여기 있는 재활용품과 악기를 합쳐 또 다른 악기를 만들어 연주할 수 있을까요?

– 그래요. 탬버린과 상자를 합쳐 테이프로 붙이면 새로운 악기를 만들 수 있어요. 상자 안에 마라카스를 넣는 방법도 있어요.

– 그럼 악기와 재활용품으로 새로운 악기를 만들어 보세요.

– 새로운 악기가 완성되었네요. 자신이 만든 악기의 이름을 말해 보세요.

– ○○이는 마라카스와 숟가락을 합쳐 만든 이 악기의 이름을 마라락이라고 지었대요. 마라락은 어떤 소리가 나나요?

– 모두 자신이 만든 악기의 이름을 이야기해 보았어요. 그럼 자신이 만든 악기를 흔들어 볼까요?

4. **가을동요 CD를 들으며 악기를 연주한다.**

– 각자 만든 악기로 가을동요를 들으며 연주해 보기로 해요.

– '가을길' 노래에 따라 악기를 연주해 볼까요?

– 이번에는 '허수아비' 노래가 시작된답니다. '허수아비' 노래를 듣고 부르며 악기를 연주해 보기로 해요.

– 연주해 보니 어떤가요?

5. **여러 가지 방법으로 만든 악기를 연주한다.**

– 노래를 들으며 다 함께 악기를 연주해 보았어요.

- 또 어떤 방법으로 악기를 연주할 수 있을까요?
- 그래요. 그럼 악기를 번갈아 가며 연주해 보기로 해요.
- 선생님이 손으로 신호를 주면 그 신호를 받은 어린이가 자신이 만든 악기를 연주해 보기로 해요.
- 또 어떤 방법으로 연주할 수 있을까요?

6. 악기를 연주해 본 느낌을 이야기 나눈다.

- 재활용품과 악기를 이용하여 또 다른 악기를 만들어 보았어요. 어땠나요?
- □□이는 악기 소리가 이상했대요.
- 만든 악기로 연주해 보니 어땠나요?
- ○○이는 악기 소리가 신기해서 재미있었대요.
- 다음에는 어떤 악기를 만들어 연주해 보고 싶나요?
- 그럼 자신이 만들고 싶은 악기는 미술영역으로 가서 만들어 놀이해 보세요.

활동 시 주의점

- 유아들이 가을 관련 동요에 익숙해지도록 사전에 들려준다.
- 재활용품과 악기를 연결할 때는 여러 가지 방법으로 시도하여 새로운 소리를 낼 수 있는 악기로 표현하도록 안내한다.

확장 활동

- 미술놀이: 재활용품으로 악기를 만든다.

활동명 초등학교 교실에서는

활동 대상	만 5세	활동 유형	자유놀이(역할놀영역)
활동 목표	• 자신의 경험을 자신 있게 말한다. • 초등학교 교실을 창의적으로 꾸며본다. • 역할에 맞게 표현한다.		
활동 자료	초등학교 운동장 사진, 초등학교 교실 사진		

활동 방법

1. 초등학교를 방문하여 찍은 사진을 보며 관심 갖도록 한다.

– 선생님이 사진을 보여줄게요. 장소를 이야기해 보세요.

– (운동장 사진을 빨리 보여주며), 어디인가요?

– 그럼 이번엔 천천히 보여줄게요. 장소를 이야기해 보세요.

– 그래요. 우리가 방문했던 초등학교 운동장이에요.

– (초등학교 교실 사진을 보여주며), 이곳은 어디일까요?

– 그래요. 초등학교 교실이에요.

2. 사진을 보며 초등학교 교실에 대해 이야기 나눈다.

– 우리가 초등학교에 방문했을 때 어디어디를 보았나요?

– 그래요. 운동장도 가고, 교실도 가고, 도서관을 보았어요. 마지막으로 간 곳은 어디이었나요?

– 그래요. 아주 넓은 강당도 마지막에 보았어요.

– 우리가 본 초등학교 교실은 어땠나요?

– ○○이는 왜 재미있을 것 같다고 생각했나요?

– 그랬구나. 그럼 초등학교 교실 안에는 무엇이 있었나요?

– 그래요. 책상, 의자, 칠판, 컴퓨터가 있었어요.

- 초등학교 교실에 무엇이 있으면 좋을까요?
- △△이는 우리 유치원처럼 놀잇감이 있었으면 좋겠다고 생각했어요.
- 이번에는 선생님과 함께 우리가 바라는 초등학교 교실을 만들어 역할놀이를 해 보기로 해요.

3. **초등학교 교실을 만든다.**

- 만약 초등학교 교실을 새로 만든다면 어떻게 만들고 싶나요?
- 어떤 모양이면 좋을까요?
- ○○이는 동그란 모양이었으면 좋겠다고 생각했대요. 그럼 이 교실 안에는 무엇이 있어야 할까요?
- △△이는 푹신한 매트가 있었으면 좋겠대요. 또 무엇이 필요할까요?
- 책상과 의자는 어떻게 놓으면 좋을까요?
- ○○이는 친구들을 볼 수 있도록 동그란 모양으로 하고 싶구나.
- 그럼 교실에 있는 칠판을 어떻게 할까요?
- 자, 그럼 우리가 이야기 나눈 교실을 만들어 보기로 해요.
- 필요한 자료를 찾아보세요.

4. **초등학교 교실 역할놀이를 해 본다.**

- 우리가 바라는 초등학교 교실이 만들어졌어요.
- 이제 우리가 초등학생이 되었을 때를 상상하며 역할놀이를 해 보면 어떨까요?
- 교실에는 누가 있어야 할까요?
- 그래요. 선생님도 있고, 학생들도 있어요.
- 그럼 선생님은 누가 할까요?
- 그럼 이번에는 ○○이가 선생님을 하기로 해요. 자 초등학교에서는 어떤 모습일지 놀이해 보세요.
- 이번에는 선생님 역할을 바꾸어서 해 보기로 해요.

5. **사진으로 남기며 초등학교 교실을 정리한다.**

- 우리가 바라는 초등학교 교실을 만들어 함께 역할놀이를 해 보았어요.
- 그럼 다 함께 사진을 찍으며 초등학교 교실을 남겨보기로 해요.
- 우리가 만든 초등학교 교실은 어땠나요?
- 불편했던 곳은 없었나요?
- 만약 새로 만든다면 어떤 교실로 만들고 싶나요?
- 다음에 역할놀이를 할 때는 세모 모양으로 만들어 놀이해 보기로 해요.
- 이제 초등학교 교실을 제자리에 정리하세요.

활동 시 주의점

- 기존의 초등학교 교실이 아니라 유아들이 행복하게 생활할 수 있는 초등학교 교실을 구성해 볼 수 있도록 한다.
- 유아들이 원할 경우 초등학교 교실을 그대로 두어 역할놀이를 계속할 수 있도록 한다.

확장 활동

- 언어놀이: 초등학교에 간 미래의 자신에게 그림 편지를 쓴다.

활동명 나뭇잎 동물

활동 대상	만 4세	활동 유형	바깥놀이
활동 목표	• 가을 식물의 특성을 안다. • 낙엽으로 동물을 다양하게 표현한다. • 협력하며 동물 만들기를 즐긴다.		
활동 자료	비닐봉지, 나뭇잎, 카메라		

활동 방법

1. 도토리 동요를 부르며 두 줄 기차를 한다.

- 행복반 모두 모여라~ 다 함께 행복반 모두 모여라~
- 선생님이 '도토리' 노래를 부르는 동안 우리 두 줄 기차를 해 볼까요?
- 두 줄 기차를 한 어린이들은 노래를 함께 부르기로 해요.
- 이제 행복반 모두 모였네요. 가을 나무 만나러 출발해 볼까요?

2. 유치원 주변에 있는 가을 나무들을 살펴본다.

- 오른쪽에 있는 가을 나무들을 보세요.
- 가을 나무들의 모습이 어떤가요?
- ○○이는 알록달록 무지개 같다고 생각했대요.
- 어떤 가을 나무들이 보이나요?
- 그래요. 단풍나무도 있고, 은행나무도 있어요.
- 단풍나무는 어떤 색인가요?
- 그래요. 빨간색이에요. 단풍나무의 모양은 어떤가요?
- 그래요. 손 모양처럼 생겼어요.
- 노란색 잎으로 덮인 은행나무의 모습은 어떤가요?
- 그래요. 여러 마리의 나비가 함께 있는 것 같아요.

- 바람이 불고 있어요. 나뭇잎도 떨어지고 있어요.
- 낙엽이 떨어지는 모습을 몸으로 표현해 볼까요?
- 이번에는 우리가 이 낙엽으로 놀이해 보기로 해요.

3. **낙엽을 주워 모은다.**

- 모둠 친구들과 함께 이 봉지에 낙엽을 주워 오기로 해요.
- 낙엽은 몇 개씩 주울까요?
- 그래요. 한 사람에 5개씩 주워 오기로 해요.
- 낙엽을 주울 때는 조심해야 할 점들이 있어요.
- 그래요. 멀리 가지 않고, 이 공원 안에서 줍도록 해요.
- 또 떨어진 나뭇잎만 줍도록 해요.
- 그럼 모둠 친구들끼리 함께 낙엽을 모아보세요.

4. **낙엽을 관찰한다.**

- 우리 행복반 어린이들이 여러 가지 색깔과 모양이 있는 낙엽을 주워 왔어요.
- 주워 온 잎의 모양을 관찰해 보세요. 어떤 모양인가요?
- 그래요. 동그란 모양, 반달 모양, 다이아몬드 모양도 있어요.
- 낙엽에 있는 무늬를 관찰해 볼까요?
- 그래요. 우리 손금처럼 여러 가지 선이 있어요.
- 낙엽의 크기는 어떤가요?
- 그래요. 우리 손보다 큰 낙엽도 있고 작은 낙엽도 있어요.

5. **낙엽으로 동물을 표현해 본다.**

- 이 낙엽으로 무엇을 만들어 볼 수 있을까요?
- 그래요. 동물을 만들 수 있고, 자동차도 만들 수 있어요.
- 우리 먼저 낙엽 5개로 동물을 만들어 볼까요?

- 친구들이 만든 동물을 이야기 나눠보세요.
- 다 만든 어린이들은 손을 들면 선생님이 카메라로 사진을 찍어줄게요.
- 이번에는 2명의 친구가 함께 동물을 만들어 볼까요?
- ○○와 △△는 함께 다람쥐를 만들었대요.
- 자, 이제 모둠 친구가 다 함께 동물을 만들어 보세요.
- 책임 모둠이 만든 동물은 무엇일까요?
- 책임 모둠은 다 함께 코끼리를 만들었대요.
- 다른 모둠 친구들은 어떤 동물을 만들었는지 보세요.

6. **낙엽을 정리하며 마무리한다.**

- 낙엽으로 여러 가지 동물을 표현해 주었어요. 놀이해 보니 어땠나요?
- 낙엽으로 또 어떤 놀이를 해 보고 싶나요?
- 그럼 이제 남은 20분 동안 마음껏 뛰어놀아요. 낙엽으로 다른 동물을 만들어 보아도 좋아요.
- 낙엽으로 놀이한 다음에는 다시 제자리에 두기로 해요.

활동 시 주의점

- 바람이 불 경우 낙엽을 주워 교실에서 활동한다.
- 낙엽을 있는 그대로 활용하여 표현할 수 있도록 한다.

확장 활동

- 미술놀이: 나뭇잎을 관찰하며 그림으로 표현한다.

13 | 종합

13장에서는 놀이를 활용한 유아논리 · 논술교육에 대해 살펴보았다. 유아들의 삶 자체가 놀이이기 때문에, 유아 중심의 놀이를 통한 사고력 함양 교육이 될 수 있도록 지원할 수 있는 방법에 대해 생각해 보았다. 이를 통해 유아교사는 평소 유아들의 놀이를 잘 관찰하며 유아들의 사고력을 이해하고 이를 확장해 줄 수 있는 기회를 마련하길 바란다. 더불어 자유놀이에서 유아와 함께 할 수 있는 놀이를 제안하는 계획안을 제시해 교사의 다양한 발문을 제시해 두었다. 그러나 놀이는 유아가 선택하고, 시작하며, 진행하고, 마무리하는 것임을 잊지 않고 놀이 제안자로서 교사, 놀잇감 제공자로서 교사, 놀이 촉진자로서 교사가 제 역할을 할 수 있길 바란다.

참고문헌

강승희, 황희숙 (2007). 유아의 창의적 사고와 창의적 성향, 정서지능 및 기질과의 관계. **미래유아교육학회지, 14**(3), 169-197.

곽경화, 김영실 (2014). 3, 4세 유아의 이름글자지식과 환경인쇄물 읽기, 단어읽기능력과의 관계. **열린유아교육연구, 19**(6), 443-461.

권혜진 (2015). 창의적 발상기법을 활용한 유아 교수-학습 방법. **특수 · 영재교육저널, 2**(1), 27-42.

김경철, 박혜정 (2016). 저경력 유아교사의 이야기 나누기 도입, 전개, 마무리 단계적 맥락 들여다보기. **유아교육학논집, 20**(4), 165-189.

김경철, 박혜정, 이성주 (2017). 유아교사가 이야기 나누기 중 사용하는 주의집중 전략 탐색. **예술인문사회융합멀티미디어논문지, 7**(1), 673-683.

김근혜, 홍순옥 (2015). 교육의 재개념화 관점에서 본 유아교사의 경험에 나타난 유아 문제 행동의 의미. **한국교원교육연구, 32**(4), 131-151.

김명숙 (2006). 비판적 사고성향 측정도구의 개발 및 양호도 검증 연구. **교육과정평가연구, 9**(1), 89-117.

김산용, 신원애, 류연의 (2016). 사진과 연계한 AbPS활동이 유아의 창의적 사고와 창의적 특성에 미치는 효과. **사고개발, 12**(3), 69-89.

김선진, 최인수 (2013). 2000~2011년까지 유아 창의성 교육의 연구 동향 분석. **유아교육학논집, 17**(2), 47-69.

김수연, 정가연 (2013). 만 5세 입체조형활동의 효과적 운영에 대한 실행연구. **미래유아교육학회지, 20**(3), 45-68.

김수향 (2007). 교사-유아간 이야기 나누기 시간에 나타난 언어적 상호작용 분석. **사고개발, 3**(1), 49-72.

김수향, 정대련 (2004). 그림책을 활용한 창의적 문제해결과정의 효과: 창의적 사고, 문제해결 수행능력을 중심으로. **유아교육연구, 24**(5), 291-310.

김영실, 윤진주 (2012). **유아교사와 유아를 위한 논리 · 창의 · 논술교육**. 경기도: 공동체.

김영정 (2005). 고등사고능력의 7범주. **대한토목학회지, 53**(6), 106-111.

김유정, 강미선, 홍영식 (2015). 스캠퍼(SCAMPER) 기법을 활용한 악기 발명 교육 프로그램 개발 및 적용. **한국초등교육, 26**(2), 105-122.

김윤정 (2013). **음악 관련 토의활동이 유아의 비판적 사고에 미치는 영향**. 연세대학교 교육대학원 석사학위논문.

김현경 (2002). **유아를 위한 비판적 사고 교수모형의 구성 및 그 적용효과에 관한 연구**. 중앙대학교 대학원 박사학위논문.

김형민, 유봉현 (2001). 브레인스토밍 기법 훈련이 창의적 사고력에 미치는 영향에 관한 연구. **한국언어문화, 19**, 25-44.

김호 (2008). 유아의 내 · 외적 동기 및 어머니와 교사의 창의성이 유아의 창의성에 미치는 영향. **열린유아교육연구, 13**(4), 283-298.

김호, 노영희 (2007). 유아의 창의성과 관련된 교사와 유아 변인 탐색. **열린유아교육연구, 12**(4), 255-278.

김효진, 박성옥 (2008). 유아의 창의적 사고 프로그램의 개발 및 효과. **한국생활과학회지, 17**(4), 609-622.

김희진 (2017). 놀이의 관점에서 본 자유선택활동에 대한 비판적 분석. **육아지원연구, 12**(3), 5-23.

나은숙, 양옥승 (2007). 자유선택활동시간에 나타난 유아들의 흥미. **유아교육연구, 27**(1), 281-304.

노영희, 김경철, 김호 (2006). 교사용 유아 창의성 평정척도 개발. **열린유아교육연구, 11**(1), 23-44.

문병환, 이상미 (2018). 환경 인쇄물을 활용한 언어활동이 유아의 인쇄물 개념 및 읽기 · 쓰기 흥미에 미치는 영향. **학습자중심교과교육연구, 18**(22), 409-432.

문영보, 최복기 (2009). 가족-보육시설 연계활동에 대한 부모참여 실태 분석. **한국보육학회지, 9**(2), 35-52.

민순옥 (2011). **유아를 위한 신문사진 활용교육 프로그램 개발 및 평가**. 전남대학교 대학원 박사학위논문.

박선영 (2017). **만 5세 유아의 비판적 사고성향 측정도구 개발 연구**. 부산대학교 대학원 석사학위논문.

박이심 (2007). 유치원 생활주제별 SCAMPER 프로그램이 유아의 창의성에 미치는 효과.

부산교육학연구, 20(1), 37-54.

박인영, 손승민, 전경원 (2019). 창의성 기법을 활용한 유아의 사회적 창의 증진 프로그램 개발: 창의성과 사회적 의사소통의 균형적 접근을 중심으로. **창의력 교육연구, 19**(1), 21-54.

박찬옥, 지성애, 조형숙, 서동미, 곽현주, 엄은나, 한진원, 김현주, 김민정, 홍찬의 (2013). **유아교사를 위한 논리 · 창의 교육**. 경기도: 정민사.

배제현, 차영숙, 최정아 (2016). 이야기 나누기의 유머활용이 유아의 창의성과 몰입에 미치는 영향. **미래유아교육학회지, 23**(3), 293-321.

서현, 이승은 (2015). 예비유아교사가 경험한 이야기 나누기 모의수업과 이야기 나누기의 의미. **어린이문학교육연구, 16**(4), 333-363.

성영화, 김근희, 김민화 (2014). 어린이집 가정통신문의 내용과 편집 구성에 대한 부모와 교사의 인식 및 요구. **미래유아교육학회지, 21**(2), 69-91.

성은현 (2004). 어머니의 내 · 외통제성과 자녀의 창의적 인성 및 창의적 사고력과의 관계: 아동학과 · 유아교육과 학생을 대상으로. **미래유아교육학회지, 11**(4), 159-180.

손승희, 김명순 (2014). 유아의 환경인쇄물 읽기능력 검사 도구 개발 및 타당화 연구. **생태유아교육연구, 13**(4), 179-204.

송영혜, 김영채 (1992). 사고와 문제해결능력의 개발. **한국심리학회지: 일반, 11**(1), 41-64.

송주진, 전일우 (2006). 그림책을 활용한 토의활동이 유아의 창의성과 문제해결력에 미치는 영향. **생태유아교육연구, 5**(2), 1-17.

신수진, 강명숙 (2007). 동화를 통한 비판적 사고 프로그램이 초등학생의 비판적 사고 증진에 미치는 효과. **초등교육연구, 20**(1), 235-259.

신연미, 김춘일 (1999). 발견 · 발명활동이 유아의 창의적 사고에 미치는 효과. **아동교육, 8**(1), 93-104.

안부금 (2003). 신문활용학습(NIE)을 통한 이야기 꾸미기 활동이 유아의 쓰기능력에 미치는 영향. **한국영유아보육학, 34**, 43-64.

안정숙, 권민균 (2010). 설득하는 글을 활용한 문해활동이 유아의 읽기와 쓰기능력에 미치는 효과: 신문 광고를 중심으로. **열린유아교육연구, 15**(3), 173-191.

오연희 (2015). 비판적 사고력 함양을 위한 독서교육의 두 가지 방법. **인문학연구, 100**, 173-190.

원만희, 박정하, 박상태, 김상현, 한기호, 이창후, 김종규 (2014). **비판적 사고 학술적 글쓰기**.

서울: 성균관대학교 출판부.

유승연, 김숙자 (2017). 바깥놀이 시간의 언어적 상호작용을 통한 전통놀이의 재구성이 유아의 창의성 증진에 미치는 효과. **유아교육 · 보육복지연구, 21**(4), 7-26.

유지윤, 김수영 (2018). 포스트모던 그림책을 활용한 반응중심 토의활동이 유아의 언어능력 및 비판적 사고에 미치는 효과. **육아지원연구, 13**(2), 79-101.

윤혜진, 유연옥 (2014). 유아의 연령과 삼단논법내용에 따른 연역적 사고의 차이. **사고개발, 10**(1), 89-103.

이경연, 조형숙 (2017). 감각놀이 기반 유아미술교육 프로그램이 만 3세 유아의 미술표현력, 창의성, 놀이성에 미치는 효과. **유아교육학논집, 21**(5), 149-175.

이경화 (2002). 4, 5세 유아의 창의적 능력과 창의적 성격. **교육심리연구, 16**(3), 147-160.

이경화, 김정연 (2016). 창의사고기법 활용 프로그램이 유아의 창의적 능력 및 창의적 성격에 미치는 영향. **유아교육학논집, 20**(2), 299-321.

이경화, 양혜진 (2015). 창의적 사고기법 활용 프로젝트 수업이 유아의 창의성 향상에 미치는 효과. **창의력교육연구, 15**(2), 33-47.

이명숙 (2008). 비판적 사고의 차원과 측정. **교육학논총, 29**(2), 39-56.

이명숙 (2010). 비판적 사고교육의 변천과 수업실제. **교육학논총, 31**(1), 1-18.

이선영, 장영희 (2015). 유아교과 논리 및 논술 과목 개설현황 및 교재분석. **육아지원연구, 10**(1), 189-208.

이성희 (2015). 유치원 교사의 이야기 나누기 수업계획에 대한 인식. **유아교육 · 보육복지연구, 19**(1), 114-138.

이송연, 안도희 (2015). 블록 놀이중심 창의성 프로그램이 유아의 창의적 사고력에 미치는 효과. **창의력교육연구, 15**(3), 109-127.

이수련, 성영화, 최효정 (2014). **교사 정보화를 통한 유아 컴퓨터 교육**. 경기도: 양서원.

이예숙, 박찬옥 (2015). 광고를 활용한 언어교육 프로그램이 유아의 이야기 구성능력과 창의적 특성에 미치는 영향. **유아교육학논집, 19**(2), 169-191.

이윤영, 유영의 (2018). SCAMPER 기법을 적용한 미술 활동이 만 5세 유아의 창의성에 미치는 영향. **한국유아교육연구, 20**(3), 271-301.

이윤옥 (2004). 명화를 활용한 브레인스토밍 활동이 유아의 정서지능에 미치는 효과. **열린유아교육연구, 9**(3), 49-72.

이정인, 장영숙 (2017). SCAMPER 기법을 활용한 이야기 나누기 활동이 유아의 창의성과 언어능력에 미치는 영향. **열린부모교육연구, 9**(4), 347–366.

이채호, 이찬숙 (2009). 유아의 놀이유형과 어머니양육태도가 유아 창의성에 미치는 영향. **생태유아교육연구, 8**(3), 137–149.

이혁규 (2008). 신문활용수업의 의미와 해석. **중등우리교육**, 136–147.

이희복 (2012). 광고활용교육(AIE)이란 무엇인가?. **한국광고홍보학보, 14**(1), 160–181.

임승렬, 박은혜, 김명순, 김희진 (2003). 유치원 교사의 자격제도와 임용고사에 관한 연구. **열린유아교육연구, 8**(1), 271–297.

임홍재, 황보영란 (2007). SCAMPER기법을 이용한 교사의 질문이 유아의 창의성 증진에 미치는 영향. **유아교육논총, 16**(2), 1–21.

장봉석 (2018). 신문활용교육의 효과에 관한 메타분석. **교육과정연구, 36**(4), 1–21.

장성희 (2001). 유아의 기본생활습관 교육을 위한 유치원의 가정통신문 활용의 효과. **아동교육, 10**(2), 71–80.

전순희 (2011). 전래동화를 활용한 창의적 교수 학습 방법이 유아의 창의성에 미치는 영향. **한국유아교육연구, 13**, 175–200.

전유영, 이은영 (2008). 패러디(parody) 동화 관련 활동이 유아의 비판적 사고능력에 미치는 영향. **열린유아교육연구, 13**(3), 411–430.

정연우 (2011). 광고활용교육의 영역과 내용에 대한 연구. **OOH광고학연구, 8**(1), 79–105.

정진성, 최남정, 임부연 (2013). 유아교육현장에서의 이야기 나누기 시간의 의미 찾기. **교사교육연구, 52**(3), 559–574.

정혜윤, 이경화 (2017). SCAMPER를 활용한 교사의 발문이 유아의 창의성 증진에 미치는 효과. **창의력교육연구, 17**(1), 47–62.

조선희 (2009). 철학적 토론활동에 나타난 유아의 논리적 사고에 대한 연구. **유아교육연구, 29**(6), 141–163.

조선희, 전명남 (1998). 유아의 비판적 사고를 촉진하는 질문에 대한 탐색적 연구: QFCT의 활용가능성에 대한 유치원 교사의 지각과 5세 유아의 직접적 반응을 중심으로. **미래유아교육학회지, 5**(2), 249–270.

조연순 (2001). 창의적 · 비판적 사고력과 교과지식의 융합을 위한 교수–학습모형으로서의 문제중심학습 고찰. **초등교육연구, 14**(3), 295–316.

조영웅 (2014). 비판적 사고를 통한 창의성 교육. **인문과학연구, 40**, 501–528.

조형숙, 김정숙 (2013). 생활발명 활동이 유아의 창의성과 과학적 문제해결력, 과학적 태도에 미치는 영향. **유아교육연구, 33**(3), 401-422.

지성애 (2013). 놀이감의 구조성이 유아의 창의성, 사회적행동, 언어능력, 조망수용능력에 미치는 효과 비교. **유아교육학논집, 17**(6), 5-30.

천미애, 황희숙 (2015). SCAMPER 기법을 활용한 창의성 활동이 유아의 창의성 및 가상적 내러티브 구성능력에 미치는 효과. **인지발달중재학회지, 6**(3), 23-37.

최미숙, 김미영, 민순옥 (2009). 브레인스토밍을 통한 동시 짓기 활동이 유아의 이야기 구성력 및 창의성에 미치는 영향. **유아교육 · 보육행정연구, 13**(1), 133-152.

최인수 (2000). 유아용 창의성 측정도구에 관한 고찰. **유아교육연구, 20**(2), 139-166.

최정빈, 최인수 (2008). 명화를 활용한 브레인스토밍이 유아의 창의성과 자기조절능력에 미치는 영향: 소집단 중심으로. **생활과학, 11**, 125-138.

최훈 (2008). 비판적 사고의 성향. **철학탐구, 24**, 91-117.

한상기 (2007). 비판적 사고와 논술. **범한철학, 46**(3), 289-315.

허경철, 조영태, 임선하, 양미경, 한순미, 이혜원 (1990). **교사를 위한 사고교육 지침서**. 서울: 한국교육개발원.

허미애 (2016). '주제 관련 이야기 나누기'에 대한 유치원 교사의 인식과 교수 현황 조사 연구. **유아교육학논집, 20**(1), 97-122.

찾아보기

저자소개

성영화

성균관대학교 아동학과에서 유아교육을 전공하여 박사학위를 취득하였다. 현재는 학생들에게 유아과학교육, 영유아교수방법 교과목을 가르치고 있다.

이원석

성균관대학교 철학과에서 서양철학을 전공하여 박사학위를 취득하였다. 현재는 학생들에게 논리와 비판적 사고, 근대 철학사 교과목을 가르치고 있다.

제2판
유아논리 · 논술교육

1판 1쇄 발행 2020년 2월 5일
1판 2쇄 발행 2022년 2월 25일
2판 1쇄 발행 2026년 2월 25일

지 은 이 | 성영화 · 이원석
발 행 인 | 박철용
발 행 처 | 양서원
주 소 | 경기도 파주시 직지길 522 파주출판도시
전 화 | 031-955-8000(代)
팩 스 | 031-955-8005
홈페이지 | www.yswpub.co.kr
이 메 일 | yswgroup@naver.com
출판등록 | 1987년 11월 24일 제406-2003-037호

ISBN 978-89-994-1619-4

정가 23,000원